2019年湖北省社会科学基金一般项目（后期资助项目）（项目编号：2019042）资助出版

MARKETS SOCIALISM

当代英美市场社会主义研究

王燕 著

中国社会科学出版社

图书在版编目（CIP）数据

当代英美市场社会主义研究 / 王燕著. -- 北京 : 中国社会科学出版社，2024. 5. -- ISBN 978 - 7 - 5227 - 4195 - 6

Ⅰ. F045. 5

中国国家版本馆 CIP 数据核字第 2024K36H20 号

出 版 人　赵剑英
责任编辑　李　立
责任校对　谢　静
责任印制　李寡寡

出　　版　中国社会科学出版社
社　　址　北京鼓楼西大街甲 158 号
邮　　编　100720
网　　址　http：//www. csspw. cn
发 行 部　010 - 84083685
门 市 部　010 - 84029450
经　　销　新华书店及其他书店

印　　刷　北京君升印刷有限公司
装　　订　廊坊市广阳区广增装订厂
版　　次　2024 年 5 月第 1 版
印　　次　2024 年 5 月第 1 次印刷

开　　本　710 × 1000　1/16
印　　张　13. 75
插　　页　2
字　　数　235 千字
定　　价　68. 00 元

目　录

导　论

第一节　英美市场社会主义研究的缘由

20 世纪 90 年代在英美兴起的市场社会主义思潮，是西方市场社会主义者近一个世纪以探索市场和社会主义公有制二者之间能否结合的理论思考，也是西方左翼学者在现有的资本主义效率的基础上，追求实现社会平等与民主的价值目标的理论阐释，其目的是达到效率和公平的有机结合而寻求一种超越现行资本主义的替代模式。市场社会主义思潮源于 20 世纪二三十年代，但市场社会主义受到真正关注则是在 20 世纪 80 年代末 90 年代初，也正是这一阶段，苏联、东欧等社会主义国家所进行的社会主义改革都以失败告终。因此，苏东社会主义国家以计划经济为主要特征的这种“现实社会主义”遭遇了前所未有的危机，苏东社会主义国家改革的失败引发了人们对社会主义的再思考，而资产经济右翼学者也借此对马克思主义和社会主义进行了攻击与批判，许多西方学者甚至认为社会主义已遭遇“破产”，可以终结对社会主义理论的研究。罗伯特·海尔布隆纳（Robert Heilbroner）断言：“资本主义与社会主义两种体制的竞争，在其正式开始后不到 75 年的时间内已经结束，资本主义获得了最终胜利。”① 在这种情况下，西方的左翼学者开始在对苏东社会主义模式批判和反思的基础上，寻求在资本主义条件下如何实现社会主义的新形式。因此，当代英美市场社会主义是在反击西方右翼学者关于社会主义“失败与终结”论的基础上，结合了苏东改革失败的教训和社会主义发展的历史经验，在

① Robert Heilbroner，“The Triumph of Capitalism”，*The New Yorker*，1989，p. 23.

探索如何超越民主社会主义的"过渡"之路的背景下提出来的。当代英美市场社会主义对社会主义的未来、基本政治经济制度、核心价值目标等都做了深入的探讨和反思。

当代英美市场社会主义不仅是一股经济思潮，也是一股政治思潮。其本质是"发挥市场作用而不改变社会主义的公有制性质"①，其理论模式不仅涉及经济领域，而且在政治领域和社会领域也有涉及，他们把经济、政治和社会融为一体，不仅是在新的历史条件下试图论证市场经济和社会主义公有制的结合，在效率和平等上的双重吸引力而为生产资料公有制辩护，② 也是在变革传统社会主义理论，批判新自由主义理论的基础上，所构建的一种可以"替代或超越现行资本主义的新模式"。当代英美市场社会主义试图从理论上来阐明如何运用市场实现平等与效率，因而他们不仅展开了对市场与社会主义结合问题的论证，而且论证了计划和市场都只是配置资源的手段，运用计划只是为了实现社会主义的目的而非社会主义的本质。社会主义的真正本质是要实现平等、效率、自由、民主等价值目标。因此，当代英美市场社会主义者在构建各自的社会蓝图时，都从平等、效率、自由、民主等方面来建立自己的理论体系，从而把市场社会主义推向了一个新的发展时期。当代英美市场社会主义是世界社会主义理论的一个组成部分，它鼓舞了世界范围的社会主义运动。

苏联和东欧国家出现的传统市场社会主义理论旨在探讨在社会主义经济制度基础之上，如何实现公有制与市场的结合，也就是说，主张社会主义利用市场机制只能在计划经济的框架范围内。而当代英美市场社会主义理论是英美的左翼学者试图通过市场机制来发展社会主义平等、自由、民主等价值目标的产物。是既要发挥市场的效率，又要实现社会主义的价值目标；是在西方资本主义市场经济的基础上提出的替代资本主义的一种方案和设想；是对市场社会主义的新发展，其侧重点在于平等，不仅是经济平等，还包括社会、政治上的平等。因而较以前的市场社会主义更加"彻底"、更加民主、更加重视市场机制的主导作用。

---

① Wlodzimierz Brus, Kazimierz Laski, *From Marx to the Market: Socialism in Search of an Economic System*, New York: Clarendon Press, 1989, p. 132.

② 余文烈：《"市场社会主义"的新动态》，《国外社会科学》1995 年第 2 期。

当代英美市场社会主义的“新”主要体现在理论论证和模式构建上。本书提及了三种当代英美市场社会主义的代表模式：经济管理型模式、工人管理型模式、限制资本权利模式。虽然，其构建的模式各不相同，但是都认为社会主义的本质和终极目标应该是：一个“无剥削、高效率、平等且自由”[①] 的社会，明确地将社会主义的目的与手段区分开来。

第一，当代英美市场社会主义是对苏联模式长期反思和对资本主义批判，探索超越和替代资本主义以及向社会主义过渡的面目出现的，是对未来“可行的社会主义”的憧憬。他们认为平等、自由、民主、效率是社会主义的价值目标，它的主要目的是能够最大限度地满足人们基本的物质和精神需要，实现平等，使人的个性和潜能能够得到充分的发挥。“社会主义有一整套界定完整、阐述精辟的目的，例如，其中有防止强者对弱者的剥削，实现收入、福利、地位和权力等方面的较大平等，以及满足基本需求。然而，很多社会主义者却将上述目的与某些特定的手段相混淆，例如生产资料公有制或资源配置中央计划等；这些手段变成了目的本身。因此，社会主义被认为是通过计划实现较大平等或通过工业国有化消灭剥削的。”[②] 他们否决了将国有制和社会主义等同起来，试图寻求一种新型的社会主义所有制形式，这种所有制能将平等与效率结合起来，既不同于传统的社会主义国有制，又不同于资本主义的私人所有制。对此约翰·罗默认为自我实现和福利的机会平等、政治影响的机会平等和社会地位的机会平等，这三方面的平等是社会主义者所需要的平等。社会主义的主要目的是实现平等，给人们提供一个平等的起点和机会，这种平等不局限于经济上的平等，同时也要实现“社会平等”。因而，他们对未来社会主义进行了积极的、有益的探索，将市场社会主义视作“彻底实现社会主义”的最佳途径。

第二，关于在价值取向方面。当代英美市场社会主义者们普遍认为社会主义的价值目的是平等、效率、自由与民主等价值目标。社会主义要想

① ［英］索尔·埃斯特林、尤里安·勒·格兰德编：《市场社会主义》，邓正来、徐泽荣等译，经济日报出版社 1993 年版，第 26 页。

② ［英］索尔·埃斯特林、尤里安·勒·格兰德编：《市场社会主义》，邓正来、徐泽荣等译，经济日报出版社 1993 年版，第 2 页。

实现这些价值目标就必须消灭资本主义的不平等，而不平等的根源就是资本主义私有制，在消除不平等的同时也要保持经济运行的有效性。因而，当代英美市场社会主义者寻求把市场和社会主义结合起来，实现平等和效率，用社会主义的方式解决平等问题，用资本主义的市场机制来解决效率的"第三条道路"。此外，当代英美市场社会主义者们也非常重视民主的重要性，他们普遍认为民主是社会主义的价值特征，"市场使工业民主成为可能"①。市场机制相对于计划经济而言，能够使企业提高经济效率，有效地分散经济权利和获得更多的经济信息，有效地遏制庞大的官僚机制，使得政府的作用受到一定的限制，为民主创造有利的条件。民主的存在使得企业成员能够有效地对该企业进行民主决策，比如对生产哪些产品、如何进行生产等进行控制和管理。民主既是社会主义的重要特点，也是实现市场化的必要条件。尽管当代英美市场社会主义者们构建的社会主义模式不尽相同，但是他们都一致认为平等、效率、自由、民主是社会主义的价值目标。

第三，当代英美市场社会主义者在批评苏东的"计划—市场二元机制论"的市场社会主义理论基础上，提出了社会主义和市场的联合。强调将市场机制作为经济运行的主要机制，计划绝非社会主义的唯一特征，而市场也不是资本主义的独有性质，无论是市场还是计划也都只是资源配置的一种方式。"市场社会主义经济取消了或在很大程度上限制了生产资料的私有制，而以某种形式的国家所有制或工人的所有制取代私人所有制。它仍然保留了作为协调绝大多数经济的机制的市场，尽管通常存在超出了资本主义下那些典型的对市场的限制。它也许以工厂的民主取代或不取代雇佣劳动，但工人的所得不是契约工资，而是一个企业纯收入的特定份额。如果是这样的话，这一制度就是'工人自我管理的'市场社会主义。"② 资本主义的主要特征就是雇佣劳动制度和生产资料的私人占有，与资本主义不同的是，社会主义的主要特征则是生产资料的国家所有制或

① [英] 索尔·埃斯特林、尤里安·勒·格兰德编：《市场社会主义》，邓正来、徐泽荣等译，经济日报出版社1993年版，第39页。

② [美] 伯特尔·奥尔曼：《市场社会主义——社会主义者之间的争论》，段忠桥译，新华出版社2000年版，第7页。

工人集体所有制，工人可以民主地管理企业，平等地分配企业利润。市场机制本身是中性的，与社会制度本身无关，它既可以服务于资本主义也可以服务于社会主义。市场社会主义者正是看中了市场机制中性的特点，试图用市场和社会主义解决平等和效率问题。

当代英美市场社会主义倡导的市场与社会主义结合理论以及以实现社会主义价值目标为导向，强调公有制的作用和市场配置资源的基础性等理论，都与我国社会主义市场经济中的某些理论相契合。传统社会主义认为："市场是与资本主义、私有制以及个人经济主权密切相连的；而社会主义被认为是以财产的社会所有制和对经济资源的有计划的共同使用为前提的。"[①] 对此，当代英美市场社会主义给予了强烈的反驳，他们认为，这种"传统认识并不具有逻辑依据"，市场与社会主义是可以"联姻"在一起的。"把市场与资本主义联系起来以及把计划和社会主义捏在一起，是一种通常的观念。我们坚信，这是一种根本的误解。"[②] 改革开放的总设计师邓小平同志也提出："计划多一点还是市场多一点，不是社会主义与资本主义的本质区别。计划经济不等于社会主义，资本主义也有计划；市场经济不等于资本主义，社会主义也有市场。计划和市场都是经济手段。"[③] 在市场与社会主义的关系上，习近平总书记指出，"在社会主义条件下发展市场经济，是我们党的一个伟大创举。我国经济发展获得巨大成功的一个关键因素，就是我们既发挥了市场经济的长处，又发挥了社会主义制度的优越性。我们是在中国共产党领导和社会主义制度的大前提下发展市场经济，什么时候都不能忘了'社会主义'这个定语"[④]。由此可见，当代英美市场社会主义和中国的社会主义市场经济在市场和社会主义关系上有着某些共同的观点，这对正在探索和发展市场之路的中国具有一定的借鉴价值。

作为世界社会主义运动中众多流派之一的当代英美市场社会主义，为

---

① ［英］克里斯托弗·皮尔森：《新市场社会主义——对社会主义命运和前途的探索》，姜辉译，东方出版社1999年版，第98页。

② ［英］索尔·埃斯特林、尤里安·勒·格兰德编：《市场社会主义》，邓正来、徐泽荣等译，经济日报出版社1993年版，第107页。

③ 《邓小平文选》第三卷，人民出版社1993年版，第373页。

④ 《习近平关于社会主义经济建设论述摘编》，中央文献出版社2017年版，第64页。

世界社会主义的蓬勃发展作出了重要的理论探索，为资本主义如何向社会主义过渡的问题做出了积极有益的理论论证，也为未来社会主义的发展提供了可供借鉴的理论框架。当代英美左翼学者对市场社会主义的研究，使东西方马克思主义者找到了新的契合点，推动了社会主义思想和价值观在全世界范围内传播。“在现代市场经济高度发达的西方国家中，离开市场经济这个配置资源的基础来探讨未来社会主义实现形式的学说，已经没有太大的市场了。社会主义和市场经济已经不是能不能结合的问题，而是必须结合而且已经结合的问题。”[①] 因而对当代英美市场社会主义的研究无论是从理论角度还是从现实角度分析都具有重要的意义。

马克思、恩格斯对未来共产主义社会的论述根植于社会生产力的高度发展，是对资本主义社会的非正义性和不合理性的批判，是在批判旧世界中发现新世界。马克思、恩格斯认为，“现代的资产阶级私有制是建立在阶级对立上面、建立在一些人对另一些人的剥削上面的产品生产和占有的最后而又最完备的表现。从这个意义上说，共产党人可以把自己的理论概括为一句话：消灭私有制”[②]。未来共产主义社会是消灭生产资料私有制，由自由平等的劳动者联合体共同占有和使用生产资料。由于消灭了生产资料私有制，全体社会成员共同占有生产资料和共同组织生产，实现“各尽所能，按需分配”，个人利益和社会利益趋向一致，在共产主义社会，阶级将会消亡，阶级压迫和剥削将不复存在，社会关系高度和谐，每个人都获得了自由而全面的发展，真正实现了平等、自由、民主与效率。可以说，未来的共产主义社会是要实现资本主义社会没有真正实现的自由、平等、民主、效率等价值目标。当代英美市场社会主义者将市场与社会主义结合试图构建一个“无剥削、高效率、平等且自由”[③] 的社会。因此，从实现社会主义价值目标来看，市场社会主义是对马克思主义社会主义思想的延续。尽管其理论中还包含新自由主义的“市场理念”，但其所诉诸的平等、自由、效率和民主等社会主义价值目标也是对马克思主义思想的体

---

① 吴宇晖：《市场社会主义——世纪之交的回眸》，经济科学出版社 2000 年版，第 169 页。

② 《马克思恩格斯文集》第二卷，人民出版社 2009 年版，第 45 页。

③ ［英］索尔·埃斯特林、尤里安·勒·格兰德编：《市场社会主义》，邓正来、徐泽荣等译，经济日报出版社 1993 年版，第 26 页。

现。正如马克思和恩格斯在《共产党宣言》中指出："代替那存在着阶级和阶级对立的资产阶级旧社会的，将是这样一个联合体，在那里，每个人的自由发展是一切人的自由发展的条件。"① 这一思想体现了推翻资本主义的私有制和剥削制度最终实现人类的解放，实现人类的自由和全面的发展。而当代英美市场社会主义所追求的价值目标正是切合了马克思主义的这一核心价值观念。

第二节 学界关于市场社会主义的研究

起源于20世纪30年代的市场社会主义，从早期的"兰格模式"发展至今，已经经历了早期和当代两个时期。② 苏联解体、东欧剧变后，针对苏东改革失败的经验教训，以及对资本主义私有制的批判，在英美等地再一次掀起了"重新构建社会主义新模式"的热潮，并提出了许多具有建设性的理论蓝图，使市场社会主义的研究在全世界范围内再次受到广泛的关注，也为未来社会主义的发展提供了可供借鉴的理论框架。针对这一现象，日本学者伊藤诚提出："在西欧左翼中也广泛地存在下列主张认为应该以市场经济乃至资本主义市场经济的框架为前提，加进政治的社会的管理，从中来寻找社会主义理念……表现为各种各样的方案，使市场社会主义理论探讨又重新活跃起来。"③

一 国外理论界对该问题的研究

源于20世纪30年代的市场社会主义是世界社会主义运动中重要的思潮之一。波兰经济学家奥斯卡·兰格是探讨市场社会主义理论的先驱者。兰格著名的《社会主义经济理论》一书，在研究市场和社会主义之间关系的问题上提出了自己独特的见解，并将市场机制运用到社会主义经济运行的研究当中，提出了"兰格模式"。所谓"兰格模

① 《马克思恩格斯文集》第二卷，人民出版社2009年版，第53页。

② 吕薇洲：《市场社会主义论》，河南人民出版社2001年版，第14页。

③ ［日］伊藤诚：《市场经济与社会主义》，尚晶晶主译，中共中央党校出版社1996年版，第208—209页。

式”是指20世纪30年代米塞斯、哈耶克与泰勒、兰格、勒纳等经济学家，针对资源配置和经济计算是否能在社会主义经济中适用的问题进行了大辩论，兰格、泰勒等利用新古典的一般均衡理论和福利经济学的价值判断为分析工具，提出了著名的兰格—勒纳—泰勒模式，简称为“兰格模式”。[①]

20世纪50—80年代，在苏联、东欧进行的经济体制改革中，市场社会主义理论成为苏东国家进行经济体制改革的主要理论基础。在这之后的波兰经济学家弗拉基米尔·布鲁斯出版了《从马克思到市场：社会主义对经济体制的求索》，该书从理论和经验事实两方面考察了80年代以来社会主义经济体制改革失败的根源，从而探索了市场取向的解救方法。捷克经济学家奥塔·锡克、匈牙利经济学家亚诺什·科尔奈也提出了在社会主义公有制和经济理论的框架内发挥市场机制的作用。之后，普兰特发表了《平等、市场与国家》（1984）；福比斯主编了《市场社会主义：何人的选择?》（1987）；戴维·米勒撰写了《市场、国家与社会：社会主义的理论基础》（1989）等一系列重要的理论著作。[②]

20世纪80年代末90年代初，随着苏东社会主义国家改革的相继失败，预示着排斥市场经济而提倡中央计划经济的苏联模式的破产。一些资本主义国家也结束了经济发展的黄金时期，进入了经济发展的滞涨期，在这个时期，资本主义国家无法解决经济生活和社会生活中存在的矛盾。这时，西方自由经济思潮开始占据主流地位。面对世界范围内的自由主义思潮，英美的市场社会主义者提出了“用市场来实现社会主义的目的”[③]的观点。1983年6月在英国工党连续失利后，一些英美的左翼学者探讨了英国工党失利的原因，并成立了一个“社会主义哲学”的研究小组，进行定期集会研讨问题，在小组的第一次研讨会上，牛津大学的教授戴维·米勒提出“市场社会主义”的概念，引起参会者的极大兴趣，这就再一

---

① 余文烈等：《市场社会主义：历史、理论与模式》，经济日报出版社2008年版，第117页。

② ［英］索尔·埃斯特林、尤里安·勒·格兰德编：《市场社会主义》，邓正来、徐泽荣等译，经济日报出版社1993年版，第3页。

③ ［英］索尔·埃斯特林、尤里安·勒·格兰德编：《市场社会主义》，邓正来、徐泽荣等译，经济日报出版社1993年版，第1页。

次掀起了研究市场社会主义的新浪潮。之后的多次会议几乎都是围绕这一主题展开讨论。[①] 与此同时，市场社会主义的问题吸引了许多的左翼学者开始投入其中进行研究，这样，市场社会主义的研究中心也逐渐从原来的英国转移到了美国。英美市场社会主义者们普遍从“平等与效率相结合”的原则出发纷纷构建新的社会主义蓝图。

在这些新模式中，美国经济学家约翰·罗默（John E. Roemer）认为社会主义的主要目标就是“在自我实现和福利方面的机会平等”，他试图通过利用资本主义市场经济中的一些成功的微观机制，来构建出与资本主义经济运行同效率的社会主义的运行模式，目的就是把“市场机制和社会主义相结合”，提出了“虚拟证券”的市场社会主义新模式，“这种新模式既要考虑效率又要考虑平等”[②]。美国哲学教授戴维·施韦卡特（David Schweickart）倡导“经济民主”的市场社会主义模式。他主要目的是强调其模式的民主性质。他认为，苏联、东欧失败的原因不在于缺乏市场而在于其经济体制中忽略了劳动者自主，缺乏了民主的性质。他的模式和罗默“虚拟证券的市场社会主义”、扬克“实用的市场社会主义”并列为美国三大市场社会主义流派。美国著名的经济学家普拉纳·巴德汉（Pranab K. Bardhan）提出的“以银行为中心”的市场社会主义模式，几家企业以一家“主办银行”为中心组成一个企业集团，主办银行和企业之间相互持股，在市场上以联合股份公司的形式运作。美国经济学教授詹姆斯·扬克（J. Yunker）建构了一个实用的市场社会主义模式，这个新模式的思想在他的《修正的现代化社会主义：实用的市场社会主义方案》一书中得到了体现。这个模式是以资本的公有化和社会化为特征的。在该书中扬克也系统地论述了这种理论模式的基本观点和主张，提出在实用的市场社会主义模式中既要保留资本主义的经济效率，也要克服资本主义制度所带来的不公正问题。英国社会学和政治学理论研究教授戴维·米勒（David Miller）设计的市场社会主义模式是“合作制市场社会主义”。他认为这种合作制市场社会主义模式是替代传统社会主义和当代资本主义以

---

① ［英］索尔·埃斯特林、尤里安·勒·格兰德编：《市场社会主义》，邓正来、徐泽荣等译，经济日报出版社1993年版，第1页。

② ［美］约翰·罗默：《社会主义的未来》，余文烈等译，重庆出版社1997年版，第2页。

及民主社会主义的可行性方案。此外，美国社会学教授弗雷德·布洛克（Fred Block）提出“没有阶级权力的资本主义”，科亨（Joshua Cohen）和罗杰斯（Joel Rogers）提出了“联合民主的体制”的市场社会主义模式。除了以上模式，这时期的新模式还有：迪·艾尔逊（Dean Elson）构建的“市场社会化的社会主义模式”、保尔·博卡拉提出的“混合型公有经济的社会主义”、托·安德烈阿尼和马克·费雷提出的“企业自治的社会主义模式”、罗宾·阿彻（Robin Archer）提出的“以经济民主为基础的社会主义经济模式”、英国的亚历克·诺夫提出的“可行的市场社会主义”理论和模式等，这些模式都从不同的方面和角度体现了市场社会主义新模式的多维性。

90 年代初，市场社会主义的研究中心由英国转到美国，市场社会主义理论研究得到了巨大的发展。关于市场社会主义的专著、论文集等大量涌现，如美国经济学家普拉纳·巴德汉和约翰·罗默主编的《市场社会主义：当前辩论》（1993 年），其中巴德汉与罗默在 1992 年发表的《市场社会主义：恢复活力的案例》论文中，“以银行为中心”的市场社会主义模式成为巴德汉为未来社会构建的蓝图，被认为是引发美国市场社会主义复兴的具有“里程碑”意义的重要文献。① 其后巴德汉又发表了《承担风险、资本市场和市场社会主义》（1992）、《论解决市场社会主义的软预算约束问题》（1993）等论文。1993 年英国经济学家索尔·埃斯特林和尤里安·勒·格兰德的论文集《市场社会主义》汇集了埃斯特林、格兰德、米勒、普兰特、温特、阿贝儿等众多英国市场社会主义理论家的思想观点，他们分别从不同的角度论述了市场社会主义理论。

约翰·罗默于 1994 年出版了著名的著作《社会主义的未来》，此后，他还发表了许多著述，如《市场社会主义的一个蓝图：这种经济如何工作》（1991）、《市场社会主义：恢复传统的理由》（与巴德汉合作，1992）、《市场社会主义：当前辩论》（与巴德汉主编，1993）、《在共产主义之后能存在社会主义吗?》（1993）、《社会主义的再思考》（1995）、《分配公正论》（1996）、《机会平等》（1998）等重要的代表性文章和著作。1992 年詹姆斯·扬克的著作《修正的现代化社会主义：实用的市场

---

① 余文烈等：《市场社会主义：历史、理论与模式》，经济日报出版社 2008 年版，第 225 页。

社会主义方案》出版，书中阐述了扬克关于构建未来社会主义的主要理论。扬克在这方面的研究还有大量的论著，主要有《市场社会主义模式概述》(1975)、《重新回到市场社会主义微观效率的辩论》(1979)、《自由市场中的社会主义》(1979)、《修正的现代社会主义：实用的市场社会主义方案》(1992)、《资本主义与实用的社会主义比较：一般均衡的评价》(1993)、《代理问题与经理激励：当代资本主义与市场社会主义》(1994)、《后兰格市场社会主义：对利润导向模式的评价》(1995)、《利润导向市场社会主义下的资本管理》(1996)、《经济公平：市场社会主义者的理想》(1997年)。[①]“市场社会主义”的概念是由戴维·米勒明确提出来的。米勒关于市场社会主义的著述有《一个市场社会主义方案：它意指什么？为什么倡导它?》(1987)、《市场、国家和社会：市场社会主义的理论基础》(1989)、《平等与市场社会主义》(1993)、《市场社会主义构想：它的运作及其问题》(1994) 等。[②]

日本的伊藤诚在1996年发表了《市场经济与社会主义》，在该文中他运用马克思主义政治经济学分析了市场经济和社会主义之间的关系，提出了“民主、分权的市场社会主义模式”。2008年他又发表了《幻想破灭的资本主义》等。1998年奥尔曼等主编了《市场社会主义——社会主义者之间的争论》，在该书中赞成市场社会主义者和反对市场社会主义者之间展开了激烈的论战，双方各自发表了自己的论述。1998年斯蒂格利茨发表了《社会主义向何处去?》，1999年皮尔森发表了《新市场社会主义——对社会主义命运和前途的探索》等文章。1993年施韦卡特在其著名的《反对资本主义》著作中提出了“经济民主的市场社会主义”模式。其他主要著作有《社会主义、民主、市场和计划结合》(1992)、《经济民主——真正的可以实现的社会主义》(1993)、《市场社会主义——社会主义者之间的争论》(1998)(伯特尔·奥尔曼主编)。2006年施韦卡特又出版了《超越资本主义》，这本著作是《反对资本主义》的姊妹篇。

---

① 余文烈等：《市场社会主义：历史、理论与模式》，经济日报出版社2008年版，第242页。

② 余文烈等：《市场社会主义：历史、理论与模式》，经济日报出版社2008年版，第288—289页。

当代英美市场社会主义理论的出现是经过了不断的反思和论证，他们在批判新自由主义理论和革新传统社会主义理论的基础上，提出的各种关于未来社会主义的新模式。这些理论模式不仅讨论市场和社会主义的“联姻”问题，而且就如何依靠市场提高效率，依靠社会主义实现平等，最后达到实现社会主义价值目标等问题进行了论证。

二 国内理论界对该问题的研究

市场社会主义理论在英美再次掀起的高潮引起了国内学者的关注，随后国内学者也开始大量翻译国外市场社会主义理论者的相关著作，同时也出版和发表了大量关于市场社会主义的著作和文章。国内学者从国外市场社会主义者的相关理论出发，重新引发了学者们对市场和社会主义之间“联姻”的分析和探讨，进而延伸到对市场社会主义所关注的“平等”“效率”“自由”“民主”方面的研究。还有一些学者借助于对市场社会主义的研究成果，考察了市场社会主义对中国社会主义市场经济的借鉴价值。

国内最早出版的关于市场社会主义的专著是1985年出版的中国社会科学院苏绍智、蔡声宁等撰写的《社会主义在当代世界上》，随后关于国外市场社会主义的研究著作和文章纷纷涌现。在译著方面主要有唐雪葆等译的亚历克·诺夫著的《可行的社会主义经济》（1988），邓正来等译的索尔·埃斯特林、尤里安·勒·格兰德编著的《市场社会主义》（1993），余文烈等译的约翰·罗默著的《社会主义的未来》（1997），姜辉译的克里斯托弗·皮尔森著的《新市场社会主义——对社会主义命运和前途的探索》（1999），段忠桥译的伯特尔·奥尔曼编著的《市场社会主义——社会主义者之间的争论》（2000），李智等译的戴维·施韦卡特《反对资本主义》（2002），周立群等译的约瑟夫·E. 斯蒂格利茨著的《社会主义向何处去——经济体制转型的理论与证据》（1998）。这些译著基本上都展现了国外市场社会主义理论者在不同阶段关于市场社会主义的思想。

除了对国外市场社会主义理论者的著作进行翻译引进，国内学者也出版了一些关于市场社会主义理论的著作，发表了自己独到的见解，并取得了一些显著的成果。如张宇博士于1999年出版的《市场社会主义反思》一书，在该书中，作者运用马克思主义的观点和方法考察了市场社会主义的发展脉络，对市场社会主义进行了论证和评述，为市场社会主义理论在国内的传播和发展提供重要的理论依据，同时该书还对中国的社会主义市场经济体制和市场社会主义之间的关系进行了论述，并提出了自己独到的见解。1998 年 6 月陈湘舸教授出版了《新市场社会主义导论》把中国社会主义市场经济作为新市场社会主义进行了研究，认为，社会主义是市场经济的内在制度要求，并非西方市场社会主义者所提出的“市场”和“社会主义”的“联姻”是一种外在的需求，因此，要从市场内在的制度要求出发，构建适合社会主义的经济模式。在书中作者还分析了市场经济和社会主义制度之间的关系，提出了市场具有双配置功能，他认为，市场不仅具有配置资源的功能，而且具有制度配置的功能。2000 年吴宇晖出版了著作《市场社会主义——世纪之交的回眸》，该书从经济学的视角对市场社会主义的理论背景、思想渊源、理论模式等进行了分析，并将西方市场社会主义理论和中国社会主义市场经济理论进行了比较，探讨了西方市场社会主义力量对中国社会主义市场经济的借鉴价值。

随着国内学界对西方马克思主义的研究的深入，关于市场社会主义理论的著作如雨后春笋般涌现，对西方市场社会主义的研究也更加深入和宽泛，许多学者开始变换视角，寻找新的研究思路和方法，其关注的重点归纳起来有以下几个方面。

一是对西方市场社会主义理论的发展历程、代表人物、主要理论模式等进行全景性介绍。如吕薇洲的《市场社会主义论》（2002），该书对西方市场社会主义的发展历程，主要的构建模式进行了比较分析；张志忠的《当代西方市场社会主义思潮：模式、理论与评价》（2006），该书共分为上、中、下三篇，上篇对西方市场社会主义产生的原因、特征、构成模式及分类等内容进行了分析，中篇探讨了西方市场社会主义理论构建的基础、市场与社会主义联姻的依据，下篇则是对西方市场社会主义理论进行了总结和评价，以及对中国社会主义市场经济的借鉴价值；余文烈等的《市场社会主义：历史、理论与模式》（2008），全书从历史轨迹、典型模式和价值评判三个方面探讨了西方市场社会主义理论；景维民、田卫民等撰写了《经济转型中的市场社会主义——国外马克思主义的分析与实践检验》（2009），该书探讨了西方市场社会主义产生的理论背景，对西方市场社会主义的逻辑演进、典型模式、路径分化都进行了深入的研究，并从经济结构优化方面对西方市场社会主义的模式进行了全新的解读；姜国权的《市场社会主义劳动产权理论研究》（2009），从劳动产权的视角对西方市场社会的相关理论进行了研究，提出了西方市场社会主义劳动产权理论主要以民主政治、经济管理、利润分配等权利为核心内容。景维民等著的《经济转型的理论假说与验证——市场社会主义的传承与超越》（2011），该书探讨了西方市场社会主义产生的背景，对市场社会主义的含义进行了解读，并从制度结构、价值观念体系、体制演变、运行机制等方面对西方市场社会主义进行了深刻的剖析。

二是在介绍国外马克思主义流派时将市场社会主义作为一个流派进行介绍，如俞可平主编的《全球化时代的"社会主义"》（1998）其中一章专门介绍了市场社会主义理论；余文烈主编的《当代国外社会主义流派》（2001）对市场社会主义历史分期、定义、理论渊源、模式构建等都进行了论述；陈学明著的《西方马克思主义教程》（2001）对西方学者研究的市场社会主义理论观点进行了阐述；中国社会科学院研究员周穗明等著的《20世纪西方新马克思主义发展史》（2004），该书是对西方新马克思主义的主要流派和最新发展趋势做的评介，其中对西方市场社会主义的发展脉络、重要理论模式以及对市场社会主义的评判都做了详细的论述；曾枝盛主编的《国外学者对马克思主义若干问题的最新研究》（2006），书中对英、美马克思主义者关于市场社会主义之间的争论进行了梳理。此外还有李惠斌、叶汝贤主编的《当代西方社会主义研究》（2006）、徐崇温的《当代外国主要思潮流派的社会主义观》（2007）、段忠桥著的《理性的反思与正义的追求》（2007）等著作对西方市场社会主义都有介绍。

三是对西方市场社会主义理论和中国社会主义市场经济理论进行比较研究。如吕薇洲著的《市场社会主义与社会主义市场经济——模式·比较·借鉴》（2005），该书对市场社会主义和社会主义市场经济进行了分析比较研究，提出了二者既有共同的特征也具有本质的区别。作者认为西方市场社会主义和社会主义市场经济二者都强调了市场的重要作用，在此基础上实现与社会主义的结合，同时认为，社会主义的价值目的是既追求社会效率，也追求社会公平。在论述了二者的相同特征后作者也从理论基础、制度基础、终极目标等方面区分了二者之间的本质区别。余文烈等的《市场社会主义：历史、理论与模式》（2008）探讨了两者共同的价值目标和两者的根本区别；张志忠的《当代西方市场社会主义思潮：模式、理论与评价》（2006）对西方市场社会主义和社会主义市场经济从现实社会条件、市场与社会主义之间的结合等问题上对二者进行了分析比较，同时也探讨了西方市场社会主义理论对中国社会主义市场经济的借鉴价值。

除了学术专著，公开发表的学术论文数量也非常多，从学术期刊网上搜索，发现相关论文达二百多篇，这些论文大多集中在：一是对西方市场社会主义进行介绍；二是着重对西方市场社会主义模式的分析；三是阐述西方市场社会主义经历的阶段；四是考察西方市场社会主义与公平效率；五是比较西方市场社会主义和中国特色社会主义市场经济之间的关系。随着对市场社会主义理论研究的不断引进与深入，国内的一些学者也逐渐突破了过去对市场社会主义的单纯引进和僵化的认识，通过对市场社会主义的理论模式、思想发展进行探索，无论是在理论上还是在实践上对我国社会主义市场经济的建设和完善都具有一定的借鉴价值。当然国内学者对市场社会主义的研究也存在着一定的缺陷，国内大部分学者只是把市场社会主义当作一种经济模式，因而研究的范围较为狭窄，仅限于经济方面却忽视了市场社会主义在政治、社会等方面的价值。

第三节　研究思路和框架

英国是世界上开展社会主义运动最早的国家之一，早在 19 世纪 20 年代，欧文开展的早期社会主义运动闻名于世。“新费边社会主义”提出的前市场社会主义理论为后来英国发展起来的市场社会主义理论提供了理论来源。20 世纪 80 年代初，英国左翼学者成立的“社会主义哲学”研究小组，讨论英国工党第二次大选失败的原因，在这个研究小组的首次会议上，牛津大学的研究员戴维·米勒提出了“市场社会主义”的概念，此后英国理论界展开了对市场社会主义的讨论和研究。20 世纪 90 年代以来，对市场社会主义的研究并没有随着世界社会主义运动陷入低谷而销声匿迹，反而在欧美等西方国家掀起了新的讨论热潮。此时市场社会主义讨论的主要阵地也由英国转移到了美国，这个时期，英美的市场社会主义者对未来社会主义的发展设计了许多新的模式，他们力图通过论证市场与公有制的有机结合，达到效率和平等上的双重吸引力而为生产资料公有制辩护。

本书只针对当代英美市场社会主义的新变化进行考察，并不打算对整个市场社会主义的历史脉络进行梳理和审视。从市场社会主义的价值目标方面作为研究对象，从而论证市场社会主义在平等、效率、自由、民主等价值目标上的贡献。同时就学术界对当代市场社会主义的批评和评价方面进行了论述，结合我国社会主义市场经济加以对照比较，探讨了二者之间的共同点和不同点，并就当代英美市场社会主义对我国社会主义市场经济的发展和完善具有的借鉴价值给予了分析论证。遵循以上的研究思路，主要的理论框架由五部分内容构成。

第一章，当代英美市场社会主义理论概述。西方经济学思想中的资源配置理论和传统社会主义思想中关于市场与社会主义“联姻”的思想，为当代英美市场社会主义理论的形成提供了活水源头。随着苏东改革失败而重新构建的市场社会主义理论无论是在历史条件、社会条件还是在思想条件上，都与之前的市场社会主义理论存在着一定的差异。在英美重新掀起的关于市场社会主义的讨论热潮，是在新的历史背景下的再思考。本章主要从“市场社会主义产生的理论背景”和“当代英美市场社会主义理论新形态”的视角对当代英美市场社会主义进行分析。虽然本书主要立足于对当代英美市场社会主义的相关理论进行考察，但是为了能够便于准确系统地把握当代英美市场社会主义理论，本章内容首先对整个市场社会主义的理论背景进行分析和梳理，从而为更好地理解当代英美市场社会主义提供了重要的思想资源和理论基础。当代英美市场社会主义是在对资本主义制度的批驳和对传统社会主义反思的基础上提出的新观点和思想，从而形成了当代英美市场社会主义的新形态。以上的这些内容为研究当代英美市场社会主义提供了活水源头。

第二章，当代英美市场社会主义的价值诉求。当代英美市场社会主义把“平等、自由、民主、效率”作为其价值目标，认为要想实现这些价值目标，就要建立一种不同于资本主义私有制，又区别于传统的社会主义公有制的产权制度，把社会主义和市场、平等和效率结合起来，使市场社会主义既能实现平等又能提高效率。本章主要从平等、效率、自由、民主等市场社会主义的价值目标出发，进一步探讨当代英美市场社会主义的价值诉求，这对于深化和完善中国社会主义价值观体系具有重要的意义。

第三章，未来社会主义新模式。本章主要论述当代英美市场社会主义者的模式构建。重点分析了三类典型模式：经理管理型模式、工人管理型模式和限制资本权利的模式。这些新模式基本上都是以市场机制为主导，以实现平等和提高经济效率为目的，对自由与民主、平等与效率、社会主义与市场"联姻"以及所有制等问题进行了再思考。尽管每一种模式的设计都有一定的不足，但是它们对市场社会主义所进行的探索和论证都具有重要的理论价值和现实意义。

第四章，围绕当代英美市场社会主义的论争。市场社会主义理论的提出受到一些左翼人士的欢迎，也受到来自另一些自认为是坚定的马克思主义者的反对和右翼自由主义者的批判。对市场社会主义的批判首先来自传统的社会主义者，"计划和市场一直被教条的社会主义者和教条的反社会主义者看作是两个不可调和的对立物"①。传统社会主义认为市场和资本主义是不可分的，保留了市场就意味着保留了资本主义，伴随着资本主义制度存在的不平等、异化、剥削等现象也是无法消除的，因而传统社会主义认为市场社会主义根本不是社会主义，而是一种资本主义。同样市场社会主义也受到了右翼自由主义和新自由主义的诘难，在他们看来，由于市场与社会主义是无法兼容和协调的，因而市场社会主义者建立的是"非真正的市场秩序"。第四章针对传统社会主义者和右翼自由主义者对市场社会主义的批判以及市场社会主义者的回应进行了分析和论述，为更好地把握当代英美市场社会主义的贡献和缺陷提供了重要的理论资源。

第五章，当代英美市场社会主义模式对中国的借鉴价值。当代英美市场社会主义对平等、民主、自由、公正等社会主义价值目标的论述对中国完善社会主义核心价值目标提供了思想启示；他们对公有制和市场经济相结合的理论的构想为中国社会主义市场经济探索公有制和市场相结合的道路拓宽了视野；宏观调控思想的构建为中国市场经济中政府的合理干预提供了思路；而分配方式理论则为中国现阶段解决收入分配方面存在的问题提供了启发，这些都对中国的市场社会主义提供了借鉴价值。虽然二者有着许多相似之处，但二者在具体的构建方式上却存在着迥然不同的风格。

---

① ［英］约翰·伊特韦尔、默里·米尔盖特、彼得·纽曼编：《新帕尔格雷夫经济学大辞典》第3卷，陈岱孙译，经济科学出版社1996年版，第946页。

本章将从多方面的视角来论述当代英美市场社会主义和中国社会主义市场经济之间的异同及其借鉴价值。

第四节 研究方法与创新

一 本书的研究方法

第一，在对市场社会主义理论的研究中，主要运用马克思主义的立场、观点和方法，将唯物辩证法、历史和价值相统一的方法贯穿于研究的始终。以唯物辩证法作为研究的方法去梳理当代英美市场社会主义理论，对他们理论中的得与失做出客观的评价，从而对其合理的思想加以借鉴，同时摒弃不合理的内容。运用历史与价值相统一的方法对当代英美市场社会主义理论进行了论证与分析，从历史的回顾中考察当代英美市场社会主义的时代背景、理论渊源。运用价值的角度考察和揭示当代英美市场社会主义的新的价值形态和理论特征。

第二，文献研究法。当代英美市场社会主义的思想和观点都体现在英美市场社会主义者的著作和论文中，同时国内对市场社会主义的研究也是卓有成效，也有大量的著作和论文涌现，因而为了从整体上科学地把握当代英美市场社会主义理论家的思想和观点，通过查阅、整理和分析国内外大量的相关文献，对这些文献进行了梳理，也成为研究当代英美市场社会主义的理论资源。

第三，比较分析法。通过对当代英美市场社会主义的不同模式的分析比较可以很好地把握每一种模式的不同特征，从而能深入地了解各种模式的优缺点。为了把握当代英美市场社会主义者的思想内核，本书通过比较分析当代英美市场社会主义与传统市场社会主义之间的联系与区别，从而辨析当代英美市场社会主义所呈现的新特点。通过比较当代英美市场社会主义和我国社会主义市场经济之间的异同，进而对英美市场社会主义的理论和观点进行客观评价，取其优点，去其糟粕。

二 本书的创新之处

对市场社会主义的研究大部分学者基本上都立足于对市场社会主义的含义、发展阶段、理论模式进行分析。本书主要基于市场社会主义发展的最新阶段——当代英美市场社会主义进行梳理和评介，在政治哲学的视域下，从平等、效率、自由、民主等市场社会主义的价值目标出发，进一步探讨当代英美市场社会主义的价值诉求。当代英美市场社会主义的价值理论不再局限于经济领域，而且在与市场密切相关的政治领域和社会文化领域都有涉及，从而使当代英美市场社会主义的价值观呈现新的时代特征。通过对当代英美市场社会主义新的价值观的剖析来探讨当代英美市场社会主义的生命力及其存在的价值和意义。

当代英美市场社会主义是市场社会主义发展的最新阶段。本书只是对市场社会主义的发展脉络进行了简单的梳理，着重点是当代英美市场社会主义发展的新形态，将当代英美市场社会主义作为一个整体，建立一个分析框架，从全局的角度来了解当代英美市场社会主义新的时代特征和本质，重点考察当代英美市场社会主义的价值观体系，辩证地看待其历史价值和现实价值。

第一章

当代英美市场社会主义理论概述

20 世纪 90 年代在英美兴起的市场社会主义理论是对社会主义公有制能否与市场经济相兼容的道路与模式的倡导和探索；是西方资本主义国家中的左翼学者在现有的资本主义效率的基础上追求实现社会平等与民主的价值目标的理论探索；也是在总结社会主义改革失败的历史经验的基础上探索的关于未来社会发展的新模式。

对市场社会主义理论的研究和探讨迄今已有 60 多年的历史，苏东改革失败以后在英美重新燃起的关于市场社会主义的研究浪潮，是在新形势下对社会主义的重新再思考。当代英美市场社会主义者在总结苏东社会主义模式失败的历史教训上，创建了许多新的发展蓝图。在这种背景和思想的指导下，他们提出了许多与传统社会主义市场模式完全不同的未来社会发展的新模式。因而分析当代英美市场社会主义便于我们对世界社会主义运动有一个深入的理解。

第一节　市场社会主义产生的理论背景

20 世纪 30 年代产生的市场社会主义是西方一些经济学家就市场经济和社会主义相结合的可行性问题进行了辩论，辩论的结果产生了“兰格模式”，标志着市场社会主义的诞生。然而如果要追溯市场社会主义的源头，那么就要从 19 世纪的社会主义运动中寻找。为了更好地理解当代英美市场社会主义的新思想和新观点，本节将市场社会主义作为一个整体，对其相关理论进行了分析和梳理。

一　市场社会主义的提出及其思想源流

“19 世纪的社会主义思想中有一小部分可以贴上市场社会主义政治经济学的标记。”[①] 也就是说，在 19 世纪的社会主义运动中都能搜寻到市场社会主义思想的影子。

美国经济学家戴维·贝尔金（David Belkin）称英国著名的经济哲学家约翰·斯图尔特·穆勒（John Stuart Mill）为“原始市场社会主义”的创始人。穆勒强调社会主义社会中存在市场竞争的必要性，他认为，“在现在的社会状态和工业状态下，限制竞争是一种罪恶，而扩大竞争，即使暂时会损害某一劳动阶层，最终也将带来最大的利益”[②]。因此，戴维·贝尔金在《为什么必须是市场社会主义：来自异见者的声音》中提出：“有关社会主义与市场（真正的市场）关联的争论，实际上比兰格还要早一个世纪。”[③] 早期支持和参与工人运动的一些思想家，如皮埃尔·约瑟夫·蒲鲁东（Pierre Joseph Proudhon）、托马斯·霍奇斯金、艾波特·沙利夫、阿尔伯特·谢夫勒（Albert Schaffle）就曾预言在国家范围内进行“自觉指导”的社会主义可能潜在的危机，认为，要消灭剥削，消灭市场并不是必不可少的，[④] 独立于“空想”社会主义和“科学”社会主义之外，它是对企业范围内的集体化的强调，而不是对国家范围内的集体化的重视，也就是说，强调的是合作制而不是生产资料的社会所有制。这种社会主义不再是国家指令性命令的传输器，而是把市场调控社会经济的功能得以保留下来。[⑤] 因而，贝尔金提到，市场社会主义是对“一个多世纪以前与古典社会主义同样悠久但被其遮掩黯然失色的自由社会主

---

① Noel Thompson, *The Market and Its Critics: Socialist Political Economy in Nineteenth Century Britain*, London: Routledge, 1998, p. 158.

② ［英］约翰·穆勒：《政治经济学原理及其在社会哲学上的若干应用》下，胡企林、朱泱译，商务印书馆 1991 年版，第 363—364 页。

③ 徐俊峰：《市场社会主义理论脉络辩微》，《胜利油田党校学报》2009 年第 1 期。

④ 余文烈等：《市场社会主义：历史、理论与模式》，经济日报出版社 2008 年版，第 97 页。

⑤ David Belkin, “Why Market Socialism? From the Critique of Political Economy to Positive Political Economy”, in Frank Roosevelt and David Belkin, *Why Market Socialism: Voices From Dissent*, M. E. Sharpe Inc., 1994, p. 10.

义传统的复兴"①。

19世纪末20世纪初，随着马克思主义理论在西方的广泛传播，探索社会主义条件下的市场问题引发了一些西方社会主义经济学家的极大兴趣。尽管他们普遍不赞成从根本上改变和废除资本主义制度，但他们对社会主义的生产关系、经济关系和生产形式都做了尝试性的探讨，由此提出了一些关于社会主义能否实现资源的有效配置的问题，这些理论都涉及了市场机制与社会主义相结合的问题。市场和计划能否独立于社会政治制度的问题是市场社会主义理论长期以来关注的主要问题。早在19世纪后期一些西方著名的经济学家如维塞尔（Friedrich von Wieser）、瓦尔拉斯（M. E. L. Walras）、帕累托（Vilfredo Pareto）等就对社会主义资源配置问题进行了探讨。

弗里德里希·冯·维塞尔（Friedrich von Wieser）是奥地利经济学家、社会学家，奥地利学派主要代表人物之一。他把财物的边际效用称作自然价值，并提出了社会主义资源配置中价值尺度的重要性。维塞尔强调，"即使在一个按共产主义原则管理经济事务的社会或国家里，财物也不会没有价值。那里象别的地方一样，还会有各种需要；要全部满足这些需要，可利用的资财还会感到不足；人心对于私有财产还会恋恋不舍。凡属不是自由的财物，还会被认为不仅是有用处，而且是有价值。这些财物在价值上还会依据它的现有数量对需求的关系排定等次，而这种关系最终还会用边际效用来表现自己"②。美国学者兰道尔（Carl Landauer）称赞维塞尔说："'奥地利学派'为创造社会主义社会全民核算制的概念打下了基础。"③

瓦尔拉斯（M. E. L. Walras）是边际效用价值论的创始人之一。他在《应用政治经济学研究》论文集中提出，在社会主义制度下，要想使一般均衡价格得以实现，就需要通过维持自由经济竞争和建立国家立法组织来

---

① David Belkin, "Why Market Socialism? From the Critique of Political Economy to Positive Political Economy", in Frank Roosevelt and David Belkin, *Why Market Socialism: Voices From Dissent*, M. E. Sharpe Inc. 1994, p. 4.

② ［奥］弗·冯·维塞尔：《自然价值》，陈国庆译，商务印书馆1997年版，第108页。

③ ［美］卡尔·兰道尔：《欧洲社会主义思想与运动史：从产业革命到希特勒攫取政权》下卷，刘山等译，商务印书馆1994年版，第589页。

形成完全的竞争机制才能得以完成。另一个对市场社会主义理论的创立作出重大贡献的是意大利经济学家、社会学家维尔弗雷多·帕累托（Vilfredo Pareto）。他提出了著名的“帕累托最优”（Pareto optimum）和“最大福利”等概念。他在其著作《社会主义制度》中对此进行了论述，只有在社会主义条件下才能达到生产资料的有效配置，创造并实现“最优福利状态”。自由竞争条件下价格的单一性无法使得企业获得最优化产出量，也无法满足各企业的不同固定成本，效用的最大化也就无法得以实现，但在社会主义条件下，为了公共利益，国家企业则能按照成本价格出售产品，这样就能够获得最优化产量，效用的最大化也就能得以实现。帕累托提出社会主义制度和完全自由的制度二者有可能会同样有效，因而他发现社会主义计划经济和自由竞争的市场经济能产生相同的结果。[①] 这些经济学家的思想和观点成为后来的理论家构建市场社会主义理论的源头活水。

卡尔·考茨基（Karl Kautsky）提出的“社会主义货币思想”，对早期的市场社会主义也产生了重大的影响。卡尔·考茨基是德国和国际工人运动理论家，也是第二国际的思想领袖，马克思主义发展史中的重要人物。卡尔·考茨基对消除货币提出了怀疑，他指出：“货币是确保产品流通并向每一个成员进行分配的最简便手段。它是使每个个人按自己的喜好来满足需求的手段（当然要在经济条件许可的范围之内）。在找到更好的办法之前，货币作为这样一种流通手段是必不可少的。”[②] 利用货币进行经济计算是早期兰格模式中进行资源合理配置的重要思想，对于这一思想，卡尔·考茨基对“社会主义货币思想”进行了论述，也为后来兰格的市场社会主义思想的产生提供了理论资源。随后在1922年考茨基又出版了著作《无产阶级革命及其纲领》，再一次论证了社会主义货币理论，提出货币作为价值计量手段的必要性。

20世纪20—30年代围绕社会主义能否实现合理的经济计算进行了一

---

① ［英］约翰·伊特韦尔、默里·米尔盖特、彼得·纽曼编：《新帕尔格雷夫经济学大辞典》第3卷，陈岱孙译，经济科学出版社1996年版，第868—870页。

② ［德］卡尔·考茨基：《社会革命》第2部分，转引自［美］卡尔·兰道尔《欧洲社会主义思想与运动史：从产业革命到希特勒攫取政权》下卷，刘山等译，商务印书馆1994年版，第572页。

场大论战，论战的结果是形成了著名的“计划模拟市场”的“竞争解决社会主义”的方案，也就是著名的“兰格模式”的形成，出现了一系列试图在保持生产资料国有制不变的前提下，实现计划与市场相结合的市场社会主义理论模式，从而确定了现代经济学中关于市场社会主义的观念。兰格模式是20世纪20—30年代大辩论的产物，也是第一个理论形态较为完整的市场社会主义经济模式，是对社会主义资源配置方案进行多年探索的集中表现，它把市场引入社会主义经济，描绘了一个以生产资料公有制和中央计划经济为特征的社会主义社会如何确定计算价格、进行资源配置的过程，表明市场机制可以同所有制相分离。兰格模式提出，在社会主义条件下，生产资料归国家所有，没有生产资料市场，劳动市场和消费品市场是自由的，国家根据“试错法”模拟市场决定产品价格，市场机制只是一种资源配置手段，是可以和社会所有制性质相分离的，它是中性的。事实上，兰格模式只是以计划来模拟市场。兰格模式与之后的市场社会主义方案还存在着较大的不同。虽然兰格模式还只是以计划模拟市场，但是它巧妙地把西方微观经济学和马克思主义经济学结合起来，创造出一种具有效率和平等双重吸引力的经济社会，是“对中央计划局和企业管理部门之间的职划分作出限定的早期尝试”①。对社会主义运动以及经济思想史都具有深远的影响。

20世纪50—70年代，在东欧，市场社会主义得以快速发展，东欧社会主义国家进行了以市场为导向的经济体制改革，突破了以往苏联式的计划社会主义模式。60年代以后，中央计划经济的弊端日益明显，一批左翼学者剖析了当时的社会主义的改革实践并对苏联东欧社会主义经济运行机制进行了研究，提出了各种经济理论模式。波兰经济学家弗·布鲁斯(W. Blues)、捷克经济学家奥塔·锡克（Ota Sik)、匈牙利科学院通讯院士雅诺什·科尔奈（János Kornai）分别以自己的理论分析影响了东欧社会主义国家的经济改革运动。布鲁斯于1961年出版了《社会主义经济中的市场》，并从分散决策的角度，将市场机制部分地引入了公有制经济。随后捷克经济改革之父锡克对传统社会主义经济体制提出了怀疑，并针对

① ［英］亚历克·诺夫：《可行的社会主义经济》，唐雪葆等译，中国社会科学出版社1988年版，第61页。

传统社会主义经济体制所表现出来的弊端给予了批判，因而他是较早提出社会主义经济改革模式理论的经济学家之一。他于1962年和1965年先后发表了《社会主义制度下的商品货币关系》和《社会主义的计划与市场》，打破了“计划直接控制生产”的信条，从企业独立利益的视角把市场机制引入社会主义经济，试图更为有效地激活企业活力，提升微观效率。1980年，匈牙利经济学家雅诺什·科尔奈（János Kornai）出版《短缺经济学》一书，他认为苏东计划经济中出现的生产资料和消费资料短缺的原因是企业对国家的高度信赖和国家对企业的过度关注，只有进行经济体制上的改革才能消除这种短缺。对此，他提出在计划经济体制内进行社会主义经济体制改革需要企业取消“软约束预算”，使用“硬约束预算”，以“货币经济”代替“模拟货币经济”的方式进行。另外，他还指出，在社会主义经济条件下，国家进行经济调整有利于社会分配关系的公平，抑制不利的因素，并且可以监督和控制企业的垄断。市场不是调节经济的唯一手段，但计划经济的官僚行政调节存在更多的弊端，因而需要通过市场协调计划行政来进行调节，加大市场调节的力度而缩减行政调节的范围。

80年代以后，市场社会主义在英国有了“突破性进展”，这就是“市场主导的市场社会主义”的形成。80年代初，英国工党在第二次大选中失败，面对世界范围内的自由主义思潮和保守主义思潮的盛行，英美的一些左翼学者提出“用市场来实现社会主义的目的”①。1983年6月一批同情和支持工党的知名学者组成“社会主义哲学研究小组”，在研究小组的第一次会议上，牛津大学教授戴维·米勒提出并明确阐述了“市场社会主义”这一概念，从而再一次掀起了一股研究重构各种未来社会主义新模式的高潮。英国经济学家亚历克·诺夫（Alec Nove）出版了《可行的社会主义经济》一书引发了市场社会主义理论的探讨。在这本书中，诺夫对苏联的计划经济体制所体现出的弊端作了深入的分析，认为苏联的经济的无效性是由中央计划经济体制所造成的，因而他主张实行市场社会主义，同时保留市场和货币作为微观经济民主选择的最有效

---

① ［英］索尔·埃斯特林、尤里安·勒·格兰德编：《市场社会主义》，邓正来、徐泽荣等译，经济日报出版社1993年版，第1页。

的调节手段。诺夫的可行的社会主义经济模式的提出，引起了托派理论家E. 曼德尔（Ernest Mandel）的反对，他认为市场和计划是两种截然不同互相排斥的资源配置方式，只能与它们相符合的政治形态结合。之后，在《新左派评论》上，诺夫发表了《市场与社会主义》，曼德尔发表了《市场社会主义的神话》分别就各自的观点进行了论证，进而使争论进一步激化。①

90 年代以来，市场社会主义在欧美等西方发达国家掀起了新的讨论热潮，从 1992 年开始，英美等国的一些马克思主义刊物，像《科学与社会》《新左派评论》《激进政治经济评论》等相继展开了关于社会主义经济模式的讨论。短短几年时间欧美发达国家左翼理论界出版了数十部专著，都对未来社会主义提出了各自不同的理论模式。② 这些不同模式的倡导者都将其理论模式直接命名为“市场社会主义”，使市场社会主义的探索和研究走向了一个新的时期。

二 市场社会主义的概念界定

不同的历史时期，学术界对市场社会主义的理解也存在着不同，因而对其概念的界定在当前学术界没有一个统一的标准。《新帕尔格雷夫经济学大辞典》的定义是：“市场社会主义是一种经济体制的理论概念（或模式），在这种经济体制中，生产资料公有或集体所有，而资源配置则遵循市场（包括产品市场、劳动市场和资本市场）规律。”③ 从这个界定上说，市场社会主义是独立的经济体制，它不同于苏东社会主义国家所实行的“计划社会主义”，也不同于英美等资本主义国家所实施的“市场资本主义”。

1. 传统的市场社会主义者对市场社会主义的界定

从早期兰格模式到布鲁斯和锡克模式再到科尔奈模式，这些早期的模式的共性都是试图在不触动计划经济和公有制的框架内运用市场，提高经

---

① 景维民、孙景宇、张慧君等：《经济转型的理论假说与验证——市场社会主义的传承与超越》，经济科学出版社 2011 年版，第 9 页。

② 吕薇洲：《市场社会主义论》，河南人民出版社 2001 年版，第 2 页。

③ ［英］约翰·伊特韦尔、默里·米尔盖特、彼得·纽曼编：《新帕尔格雷夫经济学大辞典》第 3 卷，陈岱孙译，经济科学出版社 1996 年版，第 363 页。

济效率，从而发展社会经济，使计划与市场并存。例如，美国著名经济学家保罗·R. 格雷戈里（P. R. Gregory）和罗伯特·C. 斯图尔特（R. C. Stewart）在他们的《比较经济制度学》中按照决策机制、财产所有权、调节机制和激励机制四个标准把市场社会主义界定为生产要素的公共所有制为特征的经济体制，决策采取分权制并通过市场机制加以调节，兼用物质鼓励和精神鼓励来推动参与者实现这一体制的目标①。

《社会主义向何处去》一书的作者美国经济学家约瑟夫·E. 斯蒂格利茨（Joseph E. Stiglitz）也对市场社会主义的概念进行了考察，"市场社会主义指的是一种经济组织形式，在该形式下，政府占有生产资料（所有社会主义体制均是如此），但是和市场经济一样运用价格对资源进行配置"②。英国《不列颠百科全书》的定义是："市场社会主义又称自由社会主义，它是协调社会主义计划与自由企业的一种经济制度。企业属于公有，但生产和消费不受政府计划的控制，而受市场力量的支配。"③ 可以说传统市场社会主义主要还是一种生产资料的社会所有制，它是以探索和革新传统社会主义经济制度的替代模式为目的，把市场从资本主义制度中分解出来，将市场作为配置经济资源和协调经济决策的手段，寻求计划与市场的有机结合，通过市场来配置资源从而提高经济效率。

2. 当代市场社会主义者对市场社会主义的界定

当代市场社会主义者对市场社会主义的界定有着全新的视角和观点。他们认为，社会主义是能够满足社会成员的基本需求，防止强者对弱者的剥削。所以他们对市场社会主义的界定主要是从社会主义的目的和市场机制配置资源的手段二者之间的关系中界定的，如《市场社会主义》的作者英国经济学家索尔·埃斯特林（Saul Estrin）、尤里安·勒·格兰德（Julian Le Grand）的观点，"我们希望证明市场是能

① ［美］保罗·R. 格雷戈里、罗伯特·C. 斯图尔特：《比较经济制度学》，葛奇、许强译，知识出版社 1988 年版，第 16 页。

② ［美］约瑟夫·E·斯蒂格利茨：《社会主义向何处去——经济体制转型的理论与证据》，周立群等译，吉林人民出版社 1998 年版，第 10 页。

③ 美国不列颠百科全书公司编著：《不列颠百科全书》第 10 卷，中国大百科全书出版社不列颠百科全书编辑部编译，中国大百科全书出版社 1999 年版，第 492 页。

够用来实现社会主义的目的的。运用市场来实现社会主义的目的便是我们所指的市场社会主义”①。英国经济学家克里斯托弗·皮尔森（Christopher Pierson）给市场社会主义下的定义是：“市场社会主义是把经济的社会所有制原则与继续通过市场机制配置商品（包括劳动）的做法结合起来的一种经济和社会制度。”② 法国经济学家 M. 拉文则提出，市场社会主义既保护了社会主义的一些价值观，也保护了社会主义不受资本主义固有的不良的再分配效果的影响。③ 这就意味着，市场不仅能够在最大限度上实现人们的自由和平等，而且也可以获得更多的经济效率。《市场社会主义：当前辩论》的作者约翰·罗默和普兰纳勃·巴德汉的定义是：“市场社会主义是一种经济制度，它在许多方面是资本主义和已被付诸实践的社会主义的混合物。”④ 由此看来，苏东社会主义的失败是因为没有利用市场作为决策的手段，计划的有效性就是应该利用市场。之后罗默又从强调平等和重视效率方面对市场社会主义进行了重新界定：“所谓市场社会主义，我指的是大多数物品包括劳动通过价格系统来分配，企业（不论是否由工人管理）利润在居民中非常公平地进行分配的各种各样的经济安排。关键的问题是通过什么机制才能实现利润的这种分配，同时又不至于在效率方面造成不可接受的损失。”⑤

美国比较经济学会主席林德布洛姆（Charls E. Lindblom）在《政治与市场世界的政治—经济制度》一书中基于消费者偏好和政府偏好两种生产的最终的控制形式，把市场社会主义定义为“市场取向的社会主义”，也就是公有制加消费偏好的混合型市场导向制度。当代英美市场社会主义者对市场社会主义的界定就其社会主义的性质而言是以市场机制作为资源配置的方式，把市场机制作为协调业已分权的经济决策，提高经济效率，体现平等分配和公平竞争的最有效的方式，将市场机制和社会主义相结

① ［英］索尔·埃斯特林、尤里安·勒·格兰德编：《市场社会主义》，邓正来、徐泽荣等译，经济日报出版社 1993 年版，第 1 页。

② ［英］克里斯托弗·皮尔森：《新市场社会主义——对社会主义命运和前途的探索》，姜辉译，东方出版社 1999 年版，第 104 页。

③ 纪军：《匈牙利市场社会主义之路》，中国社会科学出版社 2000 年版，第 9 页。

④ 纪军：《匈牙利市场社会主义之路》，中国社会科学出版社 2000 年版，第 8 页。

⑤ ［英］迪·艾尔逊：《市场的社会化》，载中央编译局世界社会主义研究所编《当代国外社会主义：理论与模式》，中央编译出版社 1998 年版，第 299 页。

合，消灭剥削、实现平等的有效机制。

各个时期不同的学者对市场社会主义的理解也是不同的，因而界定各不相同，各自的侧重点也不尽相同，但都是在坚持社会主义的核心价值的基础上利用市场进行资源配置。传统的市场社会主义者们的重要贡献就在于把市场机制引入社会主义经济体制中，但是，传统的市场社会主义认为收入分配的均等化和社会福利的最大化可以通过社会主义制度和公有制的建立得以实现，但就何种方式来实现这种假定，传统市场社会主义者们却没有给予说明。从整体来看，市场社会主义是沿着从计划模拟市场发展到市场参与计划，再到市场与计划“联姻”，最后到市场成为主导机制的历程演变过程。

三　市场社会主义的特征

无论是同传统社会主义相比，还是同资本主义市场经济相比，市场社会主义在其理论形态上有其自身独有的特征。

1. 强调市场与社会主义的“联姻”

关于市场与社会主义的“联姻”问题历来是传统社会主义理论所摈弃的，传统社会主义者们始终对市场保持着严重的排斥和敌对态度，他们认为市场是资本主义的代名词，它是造成资本主义罪恶的根源，“市场创制了一种于道义上专断的从而是非正义的收入分配模式”①，使人与人之间的关系异化产生拜金主义。对此，市场社会主义者持不同的意见，他们认为市场是调节商品生产和流通的工具，只是一种特定的经济组织形式。“资本主义和市场的联姻可以分解。尽管使资本主义完全脱离市场是不可能的……然而使市场完全脱离资本主义则是极为可能的。”② 计划与市场是两种不同的资源配置的手段和工具，是两种不同的经济手段。因而，从兰格的计划模拟市场的模式开始，市场社会主义者已经开始主张有限度地将市场机制引入社会主义计划经济体制中来，认为社会主义经济体制可以存在两种资

① ［英］索尔·埃斯特林、尤里安·勒·格兰德编：《市场社会主义》，邓正来、徐泽荣等译，经济日报出版社 1993 年版，第 5 页。

② ［英］索尔·埃斯特林、尤里安·勒·格兰德编：《市场社会主义》，邓正来、徐泽荣等译，经济日报出版社 1993 年版，第 1 页。

源协调机制。但他们仍然主张以计划为主，对市场抱有极大的警惕。事实上，在经济运行的过程中，各种经济在不同的程度上都会既使用市场也使用计划。在市场经济运行过程中，将会对诸如福利系统、教育领域等具体的活动领域运用计划。而在计划经济运行中也会出现市场，以弥补分配上的不足。在此，他们强调市场配置资源的作用和市场的经济效率，认为社会主义可以同市场“联姻”，市场可以实现人与人之间在福利、地位和权利、自由等方面的较大平等，因而可以把市场纳入社会主义的领域中来。

20 世纪 80 年代中后期英国学者提出了市场是中性的，市场是能够用来实现社会主义的目的。“把市场与资本主义联系起来以及把计划和社会主义捏在一起，是一种通常的观念。我们坚信，这是一种根本的误解。”[①] 他们认为，市场的内在实质就是人们可以利用它来实现社会主义的平等、效率、自由和民主的价值目标，而不是如何实现公有制和计划经济，因而，可以说，公有制和计划经济只是用来实现社会主义的手段而不是目的。对此罗默指出，苏联取消了市场是导致苏联社会主义制度解体的重要原因，从而也导致失去了激励和竞争。资本主义社会在经济上的增长的原因在于采用了市场，而非私有财产的权利。由此可见，市场的存在并不是与特定的社会制度相联系的，它既可以为资本主义国家所用，也可以为社会主义国家所用。

资本主义私有制是资本主义社会剥削、压迫和异化等弊端形成的主要根源而不是由市场造成的，这就为市场能够从资本主义制度中分解出来而与社会主义联姻提供了一个重要的事实依据。既然市场经济和计划经济都是资源配置和组织经济活动的方式和手段，就可以和社会主义结合实现社会主义的目的，尽管，市场仍然是一种具有工具主义价值的范畴，但它也彻底消除了混淆社会主义目的和手段的传统社会主义的理论障碍，已经从传统的“反市场”论走向了现代的“亲市场”论的价值转变。

2. 突出市场在经济运行过程中的主导作用

“市场”和“社会主义”两个基本要素构成了市场社会主义的整体。在两个要素中市场是核心要素。资本主义虽然以市场作为其主要经济特征，但它不是市场的唯一特征，“使市场完全脱离资本主义则是极

① ［英］索尔·埃斯特林、尤里安·勒·格兰德编：《市场社会主义》，邓正来、徐泽荣等译，经济日报出版社 1993 年版，第 107 页。

为可能的"[①]。因此，市场社会主义者反对的是打上了私人资本和经济权力烙印的资本主义市场而非所有市场。对此，他们提出了一种可以与资本主义私人所有制不同形式相结合的市场模式。在他们看来，市场通过价格机制可以向商品供应者提供消费需求的信息，也可以激励商品生产者改进技术、改善经营管理以便提供更优质的产品来满足社会的需求。这样，通过市场能有效地使微观经济活动趋于平衡，自动而又灵敏地促进生产及时地满足需求，可以说市场既是一种激励机制，也是一种信息系统。[②] 在市场的竞争和激励机制的作用下，可以促进社会生产力的发展，推动生产技术的改进和产品的创新；市场能有效地分散经济权利，合理地配置资源；市场能促进自由与民主，只要收入、财富和机会分配得当，市场就能推动社会主义目的的实现。于是，他们提出将市场和社会主义"联姻"，让市场在社会主义经济发展中发挥出主导作用。

试图通过社会主义的计划机制实现平等和消灭剥削的传统社会主义观念在市场社会主义者看来是不切实际的，也是不符合逻辑的。社会主义只是一种目的而不是手段，因而不能简单地将手段和目的二者进行混淆。计划从本质上来说并不能实现平等和公正，也无法消除财富和特权上的不平等，它同市场一样也只是一种配置资源的特定的经济组织形式。"市场的内在实质也不会阻碍人们用它来实现那些社会主义的目的"[③]，市场机制是有效协调业已分权的经济决策的形式。通过苏东改革的实践证明，在信息收集、信息回馈、激励革新等方面计划经济存在着很大的缺陷。因而，罗默认为："同中央指令和行政分配相比，运用市场手段执行计划可能更有效。"[④] 埃斯特林等认为："主要的交换机制只能是市场，最好不管的就应当不管。"[⑤] 正因如此，市场社会主义者提出要在社会主义公有制框架内

---

① ［英］索尔·埃斯特林、尤里安·勒·格兰德编：《市场社会主义》，邓正来、徐泽荣等译，经济日报出版社 1993 年版，第 1 页。

② ［英］索尔·埃斯特林、尤里安·勒·格兰德编：《市场社会主义》，邓正来、徐泽荣等译，经济日报出版社 1993 年版，第 32 页。

③ ［英］索尔·埃斯特林、尤里安·勒·格兰德编：《市场社会主义》，邓正来、徐泽荣等译，经济日报出版社 1993 年版，第 2 页。

④ ［美］约翰·罗默：《社会主义的未来》，余文烈等译，重庆出版社 1997 年版，第 7 页。

⑤ ［英］索尔·埃斯特林、尤里安·勒·格兰德编：《市场社会主义》，邓正来、徐泽荣等译，经济日报出版社 1993 年版，第 24 页。

引入市场机制，将市场作为主要的交换机制，在必要时用计划机制给予补充，这也是由市场的特点所决定的。

市场社会主义者们认为，市场具有许多明显的优点，首先，市场能够提供更多的自由，可以保障社会成员的私人消费选择自由、言论自由、就业选择自由。① 自由程度与配置资源的方式相关。其次，市场的激励机制能有效地调节市场上商品的供需平衡，促进生产力的发展和生产技术的改进，提供经济效率，更重要的是市场能更好地实现社会平等、自由、民主等价值目标。最后，“市场使工业民主成为可能”②。在市场条件下，企业是自由的，各个企业对自己生产什么，以及生产多少等各项事务有自由的决策权；在市场条件下，能够极好地分散经济权利和获得更多的经济信息，为提高政治民主创造良好的环境。虽然市场具有很多的优点，但市场社会主义者也同样看到了市场的不足或“失灵”，因而他们在提倡市场机制的同时，也主张将计划作为市场自由配置的有效补充机制。

3. 对所有制进行了再认识

市场社会主义重新对所有制进行了理解。经过几十年的社会主义的改革实践证明国有化计划使得社会主义政府常常为其国有化计划付出高昂代价……所有权和控制权的分离是国有化涉及的主要问题。由于国家的管理阶层仍然控制着“控制权”，即使工人阶级或是其他集体掌握了“所有权”仍然无法调动工人生产的动力按照令人满意的方式或是高效的方式组织社会生产。③ 对此，美国经济学家约翰·罗默认为，“‘共产主义试验’的失败主要是由于社会主义国家实行了生产资料的国家所有制，而国家所有制并不是公有制的惟一的和最好的形式”④。

在最初的计划模拟市场的兰格模式中，虽然主张将市场引入竞争和个

---

① ［英］索尔·埃斯特林、尤里安·勒·格兰德编：《市场社会主义》，邓正来、徐泽荣等译，经济日报出版社 1993 年版，第 38 页。

② ［英］索尔·埃斯特林、尤里安·勒·格兰德编：《市场社会主义》，邓正来、徐泽荣等译，经济日报出版社 1993 年版，第 39 页。

③ ［英］索尔·埃斯特林、尤里安·勒·格兰德编：《市场社会主义》，邓正来、徐泽荣等译，经济日报出版社 1993 年版，第 152—153 页。

④ John Roemer, "Market Socialism, a Blueprint: How Such an Economy Might Work", in F. Roosevelt and D. Belkin, *Why Market Socialism: Voices From Dissent*, New York: M. E. Sharpe Inc., 1994, p. 270.

人消费的自由选择，但对市场仍存在警惕性，因而在生产资料领域方面主张保持国家所有制的垄断地位以及中央集权控制。随着苏东等社会主义国家改革的失败，市场社会主义者认识到国家所有制的诸多失败之处。因而，他们开始尝试对所有制进行改革，一方面探索公有制的多种实现形式，另一方面也间接地对更加多元化的所有制结构保持了一定的容忍态度。苏联解体、东欧剧变后，传统市场社会主义者锡克指出，在计划经济体制内，生产资料国家所有，这就必然造成计划的制订是由庞大的官僚机构拟订，因而使得国家所有制变成了“官僚所有制”，中央计划者在拟订计划时的偏好是以牺牲人民的利益为代价的，人民的需要在这种计划下无法得以满足，再加上这种指令高度的集权和僵化就导致生产者的士气低下、工作缺乏热情，打击了生产者的积极性，进而又会引起工作质量的下降，阻碍生产力的发展和生产效率的提高。① 因而他们主张在一定范围内存在所有经济成分和私人经济成分，以社会所有制为基础和主导的多元混合所有制结构可以避免纯粹国有制产生的弊端，有助于实现公平与效率兼容的社会主义目标。

20 世纪 90 年代以来，西方的左翼学者逐渐认识到公有制对于实现社会平等的重要性。② 市场社会主义者罗默从平等主义的原则出发认为，社会主义不等同于公有制也不等同于国有制，“一种既不是私有也不是公有的财产所有制形式……但它既优于纯粹私有的财产关系，也优于纯粹公有的财产关系”③。公有制对社会主义制度来说是必不可少的，“在对待财产关系的态度上，社会主义者应该是折衷主义者：可能有许多所有制形式比传统的生产资料国家所有制形式更服从于社会主义的目标”④。克里斯托弗·皮尔森也在其《新市场社会主义》中提到构建一种可以“把市场和各种形式的资本社会所有制结合起来的替代模式”⑤。而布鲁斯也认为社

① ［捷］奥塔·锡克：《社会主义的理论与实践》、［捷］考斯塔：《社会主义的价值与经济体制》，载《今日的社会主义：变化中的社会主义的意义》，麦克米兰出版社 1991 年版，第 56 页。

② 段忠桥：《社会主义及其未来——约翰·罗默访谈录》，《马克思主义与现实》2002 年第 1 期。

③ 段忠桥：《社会主义及其未来——约翰·罗默访谈录》，《马克思主义与现实》2002 年第 1 期。

④ ［美］约翰·罗默：《社会主义的未来》，余文烈等译，重庆出版社 1997 年版，第 6 页。

⑤ ［英］克里斯托弗·皮尔森：《新市场社会主义——对社会主义命运和前途的探索》，姜辉译，东方出版社 1999 年版，第 104 页。

会主义的国有制在政治上可能会导致官僚主义和专制主义的出现，在经济上也会导致生产率的低下。他说："在可以预见的将来，市场社会主义的唯一现实情形看来是一种混合经济，其中，不同形式的国有企业逐渐在平等的基础上与私人企业和合作企业进行竞争。这意味着，国有企业能否适应以及怎样以最少的损失适应包括资本市场在内的真正的市场制度这一问题，仍然具有极其重要的意义。"① 鉴于此，当代英美市场社会主义者普遍主张实行公有制的同时，允许私有制和混合所有制形式的并存。

第二节　当代英美市场社会主义理论新形态

当代英美市场社会主义是20世纪90年代以来西方左翼知识分子在东欧剧变，资产阶级经济学家对社会主义以及苏联的社会主义模式进行批判和攻击的背景下提出的理论。他们在进一步反思苏联模式，反击自由主义右翼进攻，批判资本主义制度的同时，提出了重新构建社会主义未来蓝图。设计和论证了许多新的市场社会主义模式，使当代英美市场社会主义的理论形态走向了新的时期。

一　对资本主义和传统市场社会主义的批判和超越

1. 对资本主义的批判

对资本主义的私有制当代英美市场社会主义者给予了有力的批判，他们深刻认识到在资本主义社会，资本和权力的集中产生剥削和压迫，资本主义"繁荣"的背后潜伏着结构性危机和周期性危机的交织并存等自身社会不能消除的社会矛盾和不公正不平等无效率的问题。市场社会主义无疑是超越资本主义最好的产物。施韦卡特提出，"问题的真相是，市场社会主义是社会主义，无论反对市场的左派是否这样叫它，每一个资本主义的拥护者都会这样叫它，而不关心我们把它称作什么。因为市场社会主义是坚决反对资本主义的，它是基于这样一种基本的洞察，即

① ［波］W. 布鲁斯、K. 拉斯基：《从马克思到市场：社会主义对经济体制的求索》，银温泉译，上海三联书店、上海人民出版社1998年版，第195页。

在当代世界，作为资本家的资本家其作用已经过时。现在已不需要资本家去筹集资本、管理工业、创造新产品或开发新技术。实现这些功能已有了其他的更好的方式"①。在他们看来，资本主义制度下由于享有特权的私人占有生产资料，因而这种基于拥有生产资源基础上的自由和民主在资本主义私有制下是无法得以实现的，从而必然会造成收入分配的不平等和生产力的破坏，更重要的是社会主义的目的也无法得以实现。因而，社会主义经济的所有制形式应该抛弃生产资料的私有制。② 只有这样，人们在市场机制中才能拥有更多的基本权利和机会的平等。

2. 对传统市场社会主义的超越

苏联、东欧社会主义改革失败后，西方左翼学者开始对苏联模式进行反思，并对资本主义制度进行了批判。同时，他们也提出了市场能够从资本主义的框架中脱离出来和社会主义联姻的观点。这些理论观点是对资本主义的超越，而且是对传统市场社会主义进行的批判和超越。他们论证了苏联模式的弊端，批评高度集中计划经济的低效率现象。虽然苏联模式是建立在生产资料公有制和计划经济的基础上，然而，这种高度集中的计划经济的模式却极大地影响了社会效率的提高。西方左翼学者对以苏联为代表的社会主义模式进行了批判，但是同时，他们也对苏联模式的某些社会主义特征持辩证分析的态度。他们认为，苏东社会主义国家虽然没有实现社会的平等，但是这些国家的原有的社会主义制度至少保证了经济的稳定、安全和相对的平等，虽然这是在较低水平的物质福利基础上进行的；而资本主义市场虽然促进了经济增长，却制度性地形成了不平等、不稳定和不安全。③ 因而，当代英美市场社会主义者在反思苏东社会主义模式的同时，对社会主义与市场的"联姻"，对自由和民主，对公平和效率等问题进行了深入的探讨，从而提出了未来社会主义的新模式。

---

① ［美］伯特尔·奥尔曼：《市场社会主义——社会主义者之间的争论》，段忠桥译，新华出版社 2000 年版，第 19 页。

② ［英］索尔·埃斯特林、尤里安·勒·格兰德编：《市场社会主义》，邓正来、徐泽荣等译，经济日报出版社 1993 年版，第 169 页。

③ Thomas E. Weisskopf, "A Democratic Enterprise-Based Market Socialism", in Pranab K. Bardhan and John E. Roemer, *Market Socialism*, *The Current Debate*, New York: Oxford University Press, 1993, p. 137.

“不改变社会主义公有制的性质而发挥市场机制的作用”① 是当代英美市场社会主义的本质规定。他们将政治、经济和社会作为一个整体进行了考察，构建的模式不仅涉及经济领域，而且涉及政治和社会领域。是在新的历史时期通过市场与公有制的有机结合来证明在平等和效率上的双重吸引力而为生产资料公有制辩护。② 也是在革新传统社会主义理论，批判新自由主义理论的基础上，重新构建新的社会形态。他们认为，“目前所需的是这样一种社会模式；权力于各群体之间得到了较为平等的分配；资产占有者的利益、工人的利益和消费者的利益都予以了基本公平的考虑”③。因此，他们讨论的重点不在于市场与公有制和社会主义该如何兼容的问题，而是论证在社会主义体制下如何引入市场机制以达到实现效率与公平的双重结合。对此，他们从平等、效率、自由与民主的原则出发来构建自己的新模式，使市场社会主义的发展进入了一个全新的阶段。

传统市场社会主义理论旨在探讨在社会主义经济制度基础之上，如何实现公有制与市场的结合，也就是说，主张社会主义只能在计划经济的框架内利用市场机制。而当代英美市场社会主义理论是既要发挥市场的效率，又要实现平等、自由和民主等价值目标，是替代和改良资本主义的一种设想和方案。是对于市场社会主义的新发展，较之前传统的市场社会主义更加“彻底”、更加民主、更加重视市场机制的主导作用。

当代英美市场社会主义把“民主”理念植入其中，强调民主的重要性，民主是社会主义的价值特征。认为“市场使工业民主成为可能”④。市场社会主义社会需要一个有能力在市场失灵的情况下对市场进行干预和调节，并能摧毁垄断，改善市场竞争条件的强大的民主国家，最重要的是这个民主国家能够促进自由的平等。⑤ 一方面要消除资本主义社会的不平

① Wlodzimierz Brus, Kazimierz Laski, *From Marx to the Market: Socialism in Search of an Economic System*, New York: Clarendon Press, 1989, p. 132.

② 余文烈：《“市场社会主义”的新动态》，《国外社会科学》1995 年第 2 期。

③ ［英］索尔·埃斯特林、尤里安·勒·格兰德编：《市场社会主义》，邓正来、徐泽荣等译，经济日报出版社 1993 年版，第 26 页。

④ ［英］索尔·埃斯特林、尤里安·勒·格兰德编：《市场社会主义》，邓正来、徐泽荣等译，经济日报出版社 1993 年版，第 39 页。

⑤ ［英］索尔·埃斯特林、尤里安·勒·格兰德编：《市场社会主义》，邓正来、徐泽荣等译，经济日报出版社 1993 年版，第 87 页。

等同时也要保证社会经济运行的有效性；另一方面，他们也强调实现社会平等的重要性。

二　对资本主义的过渡问题进行了再思考

无论是自由主义者，还是新自由主义者或者说传统社会主义者都反对市场社会主义，认为市场社会主义本身就是一个“自相矛盾的概念”，社会主义与市场是不能相互结合的，是不相容的。自由主义者路德维希·冯·米塞斯（Ludwig Von Mises）和哈耶克（Hayek）强调市场社会主义行不通，在他们看来，市场与社会主义分处政治和经济领域的两极，是不能相容的，基于私有制下的市场经济才能建立“普遍的市场秩序”。哈耶克提到，“一个自由公正的社会只能建立在‘普遍的市场秩序’的基础上，指人们在所有权、债权和契约法则的限制规范自发进行市场活动而产生的一种特殊的自发秩序”①。哈耶克的理论是反对市场社会主义具有代表性的观点。基于此，皮尔森（Pierson）提出：“新自由主义纲领的核心，及其对各种形式的社会主义进行非难的基本理由，就是对市场绝对权力的普遍诉求。”② 传统的社会主义者奥尔曼和曼德尔认为，市场助长了生产者和消费者两方面的自私自利动机，在市场条件下，工人为了生活，为了能够得到一份更好的工作，就不得不和同伴进行竞争，这样劳动者就成了竞争的机器，它是反平等反人道的，因而，他们把赞同将市场和社会主义“联姻”的人称为“市场狂社会主义”“新斯密式马克思主义”，③ 市场社会主义就是“乌托邦”，市场和计划是不能相容的。

对于自由主义和新自由主义对市场社会主义的诘难，市场社会主义者认为以哈耶克为代表的新自由主义者的观点并没有充分的实证来证明其理论的正确性。在现实的市场社会主义中许多哈耶克市场秩序中看似合理的

① Hayek, *Law, Legislation, and Liberty, Volume 2: The Mirage of Social Justice*, The University of Chicago Press, 1978, p. 109.

② ［英］克里斯托弗·皮尔森：《新市场社会主义——对社会主义命运和前途的探索》，姜辉译，东方出版社 1999 年版，第 156 页。

③ Ernest Mandel, “In Defence of Socialist Planning”, *New Left Review*, Vol. 159, No. 1, 1986, p. 37.

前提，事实上，在现实中是根本不存在的。市场社会主义者认为市场社会主义是一种可行的、实用的制度，所以对其应该根据现实可能性进行判断[①]。因此，市场社会主义者在构建市场社会主义新模式的时候，普遍主张在公有制基础上建立市场机制，这种市场机制和新自由主义所提出的自由市场制度是完全不相同的。新自由主义将资本主义市场经济看作理想的社会秩序，在此基础上，他们看不到资本主义私有制固有的内在矛盾和市场的不足与缺陷，因而对市场和社会主义结合模式进行的批判也仅仅是资产阶级的政治偏见和出于反对社会主义政治的目的。相反，当代英美市场社会主义则认为，“在一种可行的社会主义中，市场必定会起很大的作用。其理由不光是市场能带来经济效益（这固然很重要），同时也是市场能带来多样化和个人自由”[②]。

对于传统社会主义的批判，市场社会主义者也进行了有力的驳斥。在他们看来，传统社会主义教条地理解了马克思主义关于社会主义的构想，坚定人类社会可以通过社会的联合来消灭阶级、货币、商品、资本等资本主义形式，并且把消灭剥削和压迫这一目标作为向社会主义过渡的根本任务。事实上，“由无产阶级国家开创的市场就不再是严格意义上讲的资本主义市场。由于无产阶级国家的自觉管理，市场开始起反对资产阶级和维护无产阶级的作用”[③]。因而，在当前的社会主义改革的过程中，传统社会主义的理论观点已不适合当前发展的需要。市场的中性特点决定了它与所有制没有必然的联系，无论是市场还是计划都是资源配置的方式而已。资本主义制度的弊端可以说是由私有制造成的，资本主义的私有制导致了社会的不平等和不公正，它造成了雇佣者和生产资料占有者之间收入差距过大，导致了不平等的社会收入分配，产生了剥削。这些缺陷是可以用市场和社会主义的结合来得以解决。事实上，无论选择哪一种经济形态，在不同程度上都会运用到市场和计划，市场经济中需要计划给予调控，而在

---

① ［英］克里斯托弗·皮尔森：《新市场社会主义——对社会主义命运和前途的探索》，姜辉译，东方出版社 1999 年版，第 167—168 页。

② ［英］索尔·埃斯特林、尤里安·勒·格兰德编：《市场社会主义》，邓正来、徐泽荣等译，经济日报出版社 1993 年版，第 54 页。

③ ［美］伯特尔·奥尔曼：《市场社会主义——社会主义者之间的争论》，段忠桥译，新华出版社 2000 年版，第 33 页。

计划经济中也可以用市场来弥补分配上的不足，关键是以哪一种机制作为主要资源配置的手段。当代英美市场社会主义之所以倾向于将市场作为主要的经济机制，就在于市场不仅带来了经济效率和社会效率，而且能够促进自由和平等。

对资本主义过渡问题进行的再思考为当代英美市场社会主义从理论方面探索资本主义向社会主义过渡给予了重要的思想启迪。市场与社会主义的“联姻”不仅使社会主义在经济上得到高效发展，而且在于平等、效率、自由与民主的社会主义价值目标的实现。它正是从自由、民主和平等等方面为市场经济进行辩护，预示了未来世界社会主义发展的一般趋势。

三　提倡自由、民主兼顾平等与效率的价值取向

当代英美市场社会主义对资本主义社会的贫困、剥削、压迫等一系列社会不平等问题进行了有力的批判，并且提出用社会改革来建构自由、平等、公正、富裕和全面发展的社会制度。20 世纪 80 年代末 90 年代初，随着苏东社会主义国家改革的相继失败，预示着排斥市场经济而提倡中央计划经济的苏联模式的破产。苏联解体，东欧剧变后，当代英美市场社会主义者在寻找社会主义新途径方面进行的积极有益的探索，经过不断的论证，他们认为市场社会主义是实现社会主义的最佳道路，社会主义就是要满足人们基本的物质和精神需要，实现人们之间收入、地位等多方面的平等，为人们的个性和潜能的充分发展创造条件。

“平等、效率、自由与民主”是当代英美市场社会主义共同致力于实现的价值目标。他们关于社会主义未来的新模式几乎都是围绕平等与效率双重价值目标来考察的。社会主义可以而且应当市场结合在一起。① 他们一方面提出了要保持经济运行的效率；另一方面又强调实现社会平等的重要性。要想保持经济运行的效率，就必须消灭资本主义的不平等；要想实现社会平等，就只有社会主义条件才能得以实现。于是他们提出了社会主义可以而且应当和市场结合在一起，以解决平等和效率二者之间的问题。

---

① ［英］索尔·埃斯特林、尤里安·勒·格兰德编：《市场社会主义》，邓正来、徐泽荣等译，经济日报出版社 1993 年版，第 39 页。

市场社会主义是“能够将自由经济的自由和效率与社会主义的人道和均等理想结合起来的第三种选择”①。

当代英美市场社会主义认为，市场能够极大地提高效率，当市场有效运行时，能够在及时有效地处理各种信息的同时，给市场交换提供重要的激励要素，市场的竞争可以极大地刺激生产技术的革新和商品本身的创新，并能有效地分散经济权力。当代英美市场社会主义在赞誉市场的高效性的同时也诉诸了自由和民主等价值观。他们认为，“市场至少在三个方面促进了自由，首先而且也是极为显而易见的，分散经济权力意谓着人们就购买什么以及在何处购买货物具有较大的选择自由。其次，人们就何时工作和在何处工作也具有较大自由……最后，市场能促进言论自由。如果不存在经济权力的独立渊源，那么那些力图宣传与国家的观点相悖的观点的人要做到这一点就只能凭借对国家资源的运用，也即谁出资源谁便有发言权”②。他们也强调民主的重要性，民主是基于政治平等的制度，是实现其他价值观的必要条件。马克思也认为人类社会进步的价值观就在于平等、效率与民主。“一切人，或至少是一个国家的一切公民，或一个社会的一切成员，都应当有平等的政治地位和社会地位。”③

四　带有浓厚的乌托邦色彩以及改良主义特征

当代英美市场社会主义是20世纪90年代西方左翼学者在现有的资本主义效率的基础上，追求自由、平等、民主等价值目标的理论探索，其目的是达到效率和公平的有机结合而寻求一种可以超越现行资本主义的替代模式。当世界社会主义运动在遭受失败和挫折，陷入低谷的时候，当代英美市场社会主义再一次唤起人们对未来社会主义蓝图进行积极探索，它鼓舞了世界社会主义运动；它是对传统社会主义的超越和对资本主义制度的批判以及对东欧剧变的历史教训的总结。至此罗默指出，“苏联模式的社会主义社会是垮了，但是这并不意味着其他的、尚未尝试的社会主义形式

---

① David Miller, *Market, State and Community: Theoretical Foundations of Market Socialism*, Oxford: Oxford University Press, 1989, p. 2.

② ［英］索尔·埃斯特林、尤里安·勒·格兰德编：《市场社会主义》，邓正来、徐泽荣等译，经济日报出版社1993年版，第4页。

③ 《马克思恩格斯选集》第三卷，人民出版社1995年版，第444页。

也应该为它殉葬”①。也就是说社会主义不仅仅有计划经济这一单一模式，社会主义还可以选择市场，从某种程度上说，它是对马克思的科学社会主义理论在当代的新发展，也预示着世界社会主义运动的发展趋势。正如罗斯福特所说，市场社会主义是“复兴社会主义的机会”，是当代“在有效的经济体系内实现社会主义价值的一条可行道路”。也是世界社会主义运动中的最具有代表性和现实性的理论思潮，这不仅是一种经济思潮，而且是一种政治思潮。

当代英美市场社会主义者虽然为未来社会主义设计了许多理论模式，但是在资本主义制度下，这些模式也只能是一种理论上的“乌托邦”。虽然他们都试图用社会主义来解决平等，用市场机制来解决效率，但他们始终没有对如何从现存的资本主义制度过渡到他们设计的理想的社会主义模式作出可行性的论述。马克思认为，“理论在一个国家实现的程度，总是决定于理论满足这个国家的需要的程度”②，并提出，“彻底的革命、普遍的人的解放，不是乌托邦式的梦想，相反，局部的纯政治的革命，毫不触犯大厦支柱的革命，才是乌托邦式的梦想”③。因而斯蒂格利茨认为，当代英美市场社会主义是一种无法实现的神话。“如果一种关于未来理想社会形态的理论不是乌托邦，它所主张的这种新的社会形态就不应该是头脑的产物，它必须发轫于现代生产方式和交易方式的矛盾运动，理论必须能够解释出这种新的社会形态是怎样从旧社会的母体中孕育而生或脱胎换骨；它还必须能指明实现这种理想社会的物质力量，必须解决由此及彼的路径问题和手段问题。”④ 另外，当代英美市场社会主义理论也缺乏实践这些理论的现实渠道，因而其所构建的各种模式只是停留在理论层面，而一个社会要想从一种制度过渡到另一种制度，只是幻想统治集团让出自己的利益而不实行任何强制措施，那么也只能是无法实现的乌托邦。

当代英美市场社会主义也面临了许多困境，这些困境大都来源于其理论上的不完善和在实践中经验的缺失。市场作为一种资源配置机制比计划

① ［美］约翰·罗默：《社会主义的未来》，余文烈等译，重庆出版社1997年版，第1页。
② 《马克思恩格斯选集》第一卷，人民出版社1995年版，第11页。
③ 《马克思恩格斯文集》第一卷，人民出版社2009年版，第14页。
④ 吴宇晖：《市场社会主义——世纪之交的回眸》，经济科学出版社2000年版，第170页。

机制更有效率，所以“市场是组织一种可行的经济的必不可少的（尽管不是完美的）机制”①。虽然当代英美市场社会主义者承认市场的有效性，但他们却不能接受资本主义的市场化逻辑，因为市场本身具有局限性和消极方面，它只能发挥资源配置的作用而无法自动实现社会主义的价值目标，它只能在给定的框架范围内运作。要想实现社会主义的价值目标，那么就要在利用市场机制的同时，充分地利用和发挥社会主义的手段来实现其一系列价值目标。那么作为“替代”资本主义制度的市场社会主义模式，如何能在世界社会主义运动中，真正超越社会民主主义的理论呢?②尽管对自由主义的诘难当代英美市场社会主义给予了抨击，但是它本身却没有真正摆脱自由主义的“市场情结”，因而这种理论在现实面前也只能是一种“乌托邦”。

当代英美市场社会主义在理论和经济上表现为“乌托邦”色彩，而在政治上则表现为资产阶级的改良主义。马克思强调，资本只是一种社会关系，资本主义的主要目的是规定生产、销售、分配等流通领域中货币资本的价格，从而获得利润的最大化。在当代英美市场社会主义者所构建的新模式中，工人具有双重身份，他们既是工人，又是资产所有者，为了扩大资本的收入，工人必然会按照资本主义制度所采用的生产方式来从事生产，比如延长工作时间或是增加劳动强度。而工人自己所选举出的管理者，由于担心企业的运作情况，在生产的过程中也不得不违背自己的意愿而受制于股东，使生产过程无形中带有剥削性。这些模式在一定程度上可以说是仿照资本主义系统的一些标准和相同的效率手段而建立起来的，在这种情况下，利益就被限制在有限的范围内，因而无法真正地做到公平与民主。

当代英美市场社会主义者在构建未来社会主义模式的过程中，也只是细微通过改良的方式逐渐地到达实现社会主义的目标，在他们看来这种温和的改良措施将能够取得一定的成功。因而罗默认为，经过经济体制改革

---

① ［美］伯特尔·奥尔曼：《市场社会主义——社会主义者之间的争论》，段忠桥译，新华出版社 2000 年版，第 7 页。

② 张志忠：《当代西方市场社会主义述评》，《内蒙古大学学报》（人文社会科学版）2003 年第 2 期。

失败而从东欧和苏联分离出来的国家最有可能选择市场社会主义，因为他们面临着制度建设的重大任务。而独裁的发展中国家是市场社会主义的候选者，因为这些国家在经济方面的增长以及对社会财富的分配无法使工农阶级的生活调节得以改善。最后向市场社会主义转变的可能性最小的是发达的民主的资本主义国家。因为他们保护私有财产的法律和制度被绝大多数人所支持，是较为稳定的形态。然而那些还没有提高劳动阶级生活水平的资本主义国家，有望在大选中在市场社会主义的舞台上赢得胜利。[①] 在如何向“社会主义”过渡的问题上，当代英美市场社会主义者面临的最大障碍“并不在于制度本身，而在于找到一条向这种经济转变的道路”[②]。这是因为，当代英美市场社会主义既缺乏过渡的环境，同时又缺乏过渡的机制。米勒在其《市场、国家与社会：社会主义的理论基础》一书中将希望寄托于政府来计划社会的利润分配，从而使得工人能够组成一种新型的合作社。但是他也意识到要想实现这种方式在一定程度上也是存在着极大的困境。如果国内对那些具有参与性的工作组织形式加以支持，并对更大程度的经济平等给予持续的支持，那么加强国际合作将有利于经济的转变。但这条路将会很漫长，我们不应该将市场社会主义作为下次选举的准备纲领，而是应该将其当作指导思想。[③] 这就决定了当代英美市场社会主义一方面缺乏可供通向未来理想社会的途径，另一方面又缺乏变革现实的力量。埃内斯特·曼德尔提到，市场社会主义者想通过市场来实现社会主义目标的想法，如果不是“天真”，那就是幻想中的“神话”，[④] 由此决定了当代英美市场社会主义只能是改良性质的理论。

---

① ［美］约翰·罗默：《社会主义的未来》，余文烈等译，重庆出版社 1997 年版，第 115—117 页。

② ［英］克里斯托弗·皮尔森：《新市场社会主义——对社会主义命运和前途的探索》，姜辉译，东方出版社 1999 年版，第 245 页。

③ ［英］克里斯托弗·皮尔森：《新市场社会主义——对社会主义命运和前途的探索》，姜辉译，东方出版社 1999 年版，第 245 页。

④ 余文烈等：《市场社会主义：历史、理论与模式》，经济日报出版社 2008 年版，第 327 页。

第二章

当代英美市场社会主义的价值诉求

“平等、自由、民主、效率”等价值诉求是当代英美市场社会主义致力于追求的目标。他们认为要想实现这些价值目标，就要建立一种不同于资本主义私有制，又区别于传统的社会主义公有制的产权制度，把社会主义和市场结合起来实现效率与平等的结合。

第一节 平 等

“平等不仅是社会主义的核心价值，更是社会主义所追求的正义目标。”① 美国著名的经济学教授约翰·罗默认为社会主义之所以优越于资本主义就在于社会主义比资本主义更加平等。他在其《社会主义的未来》一书中把社会主义定义为一种平等主义。“社会主义者需要如下的机会平等：(1) 自我实现和福利；(2) 政治影响，以及 (3) 社会地位。”② 在他看来，社会主义就其本质来说是一种平等主义。只有在平等的社会里，人们才能实现民主和自由，平等是民主和自由的前提和保障。正如英国市场社会主义者彼得·阿贝尔（Peter Abell）所言：“信奉自由的平等（既指积极自由也指消极自由）本身就是一种价值。所以，我认为，使受制于平等的人类自由得以充分的实现，才是社会主义的本质，而不是通常所认为的生产性资产社会所有制。如果后者会导向前者，便是件值得肯定的

---

① 曹玉涛：《分析马克思主义者论马克思与平等》，《求索》2008 年第 4 期。

② ［美］约翰·罗默：《社会主义的未来》，余文烈等译，重庆出版社 1997 年版，第 9 页。

事；如果不能，那就没有任何理由赞成后者。”[①] 对平等的论述，英美市场社会主义者主要是从起点平等、机会平等、收入分配平等几个方面进行的论述。

一　起点平等

“起点平等”是当代英美市场社会主义实现平等的方式之一。在他们看来，人们一开始进入市场便享有平等，也就是社会应当以某种方式对资源进行重新分配，这样社会中的每一个人可以以同样的机会，采取平等的方式进入市场，获得平等的资源，从而使“起点平等”以最大限度地实现。社会主义的目标首先要实现起点上的平等，不是在结果上享有平等而是在起点上就开始享有平等。社会主义公有制提高了社会平等分配的“起点能力”，但是由于市场本身带有风险性如收入差距、代际财富积累等问题，最终导致了“结果平等”不能充分实现。

1. 雷蒙德·普兰特（Raymond Plant）的“起跑线原则”

雷蒙德·普兰特是英国南安普敦大学政治学教授。著有《平等、市场和国家》等著作。普兰特认为，以有效的方式进入市场时人们应当拥有平等的资源。也就是人们从一开始进入市场就享有平等，社会成员从起点上便最大限度地享有平等。新自由主义者认为自由市场能给予人们一个自由选择的公平程序，这个程序可以很好地保障人们的选择自由能够得以实现。然而，普兰特认为，自由市场是不能保障人们的自由选择权的，尽管这种个人自由选择可以被理解为平等的权利，但是人们在最初进入市场时是带着不同的资源进入的。比如人们在能力、素质、智力、财富和收入等物质资源方面的不同。因而，人们在进入市场时有的带着有利条件进入，有的带着不利条件进入。由于人们的物资资源的不同，在市场交易的过程中，他们的选择和趋向也必然会呈现差异性。对于处在不同地位的人来说，他们所获得的利益和报偿是不同的，同样他们所受到的损失或是惩罚也是不同的，会随着他们进入市场所带入的资源的不同而呈现不同的差异性，这种差异性是人们无法作出选择和决定的。由于受到各种因素的共

---

① ［英］索尔·埃斯特林、尤里安·勒·格兰德编：《市场社会主义》，邓正来、徐泽荣等译，经济日报出版社 1993 年版，第 87 页。

同作用，使得人们所拥有的能力、财富、智力和收入等资源都是不相同的，这些资源也是人们自身无法决定的。

对于以上的论述，普兰特认为，由于人们无法选择自身的条件，因而对那些准备进入市场但是自身又存在不利条件的人，应当给予一定的补偿，以便人们在进入市场时都尽可能拥有平等的条件。关于对起点平等的论述，英国经济学家戴维·米勒也提到，如果要使社会所有成员都享有平等的起点和机会，他们就应该在经济收入不产生较大差距的基础上实现诸如受教育的平等、社会地位上的平等、享有权力的平等、竞争平等等“复合平等”。所以平等不仅代表只实现经济上的平等，还要实现社会平等和政治上的平等。当代英美市场社会主义对起点平等的论述事实上是从“起跑线原则”而不是“目的状态原则”来探讨人们如何以平等有效的方式进入市场并拥有资源。[①]

既然“起跑线原则”能使人们以更有效的方式进入市场并公平地拥有资源，那么这个“起跑线原则”应当如何确立？阿瑟·奥肯（Arthur M. Okun）就如何确立起跑线原则问题进行了说明，在他看来机会均等难以用有效的尺度进行衡量，相比收入均等来说，机会均等更加难以捉摸和定量[②]。事实上，在现实社会中，起跑线的划定是件难事，就像在体育竞赛中，有些运动员身患残疾，而另一些参赛者就先跑一步，不同的家庭在社会、经济上的不平等，造成了竞争的不公平，对于起跑线上各人站位不一的重要性，以及使竞争变得更公平的可能性有很大问题。所以，通过增进平等和效率两方面的原则能使“起跑线原则”得以减轻。[③] 也就是说，“起跑线原则”一方面使人们可以尽可能地以平等的方式进入市场，另一方面还应当顾及市场的竞争和效率。

2. 彼得·阿贝尔（Peter Abell）的“替代原则”

在起点平等问题上英国的市场社会主义者彼得·阿贝尔提出了“替代

---

① ［英］索尔·埃斯特林、尤里安·勒·格兰德编：《市场社会主义》，邓正来、徐泽荣等译，经济日报出版社 1993 年版，第 70—84 页。

② ［美］阿瑟·奥肯：《平等与效率——重大的抉择》，王奔洲译，华夏出版社 1987 年版，第 68 页。

③ ［美］阿瑟·奥肯：《平等与效率——重大的抉择》，王奔洲译，华夏出版社 1987 年版，第 68 页。

原则”。这种原则旨在强调市场方面积极自由的平等化原则。彼得·阿贝尔认为：“社会主义观点的精髓在于，对通过使人类能力平等（亦即消极自由范围内的积极自由）的方式——首先是在生产领域，其次才是消费领域——来满足人们的需要给予不断的关注。社会主义要消除贫穷，使机会更加均等；然而，社会主义之所以要这样做，完全是因为它要使自由更加平等。”① 在这里，阿贝尔提出应该在尽可能的情况下，使每个人都获得平等的资源，从而使每个人都具有均等的机会。也就是说，只有使社会成员都能拥有生产要素的平等机会，或者是帮助弱者，才能消除人们天赋能力上的不同。这就要求给予能力较差者以教育或其他物质生产要素等资源的“补偿”，“公有制”的目的就是要消减财产权利，以便增加劳动者的权利，“公有制”就是平等地分配公正的起点能力。② 阿贝尔也提出，即使能够对较弱者给予一定的补偿，但是由于我们无法消除市场所带来的风险，因而我们也无法期待起点上的完全平等。“市场社会主义者希望尽可能地获得效率和拥有自由主义的市场特征；同时推进平等的发展。”③

阿贝尔认为，马克思所提到的两种分配原则“各尽所能，按劳分配”和“各尽所能，按需分配”体现了效率和分配正义的结合，但二者都没有论及自由的问题。“各尽所能”是一种生产效率的推定原则，鼓励人们寻求能够最大程度发挥人的能力的生产方式，而社会主义的一个重要目标就是要使人的能力得以充分发挥。“按需分配”不仅涉及消费和需求，更重要的是如何提高人的生产能力的问题。阿贝尔认为，按劳分配原则所构想的关于激励因素的某些特定结构和现实相差较远，而按需分配原则没有论及效率的激励因素。鉴于此，阿贝尔提出了一种“替代原则”，这种替代原则指的是生产方面积极自由的平等化原则。也就是每个人都应当具有平等的资源或生产能力。④ 当自身能力得以提高也就能满足自身的需要，

---

① ［英］索尔·埃斯特林、尤里安·勒·格兰德编：《市场社会主义》，邓正来、徐泽荣等译，经济日报出版社 1993 年版，第 86 页。

② ［英］索尔·埃斯特林、尤里安·勒·格兰德编：《市场社会主义》，邓正来、徐泽荣等译，经济日报出版社 1993 年版，第 105 页。

③ ［英］索尔·埃斯特林、尤里安·勒·格兰德编：《市场社会主义》，邓正来、徐泽荣等译，经济日报出版社 1993 年版，第 87 页。

④ ［英］索尔·埃斯特林、尤里安·勒·格兰德编：《市场社会主义》，邓正来、徐泽荣等译，经济日报出版社 1993 年版，第 10 页。

这只有在公平的市场社会主义经济中才能最有效地实现。因此，阿贝尔论述道，信奉自由的平等本身就是一种价值。社会主义的本质并不是通常所指的生产资料所有制，而是充分地实现人类自由。"某些社会主义者也许更倾向一个较为精心构设的道德框架，以表明如何使用这些自由。"① 阿贝尔的"替代原则"满足了平等的要求，但这种平等又与经济效益之间会产生新的矛盾，在一定程度上可能会伤害到生产中处于优势的人们的利益，挫伤他们的积极性，也会阻碍社会经济效益的提高，重新产生新的不平等。

二 机会平等

当代英美市场社会主义认为，社会主义的平等不仅在于起点上的平等，还更应该关注机会平等。因为机会平等是其他平等能够得以实施的前提条件。只有获得平等的机会，人们才能平等地进入市场，这种平等就是机会平等。罗默在《机会平等》一书中阐述："今日西方民主国家对机会平等存有两种概念：一是社会应该力所能及地为每一个竞争职位的个人创造'公平竞争环境'(levels the playing field)，或者，从更一般意义上讲，是社会在个人成长过程中创造公平的竞争环境，这样能让所有具有相应潜能的个人都有资格去竞争某个职位；第二种概念是，我称之为非歧视原则(nondiscrimination principle)，即是说，在社会的职位竞争中，所有符合了职位所需相应才能的个人都应该成为合格的候选人，并且个人是否获得某职位只能根据他是否具有相应的才能来判断。"② 这也就是说，机会平等涉及两方面的内容——"公平竞争环境"和"非歧视原则"。公平竞争环境是社会应该给每一个竞争者创造一个公平的环境；非歧视原则是指在职位的竞争中，所有符合该职位的具有相应才能的人都应该有机会成为候选者，职位的获得是按照个人的才能，而不是依据社会地位等其他形式。

罗默认为，机会平等（equal-opportunity）是与自由、责任等价值观相联系的，是与结果平等（equality-of-outcome）相对应的概念。所以罗默

① ［英］索尔·埃斯特林、尤里安·勒·格兰德编：《市场社会主义》，邓正来、徐泽荣等译，经济日报出版社 1993 年版，第 87 页。

② John E. Roemer, *Equality of Opportunity*, Harvard University Press, 1998, p. 1.

强调，机会平等的前提条件就需要社会给每个成员提供一个良好的“公平竞争环境”，从而保证每个成员的起点公平。对机会平等的论述，英国的市场社会主义者阿贝尔也论述到，社会主义必须“通过使人类能力平等的方式”以“满足人们的需要给予不断的关注”；社会主义必须“消除贫穷，使机会更加均等”。[①] 在他看来，社会需要通过帮助能力较弱者以及使每个人都有平等的机会来拥有其他的生产要素，平等进入市场，只有这样才能把个人的责任在机会平等中得以贯彻。

1. 社会主义根植于平等主义

美国经济学家罗默与巴德汉在他们的合著的《市场社会主义：当前的辩论》一书中阐述了“社会主义植根于平等主义”[②] 的观点。罗默充分地强调了平等作为社会主义价值目标的重要性。他指出“社会主义的目标最好被考虑成一种平等主义，而不是被考虑成一种具体财产关系的实施。换句话说，我的意思是，社会主义者评价财产关系必须根据这些财产关系提供平等主义的能力”[③]。这就表明，社会主义者选择财产关系的真正目的是了解该财产关系是否带给社会成员平等以及什么形式的平等，而不是表明该财产关系是否能够消灭剥削。他认为，市场作为一种资源配置方式，虽然能够带来很高的社会和经济效率，但它仍然只是实现社会主义的一种方式和手段，如果仅仅考察市场带来的效率问题，那么市场资本主义所带来的效率毋庸置疑是超过了社会主义。在资本主义社会由于私有制的存在，从而形成了不平等、不公正的弊端，事实上，在私有制之外，还存在着其他形式的所有制形式，这些所有制形式也能够促使经理人员追求利润的最大化，这种所有制性某种程度上比资本主义社会的大型企业的效率还要高，但是在利润的分配上却比私有制形式更加公平，所以，社会主义在追求效率的同时，更要突出公平和平等。

罗默提到三方面的机会平等：（1）自我实现和福利的机会平等；

---

① ［英］索尔·埃斯特林、尤里安·勒·格兰德编：《市场社会主义》，邓正来、徐泽荣等译，经济日报出版社 1993 年版，第 86 页。

② Pranab K. Bardhan and John E. Roemer, *Market socialism: The Current Debate*, New York: Oxford University Press, 1993, p. 90.

③ ［美］约翰·罗默：《社会主义的未来》，余文烈等译，重庆出版社 1997 年版，第 113—114 页。

（2）政治影响的机会平等；（3）社会地位的机会平等。[1] 自我实现和福利的机会平等可以被认为是个人的能力得以充分发挥，使社会成员个人才能以一种合理的有意义的方式得以发挥和运用。因而从某种意义上来说，这也是对马克思关于人的“自由而全面发展”的理解和认识。罗默认为，“自我实现和福利平等”和“自我实现和福利的机会平等”是不同的，如果去掉“机会”两个字，那么就意味着，社会需要向那些选择不切实际目标的人和选择非常浪费的人提供数额巨大的社会资源。[2] 事实上，机会平等是应该向那些能力较弱者和天赋因素及不可控制的因素导致的不利状况的人和那些无法获得特权的人给予特殊的补偿。机会平等也要求社会向所有的社会成员平等地开放所有的社会机会，使每一个社会成员都有同等的享有和参与的机会。而资本主义社会的不平等、不公正就在于它没有给社会成员提供平等的机会。因而罗默提出：“社会主义者需要一种社会组织，这种社会组织在不低于任何其他社会组织达到的使每个人自我实现机会平等水平的水平上，使自我实现的机会平等。”[3] 这也就意味着，市场社会主义需要一种超越其他社会组织的组织形式，这种组织形式可以使自我实现的机会水平最大限度地得到提高，进而将这种可以达到的水平作为人们的平等水平。

在罗默看来，社会主义之所以是一种平等主义就在于传统社会主义者是从自我所有制这个命题出发来批判资本主义私有制度的剥削。这种从自我所有制命题出发的批判，也就意味着，个人以其自身的生产劳动生产出来的财富，他应当有正当权利获得他自己所生产的东西。按照正当理由这个财富应该属于该人。但事实上，在社会生产过程中，谁有正当权利获得社会财富呢？对此，罗默提出：“是只有那些生产财富的人才有正当权利得到财富呢，还是每个人都应该得到财富（只要他或她有权利得到自我实现和福利）？”[4] 如果依据正当理由原则，一个人用其劳动生产出来的财富就应当属于该人，这是一个自我所有制命题，根据这个命题，只有生产

---

① ［美］约翰·罗默：《社会主义的未来》，余文烈等译，重庆出版社 1997 年版，第 9 页。
② ［美］约翰·罗默：《社会主义的未来》，余文烈等译，重庆出版社 1997 年版，第 10 页。
③ ［美］约翰·罗默：《社会主义的未来》，余文烈等译，重庆出版社 1997 年版，第 11 页。
④ ［美］约翰·罗默：《社会主义的未来》，余文烈等译，重庆出版社 1997 年版，第 14 页。

财富的人才能获得财富，这个命题与新自由主义的理论相同。新自由主义运用自我所有制命题推断出了再分配税收政策的不公平。[①] 所以，如果将平等主义看作一种伦理学基本原理，那么也就是在谴责资本主义以不正义的方式对生产资料的占有形成的不平等所造成的剥削的同时，又赞成了福利国家。所以那种基于自我所有制的伦理学理论是不正确的。一个人不能仅仅从自己出身偶然性中获得不同的利益，出身的偶然性仅仅是用不平等的，任意的方式分配有价值的财富。"社会主义唯一正确的伦理学论据是一种平等主义的论据。"[②] 社会主义者所要追求的则是社会上每个社会成员能够获得平等的社会财富。

2. 实现机会平等的理想建构

对于社会主义平等目标该如何实现的问题，罗默提出要经历一个由短期到长期的实现过程。对此，他沿用了苏联在进行社会主义改革时所提出的长期和短期目标的方式，对社会主义平等目标的实现也分为长期目标和短期目标两个阶段。对于长期目标罗默没有给予明确的说明，只是认为"是那些论述平等的正义理论的政治哲学家的工作"[③]，对于短期目标，罗默认为，在短期目标阶段，在各种经济形式中，市场社会主义可以采取任何一种经济形式，这些经济形式包括通过价格体系对劳动力的大部分物品给予分配，企业利润，无论是由工人管理的企业或是非工人管理的企业，都在社会全体成员中平等地分配。[④] 事实上，实现市场社会主义就是罗默所说的短期目标。他认为，社会主义有阶段性的目标，这个目标的实现就是要依靠市场配置资源和组织生产，市场对生产和分配来说，比其他方式更为有效。

罗默提出在未来社会主义可能性的模式中必须允许市场的广泛存在，因而只有市场竞争才能在整个经济的基础上引发革新。市场是控制商品和服务供给的一种高度有效的机制。因而在对社会主义未来进行模式构建时，既要考虑效率，同时更要充分地考虑到收入分配的平等。雅克·德雷

① ［美］约翰·罗默：《社会主义的未来》，余文烈等译，重庆出版社 1997 年版，第 15 页。
② ［美］约翰·罗默：《社会主义的未来》，余文烈等译，重庆出版社 1997 年版，第 15 页。
③ ［美］约翰·罗默：《社会主义的未来》，余文烈等译，重庆出版社 1997 年版，第 23 页。
④ ［美］约翰·罗默：《社会主义的未来》，余文烈等译，重庆出版社 1997 年版，第 24 页。

泽、马克·弗勒贝和托马斯·韦斯科夫都提出了以工人管理企业的思想。在弗勒贝的模式中企业由工人管理，资金来源于银行，并受银行的监督。施韦卡特的模式中，企业也是由工人管理，但资金来源则是由股票市场通过筹集股份获得。[①] 罗默和巴德汉提出了保留利润最大化的企业，这种企业由董事会挑选的经理经营。布洛克、柯亨和罗杰斯分别都从不同的角度对市场社会主义进行了理想构建。

罗默认为市场社会主义也不能完全实现他所推行的社会主义的平等，但他仍然坚持在市场机制下技术革新将会产生，但资本主义特有的收入分配不平等将不会发生。当然，当代英美市场社会主义也并非盲目地倡导市场机制，他们同样也认识到了市场的不足和缺陷，提出国家干预可以给予一定的补充。要想使收入的实际分配更加平等，福利国家所采用的措施不应被废除。[②] 运用市场来解决效率问题，利用社会主义实现平等问题，最终达到效率与平等的结合。虽然当代英美市场社会主义所提倡的平等不能够完全得以实现，但一个建立在平等原则基础上的社会不仅仅是一种梦想。尽管还没有真正脱离市场资本主义，然而，他们所构建的市场社会主义模式显然与新自由主义的“普遍的市场秩序”理论有着明显的区别，他们在批判传统社会主义和新自由主义的基础上诉诸了社会主义所要实现的自由、平等、公正、民主等价值目标。

3. 实现机会平等的运行机制

对于如何实现社会主义的平等目标，罗默构建了一种“虚拟证券”的市场社会主义模式。政府给所有成年公民分配固定数量的息票或证券，他们可以凭借证券获得相应的股息，并允许他们用这些证券进行交易。为了防止富有的少数人获得大多数的股份，股票不能兑换成现金，也不得转赠他人，股票可以按证券货币价格相互交换，只有用证券才能购买共同基金的股份；股票不能用货币来购买，但是公民可以凭借股票价格和其他企业的股票进行交易。当他们死后，股票要收归国有，然后再平均分配给新满21岁的公民。这样，就可以避免财富因财产的继承而会导致公民之间的不平等。此外，罗默还设计了现金货币和证券货币两种货币形式，通过

---

① ［美］约翰·罗默：《社会主义的未来》，余文烈等译，重庆出版社1997年版，第43页。

② ［美］约翰·罗默：《社会主义的未来》，余文烈等译，重庆出版社1997年版，第81页。

这两种货币形式来防止垄断的发生。

罗默设计的"虚拟证券"的市场社会主义模式并没有从根本上消除不平等的现实，也没有达到真正的平等。只是在一定范围内缩小了收入分配的差别。他"保留了资本主义企业的劳资雇佣关系，没有从根本上触动资本主义企业的内部结构，并且原封不动地保留了资本主义企业的决策结构、劳资雇佣关系及其运行目标"①。这样，人们所获得的工资仍然具有差异性，由于每个人的天生素质和受教育的不同程度以及家庭和社会环境不同，必然会造成他们所获得的报酬和他们所付出的劳动相符合，也就必然会造成收入分配上的相对不公平。虽然这种模式没有达到理想上的平等，但罗默仍然坚持"无论如何，市场社会主义将会比资本主义公平得多"②。事实上，罗默所设计的市场社会主义模式只能在一定范围内实现相对的公平。因而这种新模式也只能是一种资产阶级的改良。

三　收入分配平等

收入分配平等问题一直以来是市场社会主义者们致力于探讨的问题，收入分配平等关系着社会平等正义的实现，是公平正义实现的首要前提。在对收入分配问题上，传统的社会主义者认为资本主义社会的收入分配违背了分配公正原则。基于此，当代英美市场社会主义者在论述各自的市场社会主义模式时，都主张强调和论述如何实现收入分配平等的问题。

1. 企业利润的分配

当代英美市场社会主义继承了社会主义强调按劳分配原则，"劳动是收入的唯一源泉"③。因为，劳动不是商品而是生产要素，它在劳动的过程中就获得了民主的权利，在利润分配的过程中和其他生产要素不同。但同时，英美市场社会主义者也允许收入的不同差距，在此其强调市场机制的作用，由于人们的素质、能力以及受教育的水平不同，因而，收入的不平等是不可避免的。而要想实现收入的平等化，就要让劳动者参与企业利

---

① 吴宇晖：《市场社会主义——世纪之交的回眸》，经济科学出版社 2000 年版，第 148 页。

② Frank Roosevelt and David Belkin, *Why Market Socialism? Voices From Dissent*, New York: M. E. Press, 1994, pp. 277 – 278.

③ Radoslav Selucky, *Maxism, Socialism and Freedom*, London: Palgrave Macmillan UK, 1979, p. 179.

润的分配。基于此，美国西伊利诺伊大学经济学教授詹姆斯·扬克提出了消灭私人资本所有权收入，实行生产资本公有制，企业利润按照劳动者的工资和薪金进行分配的方案。扬克在其设计的市场社会主义模式中建立了一个“公共所有局”机构，该机构的职能主要包括平等的分配产权收益，公有企业的利润大部分是以社会红利的形式分配给社会成员。其职责主要是接收包括购买私人企业的股票、购买政府债券的收入和债券收入等资本主义社会中私人所得的生息资本收入，也接收非公有性质的小型私有企业和企业家经营的企业缴纳的资本使用税。企业利润除了留出一部分作为企业正常运转的费用，其余的则由公共所有局管理。公共所有局会将这些收入的95%以社会红利的方式分配给社会全体成员，剩下的5%则作为公共所有局的运作经费。社会成员按照他们所获得的红利份额与他们的劳动收入的比例来分配社会红利，退休的人员则按照他们的退休金或是其他形式的补偿薪金按比例进行分配。

约翰·罗默在其设计的市场社会主义模式中提出了按证券分配企业的利润。在他的模式中，公民的收入来源于三个方面：一是公民自己的工资收入，这部分收入主要是按照工人劳动时间的长短和劳动技能的熟练程度来获得的。由于公民的才能差异和受教育程度的不同，因而工资也会表现出不同。二是公民的储蓄的利息收入，由于各个家庭的贫富不同，因而这个收入在公民之间也将会表现出不同。三是社会红利，主要是依据平等原则进行分配。公有银行给所有的企业提供资金，企业获得的利润则按证券平等分配。银行所获得的利润要上交中央政府用于公共品的投资①。也就是说，国家给每个成年公民免费发放证券，每个公民也可以凭借自己手中的息票进行股票交易。息票不能兑换成货币，公民只能用息票来购买股票。每个成年公民获得的息票数量是相同的，公民也不能直接购买企业的股票，而必须通过共同基金掌握。这样就避免了富裕的公民获得更多的股票，从而能平等地分配企业的利润。虽然可以大体上对社会利润进行平等分配，但罗默也提出，这种平等化也只是收入的“大致上的平均分配”。任何市场经济都不会带来一个完全公平的社会，由于工资收入和公民储蓄

---

① David Schweickart, James Lawler, Hillel Ticktin and Bertell Ollman, *Market Socialism: The Debate Among Socialists*, New York and London: Routledge, 1998, pp. 115 - 161.

的利息收入的存在，因而不可能保障每个公民的收入完全平等。但是公民的红利收入则是按照平等的原则进行分配的，这部分收入体现了市场社会主义的平等权利。社会红利作为一种保障性的收入应该占据一个家庭收入的20%。为了防止财富集中到少数人手中，罗默规定不能用货币购买股份，也不能用货币购买证券。[①] 公民去世后，其所持有的股票收回国库，重新进行分配，从而保障每个公民在有生之年都能获得红利收入。美国的经济学教授戴维·施韦卡特也提出了关于平等分配企业利润的模式。他试图通过民主的方式来分配企业利润。施韦卡特认为通过建立以工人自我管理为特征的一种社会主义形式来实现企业利润的平等分配。每个生产性企业是由其工人民主管理的，企业对生产什么，怎么生产，生产多少，如何分配等事项进行民主决策。[②]

2. 收入的平等分配

收入的平等分配是当代英美市场社会主义者在寻求解决分配平等问题所设计的方案。它的目的主要是让全体企业成员都能获得平等地享有企业利润的权利。美国经济学教授托马斯·韦斯科夫在其“以民主企业为基础”的市场社会主义模式中对收入分配平等论述较为明确。

韦斯科夫提出了资本收入的社会化分配方案。为了实现这个方案，韦斯科夫设计了受限制的两种股票市场体制，一种是各种独立的共同基金和外国投资者都可以参加的没有投票权的企业股票市场；另一种是允许社会全体成员参加的共同基金股票市场。韦斯科夫设计的这两种股票市场和罗默所设计的股票市场基本上相同，但是二者也有不同，韦斯科夫的社会模式中，资金的来源是由股票市场进行筹集，公民可以购买投资公司的股票。为了使资本收入能平等地分配，每个成年公民都能够获得等量的共同基金的股票，这样公民就可以以平等的方式获得企业的资本收益。为了防止资本集中到少数人手中，公民所拥有的共同基金股票只能彼此进行交换，股票既不能用现金进行购买也不能兑换成现金。这种限制措施，在一

① ［美］约翰·罗默：《社会主义的未来》，余文烈等译，重庆出版社1997年版，第60—62页。

② ［美］戴维·施韦卡特：《反对资本主义》，李智、陈志刚等译，中国人民大学出版社2002年版，第72页。

定程度上既保证了公平平等地享有企业的资本收入，同时也可以使公民在与各种共同基金交换的过程中提高自己对企业索取权的价值。

罗默在其设计的市场社会主义模式中也强调了收入平等分配的问题。罗默指出，资本主义的私有制是不可能实现分配平等的。要想实现平等分配收入，就需要国家对经济生活进行民主管理。他提出，企业应在支付完工人工资、纳税以及缴纳完利息之后，把企业的利润依据平等原则分配给公民。每个成年公民都可以从国库中获得只能用于购买共同基金的股票，并且数量相同的“息票”。只有息票能购买股票，货币则不能。持企业股票的共同基金可以分享企业利润，而持共同基金股票的公民则可以分享其利润。公民死后共同基金卖出，票息收回国库重新分配。公民与企业的关系及利润分配遵循平等原则。

事实上，韦斯科夫和罗默所设计的收入分配方案，也是存在着一定的不足。把股票或息票平均分配给成年公民，也就意味着成年公民可以无条件地享有最低收入保障，这部分收入保障是通过税收或其他方式获得，那么这种无条件的最低收入保障是不是必然会产生一个“寄生性”的社会阶层？如果这种“寄生性”阶层存在，那么势必又会出现新的社会不平等。

第二节　效　率

效率问题是当代英美市场社会主义者极力关注的问题，他们认为效率问题是任何社会的首要问题，市场社会主义制度具有较高的经济效率。由于资本所有权不再归私人资本所有，这就防止了在资本主义社会中由于资本的高度集中而影响经济生活。企业的自主经济，民主管理消除了私人利益和政府权力相联合的可能性，从而也消除了为追求私人利益而损害公共利益的整体经济效率的损失，同时也在一定程度上阻止了垄断的发生，使企业能够在一个公平的竞争环境中良好地运作。平等地分配收入，可以减少社会的矛盾冲突，也可以促进整个社会经济效率的提高。工人自治或民主管理，是工人参与企业的生产和发明，企业的经营状况和工人有着必然的联系，因而能够有效地调动工人生产的积极性，从而带来比资本主义企业更大的经济效率。

一　效率与平等

效率与平等的关系问题是自市场经济产生以来，人们一直致力于关注和探讨的问题。当代英美市场社会主义者普遍强调平等不仅不会阻碍而且有助于效率的提高。“如果一个社会不能合理有效地配置资源，它就不可能期待有多大的创新性增长。”① 如果效率无法得到实现，自由、平等和民主就只能是些空洞的概念。从原则上看，平等和效率之间不会产生冲突。“市场社会主义者希望尽可能地获得效率和拥有自由主义的市场特征；同时推进平等的发展。”②

在效率和平等的问题上，无论是传统社会主义者还是自由主义者都没有使平等和效率达到同步实现。自由主义者认为，过分强调平等会损害生产的激励机制，会影响人的积极性。在资本主义社会，由于存在以私有制为基础的市场经济，因而在获得较高效率的同时，却损害了社会平等，造成了不平等的后果。而传统社会主义者由于实行以公有制为基础的计划经济，虽然较资本主义社会更平等，但是却造成了效率的低下。传统社会主义是过分地强调平等，却没有解决效率问题；而资本主义过分强调效率，却没有解决平等问题。因而，对当代英美市场社会主义者来说，当务之急是如何去保障既提高效率又实现平等。

当代英美市场社会主义者认为效率与平等是不相矛盾的，在他们看来，公平的实现更有利于效率的充分实现，只有将社会主义和市场相结合，才能达到效率与平等的协调。正如“实用的市场社会主义”的提出者詹姆斯·扬克所说的：“不平等的分配代表着现存资本主义经济社会体制的一种道义上的不足。当代资本主义对资本回报的分配从经济上说是不必要的从道德上说则是不平等的。许多人认为不平等分配是一种‘必要的恶’，而我们的出发点则是，‘经济上的必要’与‘道德上的平等’是不矛盾。我们将致力于证明，当代资本主义在经济上并不是必要的，而在

① ［美］戴维·施韦卡特：《反对资本主义》，李智、陈志刚等译，中国人民大学出版社2002年版，第83页。

② ［英］索尔·埃斯特林、尤里安·勒·格兰德编：《市场社会主义》，邓正来、徐泽荣等译，经济日报出版社1993年版，第87页。

道德上则是极不平等的。”[①] 因此，市场社会主义就是效率和平等的结合，也就是说，通过市场来解决效率问题，通过社会主义来解决平等问题。当代英美市场社会主义正是遵循了这一原则将社会平等和经济效率结合起来，市场社会主义就是一种既能保障社会平等又能提高经济效率的社会制度。在这里可以充分地实现公平、自由、民主等价值目标，也是当代英美市场社会主义者们共同的共识和追求。

在人类历史长河中，平等和效率既存在于人类社会存在方式和生活方式彼此交织的内在矛盾中，也根源于人类活动的主观目的性和现实的客观制约性之间的矛盾中。[②] 在社会发展过程中，是效率优先，还是平等优先？是平等优先，兼顾效率，还是效率优先，兼顾平等？这是一个复杂而难以抉择的问题，也是人类致力于探索的问题。可以说，在人类社会所经历的各种生产方式中，效率和平等之间的关系也是始终贯穿于其中。但由于生产资料所有制的不同，必然也造成了人们在效率和平等问题上的不同理解。在市场社会主义条件下，由于市场经济运行的机制本身不会自动考虑利益分配问题，追求效率就成为人们寻求的基础目标，市场激励机制的内在动力推动了社会的发展，平等作为维护社会安定和市场秩序的基本保障也推动了社会的发展。因而，效率和平等的问题，既在很大程度上决定着一个社会政治经济的发展，也在很大程度上制约着一个国家经济和社会政策的选择。当代英美市场社会主义在构建未来社会理想蓝图时，就注意到了效率和平等的问题，就如詹姆斯·扬克所说，“是一种为社会主义寻求一个真正新方向的尝试：详细描绘一种可行的、有实效的社会主义经济体系，它将得到显著的公平利益，而不必去冒估计会严重损失效率的风险”[③]。当代英美市场社会主义的最终目的就是取得效率与平等的双重效果。

为了实现效率与平等的结合，当代英美市场社会主义者构建了许多社会模式，并设计了种种制度和政策，为了提高效率，他们通过市场机制来

---

① James A. Yunker, *Rethinking Modern Socialism*, New York: Pragil Press, 1992, p. 3.

② 高静文、李钢主编：《经济哲学论纲》，中共中央党校出版社 1999 年版，第 115 页。

③ James A. Yunker, “Post-Lange Market Socialism: An Evaluation of Profit-Oriented Proposals”, *Journal of Economic Issues*, Vol. 29, No. 3, 1995, p. 712.

配置社会资源，鼓励企业追求利润的最大化，重新构建企业微观治理结构，从而在一定程度上既增强了企业的效率又促进了社会的发展。为了实现平等，他们既注重起点平等、机会平等和社会平等，而且更加注重收入分配上的平等。在他们看来，通过实现总体收入分配的平等，可以促进效率的提高。正如“经济民主”的市场社会主义者施韦卡特所言：“从较高的程度上讲，那里几乎没有（假如有的话）超级富豪，因为：（1）靠劳动获得收入将更平等；（2）那里没有不靠劳动而获得的收入。”① 为了努力达到效率与平等的有机结合，他们在自己所构建的社会主义模式中设计了使效率与平等相协调的机制。他们虽然也同传统社会主义一样强调平等，但他们同时也强调用市场解决效率问题。

二　效率与市场

当代英美市场社会主义者认为市场能够更好地提高社会的经济效率，因而他们主张把市场和社会主义结合起来，这种结合可以确立微观激励和革新的动力和机制，这是当代英美市场社会主义的一个共识。他们总结了苏联和东欧社会主义改革失败的原因和教训认为，苏联和东欧社会主义改革失败的主要原因就在于缺乏微观激励和革新的动力。同时他们在考察现代资本主义经济运行的实践经验的基础上提出，市场社会主义在不存在私有制的情况下，只要创造了竞争条件，就可以获得微观激励和革新的动力和机制。因而他们在构建未来社会主义模式时，也设计了种种激励机制来促进社会效率。

由于市场能够极大地提高经济效率，因而当代英美市场社会主义者构建了各种社会主义模式来探讨市场和社会主义的结合所具有的优越性。比如美国经济学教授罗默的以银行为中心的激励监督机制，在该模式中，效率的实现主要是通过银行的监督以及国内企业间的竞争来保障的。“银行监督企业的制度比作为资本主义经济中保证企业经营的机制的接管程序还要好。”② 如果银行能积极有效起到监督企业的作用，而企业又须依赖银

---

① ［美］戴维·施韦卡特：《反对资本主义》，李智、陈志刚等译，中国人民大学出版社2002年版，第201页。

② ［美］约翰·罗默：《社会主义的未来》，余文烈等译，重庆出版社1997年版，第71页。

行，再加上国际竞争，那么企业就会实现革新。在这里罗默通过市场引进竞争机制，从而引起企业的革新，进而提高了企业的经济效率。美国经济学家詹姆斯·扬克在其“实用的”市场社会主义模式中提出：“‘资本主义与社会主义’的问题完全独立于‘计划与市场’的问题之外，市场资本主义的高效率并不是取决于资本主义制度本身，而是取决于市场。”① 这也就是说，市场资本主义的高效率是市场带来的，与资本主义制度本身无关。基于提高效率的目标，他们提出了工人自治的理论模式，在他们看来工人自治能够很好地刺激工人生产的积极性和发明创新，而且有利于效率的提高。虽然在资本主义社会，也有一些企业有工人参与管理，但这种管理仍然是建立在私有制基础之上的。而在市场社会主义中，工人对企业的民主管理方面，以及公平和平等方面将比资本主义企业具有更大的优势。正如施韦卡特所认为的：一些经验材料有力地证明劳动者参与管理和分享利润有助于提高生产率，劳动者管理的企业比资本主义企业的生产率更高。劳动者参与管理与下列几个要素相结合时会产生生产力的提高：利润的分配；长期就业的保证；相对紧密的工资等级；劳动者受保障的权利。而实行经济民主的企业趋向于符合上述条件。②

市场能够极大地提高经济效率，但是市场本身也有其弱点和消极方面，这也是当代英美市场社会主义者们共同关注的问题。因而，他们承认，现存的市场并不能令人完全满意，因为，市场产生的结果是和资本主义制度相联系的，并且在一定程度上也缺乏产品分配的国家干预。因而他们在注重效率的同时，更加强调公平和平等的问题。

总之，当代英美市场社会主义者根据市场机制而设计的未来社会主义模式，都是以考虑效率为基础的。社会主义不仅需要计划更需要市场，市场是解决效率的最佳方式。要想实现社会主义的价值目标，就要充分利用市场，平等和效率是不冲突的，强调平等问题不会影响效率的提高，反而会促进效率的提高，二者之间是相互促进的。

---

① James A. Yunker, *Socialism Revised and Modernized: The Case for Pragmatic Market Socialism*, New York: Praeger, 1992, p. 76.

② ［美］戴维·施韦卡特：《反对资本主义》，李智、陈志刚等译，中国人民大学出版社2002年版，第101—102页。

第三节　自　由

自由是当代英美市场社会主义者追求的重要的价值目标之一，也是当代英美市场社会主义者致力于实现的理想目标。对于自由，当代英美市场社会主义从不同的角度，多层次地进行了考察，他们对自由从平等、选择、消极、积极等方面进行论述，从而提出当代英美市场社会主义的自由观与西方自由主义者的消极自由不同，他们提倡的是一种人们可以拥有一定能力获取一定资源而采取的有效的“积极自由”。

一　选择自由

当代英美市场社会主义者认为，市场不仅能够促进平等，而且能够极大地促进自由。市场在经济活动中能有效地配置资源，市场给人们的交换活动提供了场所，也促使人们对那些适合自身特殊生活方式的资源作出不同的选择。[①] 戴维·米勒认为，“社会主义的自由观乃以有效选择为核心”[②]，市场在经济运行的过程中，给予了人们消费自由的选择、就业自由的选择、言论自由的选择等有效选择的自由。一个自由的人可以有多方面的选择，而且这些选择并不是形式上的而是实质有效的选择。社会的自由程度与资源配置方式有关，市场这种资源配置方式，允许人们对那些适合其特殊生活方式的资源作出不同的选择。[③] 人们在生产的过程中，可以自由按照其在所拥有的资源的范围内安排自己的生产，在消费过程中，市场为人们提供了购买什么以及购买的种类、在何处购买和向谁购买等自由的选择，也可以按照自己的特定的生活方式来计划安排自己的生活，对自己所需要的生活资料作出不同的选择。在择业中，市场将工作的选择权赋予个人，人们也可以自由地选择，市场为寻求工作的人们提供了在何时工

① ［英］索尔·埃斯特林、尤里安·勒·格兰德编：《市场社会主义》，邓正来、徐泽荣等译，经济日报出版社1993年版，第38页。

② ［英］索尔·埃斯特林、尤里安·勒·格兰德编：《市场社会主义》，邓正来、徐泽荣等译，经济日报出版社1993年版，第35页。

③ ［英］索尔·埃斯特林、尤里安·勒·格兰德编：《市场社会主义》，邓正来、徐泽荣等译，经济日报出版社1993年版，第35页。

作、何处工作、从事什么工作等的自由的选择。因而，以自由为目标的社会，市场起着重要的作用。

市场社会主义的自由目标是比资本主义具有更高程度的自由。针对戴维·米勒所提出的自由与社会的资源配置有关，与社会资源配置的方式密切相关的理论，英国市场社会主义者雷蒙德·普兰特也提出，要想实现自由的价值目标，就必须依靠“资源的再分配，以赋予每个人在市场交易中成为有效和自由的主体的那种能力”①。这样在市场社会主义条件下，市场通过资源和机会的再分配，可以为人们实现自由在制度上提供保障。

对当代英美市场社会主义者来说，新自由主义者所强调的发挥自由的能力在资本主义制度下的市场条件下其规定太狭窄。米勒认为，“新社会主义的核心理念是有效选择的平等”②，“约束自由会造成这样一些妨碍，即可能要求一个甚至更多的行动者负起道义上的责任。这就为这种论证开辟了道路，即，诸如失业这样的经济障碍的确会限制人的自由，因此，一种追求最大自由的秩序必须排除这类障碍”③。个人的有效选择是自由得以保障的基础，而选择自由的价值在于人们的选择能力以及由此造成的界定自我社会身份的意识。资本主义制度下市场经济无法保障自由的有效选择，而在市场社会主义条件下，市场作为控制商品和服务供给的一种高度有效的机制，可以对社会资源进行重新分配，是个人行为自由的最好的制度保障，在市场条件下，消费者可以自由地选择消费什么，在哪里消费。劳动力的出卖者对雇主的不满意也可以自由地重新选择雇主。自由之所以能够得到重视，就在于人们可以对自己愿意的生活方式作出完全不同的选择。

为了保证起点上的平等，当代英美市场社会主义强调应当用制度来保证人们的选择自由，同时对进入市场的个体自由的条件给予关注。在

---

① ［英］克里斯托弗·皮尔森：《新市场社会主义——对社会主义命运和前途的探索》，姜辉译，东方出版社 1999 年版，第 112 页。

② ［英］克里斯托弗·皮尔森：《新市场社会主义——对社会主义命运和前途的探索》，姜辉译，东方出版社 1999 年版，第 112 页。

③ ［英］克里斯托弗·皮尔森：《市场社会主义的新模式》，载李惠斌、叶汝贤主编《当代西方社会主义研究》第四卷，社会科学文献出版社 2006 年版，第 100 页。

资本主义市场条件下，由于生产资料的私人占有，使得资本和权力都集中在少数特权人手中，自由就会因为掌握特权的人所制定的法律禁令而被削弱，也会因为那些剥夺人们按照自己的选择行事的物质手段的经济政策而削弱，这样无疑会对平等的自由构成威胁。在市场社会主义条件下，由于经济权利的分散可以让人们就购买什么以及在何处购买货物具有较大的选择自由，这样就赋予个人拥有资本的权利，从而使个人在市场上能获得很多的自由。当代英美市场社会主义者认为自由是实质上的而非形式上的。市场可以保护人们交易和支配金钱的自由选择，可以提供不同的生活方式和生活资源来供人们进行自由选择，进而提供更多的物质自由。它保障了人们可以自由地出卖劳动力和资本来换取收入，并用这些收入从市场上获得物品和服务的自由。“市场经济所依赖的是金钱刺激，而这又有几种好处：它既可迎合那些不图高收入而愿以其特殊方式工作的人（如众所周知的在阁楼里忍饥挨饿的艺术家）的需要，又可迎合那些虽身怀一技之长又由于种种原因并不想将之充分贡献社会的人的需要。”① 这样对不同需要的人就能自由地进行选择。也就是说，从另外一个意义上讲，市场给予社会成员的这些权利实质上也是让他们获得享有平等的社会权利。

二　多层次的公民自由

当代英美市场社会主义还从平等、消极、积极等多方面对自由进行了考察。施韦卡特认为，他所构建的经济民主的市场社会主义模式能让公民享有所有与西方民主有关的各种公民自由，这些自由包括言论自由、出版自由、集会自由，等等。

当代英美市场社会主义者力图通过市场机制寻求保障公民自由活动的权利进而实现政治上的平等，使自由更加平等。英国的市场社会主义者彼得·阿贝尔就是从平等出发来关注自由。从生产领域方面和消费领域方面使人类的能力趋向于平等，通过这种方式来满足人们的需要给予不断的关注是社会主义观点的重心所在。社会主义就是要达到机会的均等，消

① ［英］索尔·埃斯特林、尤里安·勒·格兰德编：《市场社会主义》，邓正来、徐泽荣等译，经济日报出版社 1993 年版，第 36 页。

灭贫穷。[①] 这样做的目的就是使自由更加平等。他认为要想促进自由的平等，就需要尽可能地获得效率，将市场和社会主义联姻创造出更高的市场效率，推动平等的发展。为此，市场社会主义就需要建立一个强大的民主国家，可以在市场调节作用失灵时，能进行有效的干预和调节市场资源，避免资源浪费和垄断的发生，从而更加有能力促进自由的平等。自由的平等本身就是一种价值，"社会主义的本质在于通过生产领域积极自由的均等化来满足人们的需要（在消极自由的范围内实现这一点，这种消极自由是平等的，能最大限度地为人们利用，并且是与积极自由相容的）"[②]。

施韦卡特也认为，在经济民主的市场社会主义条件下的自由比资本主义的市场更自由。在经济民主制的市场社会主义社会，人们可以自由地寻找他们想要干的工作，按自己的想法更换工作，并且不会对私人的非生产性财产进行限制，如食品、衣物、住房以及种种人们希望得到的东西。在资本主义市场中，由于生产资料和资本的集中以及特权的存在使得表面上的自由和平等只是掩盖了事实上的不平等。对此，施韦卡特提出，"经济民主制（和现代自由主义一样）允许国家、地区和地方政府颁布条例，调节特定产品的生产以及地租、房租等，但这并不证明这些条例会显著压缩个人的自由空间，会使人们更多地受到他人独断意愿的限制"[③]。在经济民主制下，市场不仅可以发挥配置资源的作用，而且国家、地区和地方政府也可以有效地发挥资源的调控作用，使人们能够更好地享有平等的自由而不受其他人的限制。在经济民主制下，工人由于他们有更多的制度和雇佣保障，因而能够比资本主义社会获得更多的言论自由。工人的工作不再是服务于雇主，不再通过管理者来传达雇主的愿望，而是为了自己的目的和愿望，是为了他作为投票成员之一的集体，他可以选择发表意见或退出，他也能直接分享收益，因而能够有效地保障公民的平等自由。

---

① ［英］索尔·埃斯特林、尤里安·勒·格兰德编：《市场社会主义》，邓正来、徐泽荣等译，经济日报出版社 1993 年版，第 86 页。

② ［英］索尔·埃斯特林、尤里安·勒·格兰德编：《市场社会主义》，邓正来、徐泽荣等译，经济日报出版社 1993 年版，第 95 页。

③ ［美］戴维·施韦卡特：《反对资本主义》，李智、陈志刚等译，中国人民大学出版社 2002 年版，第 194 页。

当代英美市场社会主义者认为，为了充分地发挥市场平等、自由、民主的作用，就需要构建一个能够实现社会主义目的的市场调节机制。对此，卢恰诺·佩利卡尼提出，“市场是自由和合理经营的基础。消灭了市场也就消灭了诸如交换、竞争和供求等一切经济活动的机制和形式，而没有这些机制和形式，谈论经济是无法想象的。种种现象表明，市场是公民社会独立于国家而自治的经济基础。破坏市场就意味着破坏公民社会。而没有公民社会，自由和民主就无法生存和发展”①。传统社会主义由于实行计划经济，权力的高度集中，这就使得社会成员在政治上失去了表达和交流政治意见的自由，在经济上失去了自由选择机会的自由。当代英美市场社会主义者对未来社会主义的构建不仅要运用市场来促进经济效率的提高，更重要的是他们要把效率、自由和正义结合起来，进而实现社会主义的价值目标。

“在一个以自由为目标的社会里，市场必然起着重要作用，因为市场允许人们对那些适合其特殊生活方式的资源作不同选择。”② 市场所起的重要作用不仅是确保人们在对那些适合其特殊生活方式的资源做出选择的基础上享有行动的“积极自由”，而且还为人们提供言论自由、消费等方面的自由。市场还能促进言论自由，可以使持不同政见和意见的人们之间进行表达和交流政治意见。市场能使经济权力分散，人们在市场上进行交易时在哪里购买和购买什么就具备了较大的自由性。如果经济权力得以集中，那么一些与国家观点持相反意见的人要想表达自己的思想就只能凭借拥有的国家资源，也就是说能够出资源的人才有发言权，这无疑就限制了自由。虽然市场本身并不能使言论自由得到保障，但是市场上书刊和其他传媒手段的存在则能够使言论自由得以实现。市场允许人们联合起来以出版物发表其意见。在市场条件下，读者和观众通过各种各样的传媒方式获得信息和资源，从而也使自由得到了增强。社会主义市场经济对出版书刊报纸等各种传媒企业不是像在资本主义制度下受到操控和限制，而是积极

① ［意］卢恰诺·佩利卡尼：《什么样的社会主义》，载［俄］戈尔巴乔夫、勃兰特等《未来的社会主义》，中央编译出版社 1994 年版，第 202—203 页。

② ［英］索尔·埃斯特林、尤里安·勒·格兰德编：《市场社会主义》，邓正来、徐泽荣等译，经济日报出版社 1993 年版，第 35 页。

地鼓励其发展。由于市场结构取决于投资政策，因此在市场社会主义之下，便可制订有利于言论自由的投资政策。[①] 它的目的是能够比资本主义所允许的在更高程度上扩大自由的权力。较之资本主义市场下自由主义者所接受的不存在有意的胁迫行为的“消极自由观”，当代英美市场社会主义者倡导的则是那种拥有能力进而拥有相等资源去采取有效行动的“积极自由”，同时还强调了自由的平等价值。[②]

第四节 民 主

民主作为重要的价值目标也受到了当代英美市场社会主义者的关注。他们普遍认为，“市场使工业民主成为可能”[③]。在市场社会主义制度下，企业是相对独立的，民主地管理各自的生产，各企业成员对企业生产什么以及怎样生产等具有民主的决策权。民主的市场机制能够有效地遏制庞大的官僚机制，使得政府的作用受到一定的限制，为民主创造有利的条件。美国经济学家罗默指出，市场社会主义制度下实行的政治“将要比资本主义民主国家更为民主，因为资本主义社会里的那种资本家阶级已经不存在了，正是这个阶级拥有经济权利，在很大程度上通过选举和其他途径影响和控制国家政策”[④]。他们分别从企业民主、经济民主和国家民主三方面对民主进行了探讨。

一 企业民主

当代英美市场社会主义者认为，企业民主，是最具有参与性的基础民主形式。企业民主的存在使得企业成员能够有效地对其所工作的企业进行民主决策，比如生产哪些产品、如何进行生产等进行控制和管理。在市场

---

① ［英］索尔·埃斯特林、尤里安·勒·格兰德编：《市场社会主义》，邓正来、徐泽荣等译，经济日报出版社 1993 年版，第 37 页。

② ［英］索尔·埃斯特林、尤里安·勒·格兰德编：《市场社会主义》，邓正来、徐泽荣等译，经济日报出版社 1993 年版，第 61 页。

③ ［英］索尔·埃斯特林、尤里安·勒·格兰德编：《市场社会主义》，邓正来、徐泽荣等译，经济日报出版社 1993 年版，第 39 页。

④ Frank Roosevelt and David Belkin, *Why Market Socialism? Voices From Dissent*, New York: M. E. Sharpe, 1994, p. 279.

社会主义条件下，如果企业能拥有直接的民主自治权利，将会对整个代议制形式的民主制度形成促进作用，虽然会受到企业生产条件的限制和制约，但企业成员却拥有广泛的选择。而在计划经济范围内，企业的生产受到计划指令的安排，不享有民主的自治权利，因而企业的生产和投入都要听令于指令性计划，这样无形中就阻碍了企业的生产。“在市场资本主义社会，‘民主在工厂门前停住了脚步’。”[①] 因而，当代英美市场社会主义者认为，现有企业甚至是公有制企业，其企业内部的经济决策都具有明显的集权性。工人在其工作的企业中对影响其企业生活中的一些重大决策没有发言权。那些政治舞台上的独裁以及等级森严的控制制度，在企业中被认为是理当如此的。[②] 这种没有民主的生活氛围，必然会引发企业成员的不满情绪，从而造成一系列问题的出现，如旷课、怠工、工作中的不合作以及人才的流失等现象。因而，扩大企业民主具有重要的积极意义。如果在企业中实行民主，那么每个企业成员在企业的各项决策中就具有民主的表决权，这将有利于在工作中产生彼此相互合作、相互支持的工作环境，从整体上有利于企业的创新和发展。

企业民主的实现将受到该企业所采取的所有制形式的影响，企业民主能否得以实现主要在于企业是否给企业成员以充分的自主权。员工对企业经营拥有管理和决策权，就能使企业民主得以实现。对于企业民主的论述，英国的戴维·米勒、美国的托马斯·韦斯科夫、美国的布洛克等分别在他们所构建的市场社会主义模式中进行了探讨。

英国的戴维·米勒构建了“合作制的市场社会主义”模式。米勒指出，企业以工人合作社的形式组成，实现民主控制，企业由企业成员自我民主进行管理。在企业中，每个企业成员都享有平等的投票权，由企业成员自己来决定企业的每一件事。如果企业想要吸收新成员或者扩大生产规模，都必须由企业全体成员获得一致同意。企业的重大决策权也必须征得全体工人的同意。合作社可以自行确定内部民主管理结构：大型合作社可

---

① ［英］克里斯托弗·皮尔森：《新市场社会主义——对社会主义命运和前途的探索》，姜辉译，东方出版社 1999 年版，第 115 页。

② ［英］索尔·埃斯特林、尤里安·勒·格兰德编：《市场社会主义》，邓正来、徐泽荣等译，经济日报出版社 1993 年版，第 176 页。

以通过设立执行委员会或是专家委员会来制定企业的决策，而小型合作社则由全体工人大会制定绝大部分的决策。在市场社会主义条件下，企业实行民主管理，就能使企业成员可以讨论自己的企业在生产上的事项，对怎样生产以及生产什么具有决策权，这样就能有效地把企业内部的民主管理制度以及政府的计划指导协调起来，达到民主管理和自觉控制目标的实现。市场社会主义为那些高度重视企业民主的人提供了一个民主的工作环境，为实现真正的企业民主奠定了牢固的基础。“就民主特有的权利而言，这种工业民主具有两个方面的价值：人们可以控制他们从事工作和生活的环境，这本身就是一件大好事；同时，它为更广泛的民主提供了训练和刺激的基础。”① 而无论是资本主义还是传统社会主义，都没有为这种真正的民主提供生存的空间。

托马斯·韦斯科夫设计的市场社会主义模式是“民主自治的市场社会主义”。在此模式中，企业实现民主管理，组建企业委员会。企业委员会按照民主选举的原则，由企业成员以“一人一票”的方式产生。企业委员会由其雇佣的企业经理对企业进行管理并对企业委员会负责。经理对企业的生产资本和配置企业的净收益有权进行处置和使用，并负责企业成员的雇佣和工作事项。企业成员根据规定的原则可以自由地加入任何一个企业，拥有该企业的投票权，也可以自由地退出所在企业，放弃该企业的投票权，并把自己所拥有的企业相关票证兑换成现金。对于企业收入的分配，企业可以自由选择分配方式，但前提是这些分配方式必须进行民主制定。韦斯科夫还提出，可以允许小型的私营企业和以个人、家庭和合伙形式的私有制存在，但这些小型的私有企业也必须实现民主的自治原则。

弗莱德·布洛克提出了“没有阶级权力的资本主义”的市场社会主义模式，他对资本主义私人企业进行改革使专制的企业转变为民主的企业。布洛克提出要想形成一个民主与平等的新型社会，就必须对资本主义进行强有力的改革，从而促进平等、民主的新型社会经济的发展。在现行的资本主义制度下，人们缺乏较多的民主、平等、自由、自治和一个良好

---

① David Miller, “A Vision of Market Socialism: How It Might Work——And Its Problems”, in Frank Roosevelt and David Belkin, *Why Market Socialism: Voices From Dissent*, M. E. Sharpe Inc., 1994, p. 247.

的生态环境。这是因为，在资本主义私有制中，拥有生产资料的私人都享受着阶级特权，从而限制和缩小了民主政治实施的范围。使得一些如提高企业税收、改革企业立法、加强环境管理等改革措施无法得以实施，这些民主改革难以开展，进而使得更多的平等的制度改革无法进行。甚至在个人的自由领域，人们的能力也会受到资源条件的限制，这些都与阶级权力的行使有关。所以，布洛克认为要对资本主义进行彻底的结构改革，粉碎现有的资本主义金融制度，剥夺资本所有者行使阶级权力，在一定程度上限制资本家的特权。资本主义企业是世界上专制制度的最后堡垒。由于资本主义企业中，总执行者拥有绝对权力形成专制制度，从而使得企业无法实行民主的管理，因而要将企业由专制转向民主，在经济上仍然实行生产资料的私有制度，但是私人控制集体财产的程度将会降低，为了便于民主的企业代替专制的企业，就需要用国家的力量实行企业股东、企业成员以及用户三方面共同管理的制度。这就需要通过国家的立法手段来改变企业董事会的组成，在董事会的构成中，35%是股东（财产持有者），35%是雇员，剩下的30%则是其他人员，后者可以代表消费者和当地公民。[①] 这样就会使得富有者对政治的影响作用减少，民主的公民可以自由地按照自己的意愿建立经济和政治制度。

当代英美市场社会主义者对企业民主作了深入细致的探讨。企业民主的建立使企业拥有自治权，在一定程度上扩大了企业的民主权利。在企业民主把企业的经济控制权从私人资本所有者手中转移到了工人手中，有利于社会主义价值目标的实现。但企业民主本身也存在着无法克服的缺陷，过多地强调了企业成员的自治和民主，反而不利于企业在市场上的竞争，因而有可能造成企业经济效率的降低。他们只是提出对企业的内部实行较大的民主，这种对微观经济决策实现的民主无法促进整个国家的民主的实现。

二　经济民主

经济民主在当代英美市场社会主义理论中是一个重要的理论范畴。在当代英美市场社会主义者看来，在资本主义私有制社会里，经济权利为私

① ［美］约翰·罗默：《社会主义的未来》，余文烈等译，重庆出版社1997年版，第47页。

人资本家所控制，会导致民主的过程和结果都因为私人资本的集中而异化，民主的权利得不到真正的实施，就会造成社会的不平等。社会的不平等必然也会引起社会的不稳定，因而，要想真正实现经济上的民主，就必须在平等自愿的基础上，让企业成员拥有言论自由的权利，实施一人一票将企业决策权利民主化。就如达尔（Dahl）所说："如果民主在管理国家方面是合理的，那么它在管理经济企业方面也是合理的。"①

美国的经济学家戴维·施韦卡特在其所设计的"经济民主的市场社会主义"模式中对经济民主进行了深入的分析和论证。施韦卡特指出，"这一理论主要阐明的是一种经济模式，这个模式是能够切实地捍卫经济学家和普通公民对在经济上可行的、在道德上优于资本主义制度的双重要求"②。他的模式包括企业由工人自我管理、实现市场经济和新的投资资金实行民主监督三个要素。企业由工人自己经营、民主管理，是施韦卡特"经济民主型"社会主义模式中最重要的特征。"虽然企业由劳动者自己管理，但是他们本身并不占有生产资料，企业的生产资料是社会的集体财产。"③ 在生产过程中，工人对生产资料的结合及其运作过程进行负责，工人有权对企业的生产技术、管理程序、规章制度、产品生产以及产品的收入分配等通过"一人一票"的方式进行民主决策。"'经济民主'是市场经济，至少在涉及到资本金和现有消费资料的配置方面是市场经济。"④市场和社会主义的结合可以达到社会主义的目的，施韦卡特提出："我们或者其他的人应该清楚，问题不在于选择计划或选择市场，而在于将计划和市场两套机制在'民主'领域结合起来；另外还应该清楚，民主不仅具有政治价值，而且还具有深刻的'经济'内涵。'经济民主'不仅比资

---

① ［英］克里斯托弗·皮尔森：《新市场社会主义——对社会主义命运和前途的探索》，姜辉译，东方出版社1999年版，第115页。

② David Schweickart, *After Capitalism*, Lanham Md. Rowman & Littlefield Publishers Inc., 2002, pp. 11 – 12.

③ ［美］戴维·施韦卡特：《经济民主——一种真正的和可以实现的社会主义》，载中央编译局世界社会主义研究所编《当代国外社会主义：理论与模式》，中央编译出版社1998年版，第382页。

④ ［美］戴维·施韦卡特：《经济民主——一种真正的和可以实现的社会主义》，载中央编译局世界社会主义研究所编《当代国外社会主义：理论与模式》，中央编译出版社1998年版，第383页。

本主义民主更民主，而且还具有比后者更高的效率。”[①] 施韦卡特在“经济民主”的市场社会主义社会中，确立了一种新的投资资金的民主监督机制。投资基金的产生和发放都应该按照民主监督的程序进行。“资本的资产税产生新的投资基金，然后通过一个公共投资银行体系投还给经济。”[②] 在经济民主的市场社会主义模式中，投资基金的积聚和分散都是通过民主的方式来决定的。施韦卡特从自由、平等和效率等方面对其所设计的模式进行了分析论证。他对资本主义市场的弊端进行了分析，从而提出对市场进行民主控制的方案。他把工人的自我民主管理放在了首位，强调了民主决策的重要作用。

对于经济民主，美国的经济学家罗默对此也有论述。罗默在他的模式中提出：企业属于每一个社会成员，而每一个企业也是每一个家庭部分社会红利收入来源的依靠。从经济学角度来说，利润的最大化会导致有效的资源分配。“现实中，还没有一个大型经济体以利润最大化作为企业目标而成功实施的例子，这样，我试图构建一个尽可能地基于成功的资本主义但已经在某些重要的方式上脱离了资本主义的蓝图。”[③] 罗默的市场社会主义模式实质上是利用了资本主义成功的微观机制，把资本主义的股票制度和利润最大化原则等市场机制运用于社会主义，实现效率和平等的有机结合，他改变了资本主义的财产关系和分配关系。当代英美市场社会主义者深入地分析了经济民主的理论，这个理论就是要求工人对企业进行自我管理和经营，采取民主的原则对企业管理者进行民主选举，企业成员对生产什么、怎样生产等事项拥有决策权，企业收入归全体企业的劳动者所有；企业之间采取市场竞争的方式；国家执行必要的宏观调控政策和执行投资计划。该模式有助于改善工人与企业之间的关系，劳动异化问题在某

---

① ［美］戴维·施韦卡特：《经济民主——一种真正的和可以实现的社会主义》，载中央编译局世界社会主义研究所编《当代国外社会主义：理论与模式》，中央编译出版社 1998 年版，第 391 页。

② David Schweickart, *After Capitalism*, Lanham Md. Rowman & Littlefield Publishers Inc., 2002, p. 47.

③ Frank Roosevelt and David Belkin, *Why Market Socialism? Voices From Dissent*, New York: M. E. Sharpe, 1994, p. 272.

种程度上得到缓解。[①]

三 国家民主

当代英美市场社会主义者认为“民主是实现政治平等的前提”[②]，因而他们试图通过消灭资本主义私有制基础上的政治权利，从而实现真正的国家民主。新自由主义者认为社会主义不存在自由与民主，只有资本主义制度才是真正实现自由与民主的理想社会形态。他们认为，“除了资本主义社会以外，我们还不知道普遍的政治自由在何时何地曾存在过”[③]。对此，当代英美市场社会主义者给予了有力的反驳。在他们看来，不是市场不民主而是资本主义制度不民主。当社会主义制度下的市场代替了资本主义制度下的市场，民主和自由的广度和深度就能够得到广泛的扩大和提高。这种民主和自由必须有社会政策和社会制度的保障，国家的制度运行、制度框架、制度结构等决定了国家经济的发展走向。只有废除了集中在大企业所有者和控制这些大企业的企业家手中的权力，废除了这种代表资本主义社会标志的权力体系，民主制社会内的国家民主才能得以实现。[④] 因而，当代英美市场社会主义者要想实现经济民主必须有制度的保障，只有通过国家民主的形式才能实现社会主义的价值目标。

英国牛津大学社会学和政治学教授戴维·米勒在其所设计的模式中从国家与民主的关系出发，提出了“协商民主”的构想。在他看来，市场社会主义“还需要有市场以外的制度，其中以政治制度最为首要。这些制度将建立起新的框架，其中资源分配不均得到纠正”[⑤]。以企业合作制形式组织起来的企业在其企业内部实行民主，由国家自觉控制市场运作的整体框架。由于在现实生活中，各种政治偏好彼此之间存在着一定的冲

---

① 宋衍涛、陈明磊：《20 世纪 90 年代西方市场社会主义的三种模式》，《当代世界与社会主义》2003 年第 6 期。

② ［美］约翰·罗默：《社会主义的未来》，余文烈等译，重庆出版社 1997 年版，第 98 页。

③ ［英］克里斯托弗·皮尔森：《新市场社会主义——对社会主义命运和前途的探索》，姜辉译，东方出版社 1999 年版，第 113—114 页。

④ 俞可平：《全球化时代的“社会主义”——90 年代以来西方社会主义研究述评》，《马克思主义与现实》1998 年第 2 期。

⑤ ［英］索尔·埃斯特林、尤里安·勒·格兰德编：《市场社会主义》，邓正来、徐泽荣等译，经济日报出版社 1993 年版，第 54 页。

突，因而民主制度的前提就是要解决好这些冲突，这也是协商观念的前提。通过对一些问题进行非强制性和公开性的讨论，进而达到一致意见的结果。[①] 米勒认为，共同体是实现经济民主和政治民主的基础，由于人们具有不同的政治偏好，通过民主的方式可以协调这些冲突，使公民在政治上和经济上都能达到高度一致的认同感。“要使公民的权利得到切实可行和市场能够有效地运作，社会主义国家就必须正式组成，其内部有不同的分工，且在规模上有限制。”[②] 只有在市场社会主义国家中真正实行“宪法国家”，才能保障国家民主得以顺利运行。在民主国家中，在这里，民主国家也必须对政治领域中不同层面的各个共同体之间进行必要有效的协调。这些不同层次之间的冲突和矛盾可以通过政治协商的方式得以解决。

当代英美市场社会主义者认为，国家民主是与国家的指导计划相联系的。在市场社会主义社会中，国家控制计划范围的大小将决定了国家行使指导性控制权的多少。即使在民主自治或工人自治的市场社会主义国家中，国家仍然需要发挥指导性的作用。国家可以对企业在经济发展的总体上做出整体的指导性作用。比如，美国经济学家罗默在其设计的模式中就提出了国家干预投资的方案，国家可以确定总体的社会投资方案，这个方案的设定可以通过在不同的经济领域采取不同的利率政策得以实施，利率政策使人们能够运用民主政治手段通过对社会储蓄的利用进行民主控制。市场社会主义者戴维·巴尔金（David Belkin）在其设计的社会主义模式中指出，“制度的真空无法选择制度的性质”，“没有哪一种结论可以说明市场分配是较佳的方式，政府分配则是不好的。相反，国家为市场失败而作的指标矫正，生来就由于它作为一个合作的交换中介而受到自身固有缺点的限制”。[③] 正是由于市场也有失灵的时候，因而还需要市场制度以外的制度，尤其是政治制度，对市场的失败作出指导来矫正市场的缺陷。在

---

① ［英］克里斯托弗·皮尔森：《新市场社会主义——对社会主义命运和前途的探索》，姜辉译，东方出版社 1999 年版，第 223 页。

② David Miller, *Market, State and Community: Theoretical Foundations of Market Socialism*, Oxford: Oxford University Press, 1989, p. 17.

③ Frank Roosevelt and David Belkin, *Why Market Socialism? Voices From Dissent*, New York: M. E. Sharpe, 1994, pp. 24 – 26.

政治民主的国家中，通过制订一系列的详尽的计划来指导和管理经济生活，在社会的整个层面，还是需要以代议制的方式进行民主管理，在市场社会主义制度下的代议制民主将能够对经济管理形成总的民主控制形式。

第三章

未来社会主义新模式

“当代社会主义者面临的使命是建构一个规范的社会模型。”① 因此，当代英美市场社会主义者都纷纷构建了未来社会主义的新模式。是对苏联、东欧社会主义改革失败的深刻反思，也是对当代资本主义社会存在的问题的理性批判。为了消除传统社会主义和资本主义所存在的缺陷，他们都各自对未来社会进行了构建。他们认为市场社会主义“能够将自由经济的自由和效率与社会主义的人道和均等理想结合起来的第三种选择”②。“我们无意回答有关市场社会主义的所有问题，也无意对各种可能提出的批评作出回应。另外，我们并非意在提出一种完满的乌托邦式观点。然而我们相信，我们提供了一幅社会蓝图，在这个图景中无剥削、高效率、平等且自由，这就是一种社会主义社会。”③ 本章重点分析了三类典型模式：经理管理型模式、工人管理型模式和限制资本权利的模式。这些新模式基本上都是以市场机制为主导，以实现社会平等和提高经济效率为依托，对社会主义与市场的“联姻”问题、公平与效率问题、自由与民主问题、社会主义所有制问题进行了探索。

① ［英］索尔·埃斯特林、尤里安·勒·格兰德编：《市场社会主义》，邓正来、徐泽荣等译，经济日报出版社 1993 年版，第 85 页。

② David Miller, *Market, State and Community: Theoretical Foundations of Market Socialism*, Oxford: Oxford University Press, 1989, p. 2.

③ ［英］索尔·埃斯特林、尤里安·勒·格兰德编：《市场社会主义》，邓正来、徐泽荣等译，经济日报出版社 1993 年版，第 26 页。

第一节 经济管理型模式

“经济管理型”的市场社会主义主要是通过企业经理来管理企业，以追求企业利润最大化为基础，提高企业经济效率的模式，具有技术革新精神。当代英美市场社会主义者试图通过改变资本主义生产资料私有制为公有产权，也就是生产资料由全社会共同占有，并使产权受益社会化以实现社会分配相对平等（尽管还有工资差别）。他们在企业内部实行所有权和经营权分开的原则经营和管理企业，坚持平等的分配原则。

一 普拉纳·巴德汉“以银行为中心”的市场社会主义

普拉纳·巴德汉（Pranab K. Bardhan）是美国加州大学伯克利分校著名经济学家。巴德汉有关市场社会主义的著作主要有：《承担风险、资本市场和市场社会主义》（1992）、《市场社会主义：恢复活力的案例》（与罗默编著）（1992）、《论解决市场社会主义的软预算约束问题》（1993）、《市场社会主义：当前的辩论》（与罗默编著）（1993）等。1992年在《市场社会主义：恢复活力的案例》这本著作中，巴德汉提出了他著名的“以银行为中心”的市场社会主义理论模式，成为引发美国市场社会主义复兴的具有“里程碑”意义的重要文献。①

巴德汉提出的“以银行为中心”的市场社会主义模式，主张经济运行以追求企业利润最大化为原则，以联合股份公司的形式在市场上运作。资金由银行负责提供和筹措，银行也负责监督每个企业的运营情况。企业集团利润分为两种：“集中红利”和“分散红利”。“集中红利”由全体公民共同享有；“分散红利”则按股份分发给各个股东。“以银行为中心”的市场社会主义模式使得企业与银行之间、企业与企业之间形成了相互监督的机制。该模式具有三个基本特征。

1. 坚持公有制的经济基础

苏联社会主义改革失败以后，市场社会主义者在反思苏联社会主义改革失败的同时，也提出了要坚持保留公有制。苏联社会主义改革失败表

① 余文烈等：《市场社会主义：历史、理论与模式》，经济日报出版社2008年版，第225页。

明，要想保证经济效率，社会主义就必须引入竞争性的市场，作为配置经济产品和资源的主导机制，同时还要建立竞争性的民主政治，以克服集权的官僚主义；但引入竞争、市场和政治民主，并不等于引入私有制。他指出，资本主义的私人所有权对于经济效率是不必要的，公有制经济实行合理的激励机制，也同样能够实行经济效率。

对于公有制，巴德汉认为有狭义和广义两种意义。狭义上的公有制是国家控制全部生产资料并控制企业的生产经营，平等分配经济剩余。实践表明，这种缺乏市场机制的公有制经济是行不通的。而市场社会主义的公有制是广义上的，国家不能直接控制企业的经营，企业需要在市场上竞争，并且由民主政治来决定经济剩余的分配。对于竞争和市场的成功运作来说，大规模的私人所有制是不必要的，私有制和市场没有直接的联系，两个概念应该区分开来。“正是因为政治上的左翼和右翼都没有能够把私有制和竞争市场这两个概念分离开来，才导致了那种肤浅的、认为社会主义已经死亡的看法的出现。”①

新自由主义者认为，东欧国家的经历表明以公有制为基础的市场社会主义是不可行的，二者是不能结合的。针对新自由主义的诘难，巴德汉指出，实行公有制，不单单是从经济效率方面考虑，而且是从社会整体考虑作出的选择。首先，西方类型的资本主义私有制不一定适合东欧、中国、越南这样的国家。“西方资本主义的制度，包括其法律、政治和经济基础，经过了长时间的演进。它们中的一些东西，是不易被模仿的。”② 其次，尽管市场社会主义模式设计的目标是实现同资本主义一样的经济效率，但是在收入分配方面又比资本主义更为平等。最后，在市场社会主义公有制基础上进行平等分配，也会使资本主义社会中掌握生产资料的私人利用手中的经济权力控制政治生活的情况消失，有利于民主政治的实施。在市场社会主义者看来，经历了苏联解体、东欧剧变以后，保证公有制经济的效率，自然是极为重要的课题。而要真正解决这一难题，还要仔细考

---

① Pranab K. Bardhan and John E. Roemer, “Market Socialism: A Case for Rejuvenation”, *Journal of Economic Perspectives*, Vol. 6, No. 3, 1992, p. 102.

② Pranab K. Bardhan and John E. Roemer, “Market Socialism: A Case for Rejuvenation”, *Journal of Economic Perspectives*, Vol. 6, No. 3, 1992, p. 103.

虑进入竞争市场的公有制企业的激励机制和监督机制问题。

2. 建立主办银行的监督机制

关于如何实现企业内部的监督体制，巴德汉指出："如何激励公有企业的经理追求利润最大化，使他们投身于激烈竞争的企业家过程，如何在与企业相关的决策中把政治标准和经济标准区别开来——这些是任何可行的市场社会主义模式必须解决的中心问题。"① 为了解决以上问题，巴德汉设计了"以银行为中心"的市场社会主义模式。在这个模式中，几个公司构成一个集团企业，这个集团企业和一家主要银行进行联合，这个主要银行给企业集团内的各个分公司提供运作资金同时监督各个公司。银行持有集团公司的股票，而集团内公司也都持有自己集团之下的其他公司的部分股票。银行的代表和持有该公司股票的其他公司的代表组成公司的理事会。公司的收益以及它所持有的该集团下的其他公司的股票收益的绝大部分都要交给政府，用于一些教育、公共设施以及健康服务等事项。每个公司可以获得其所持股票公司的分红，这些分红将会分配给公司的员工。由于工人的收入有一部分来自集团内部公司所获得的收益，因而拥有股票的工人也会形成动力对企业实行监督，从而督促企业贯彻利润最大化原则。如果某些公司经营不善，拥有其股票的其他公司就会将其股票出售给主要银行，这样势必也会给银行造成压力，使得银行会有效地对集团下的公司的经营状况进行关注，从而对公司进行有效的监督。对于巴德汉所提出的市场社会主义模式，罗默在其文章《市场社会主义：一个蓝图》中进行了总结：企业 W，X，Y 与 Z 和银行 B 组成一个簇群。其中每一个企业都持有同簇群内其他企业的股票，银行也持有每一个企业的股票；企业的董事会由股东代表构成，也就是说，由簇群内的各种企业和银行 B（持股收益），作为这些企业工人的红利和银行的收入；企业的另一部分利润流向国库，作为社会红利分配给所有公民。这样，每个公民有两种红利收入来源。这种方案给予企业 X，Y，Z 以利益和动力来监督企业 W 的经营行为。如果企业 X 认为企业 W 没有能够实现利润最大化，它就可以要求

---

① Pranab K. Bardhan, "On Tackling the Soft Budget Constraint in Market Socialism", in Pranab K. Bardhan and John E. Roemer, *Market Socialism: The Current Debate*, New York: Oxford University Press, 1993, p. 145.

银行 B 购买自己所持的 W 的股票。这就对银行构成压力，它将敦促企业 W 改善经营以达到利润最大化。①

3. 克服企业软预算约束问题

巴德汉指出，由于存在着政治压力，无论是资本主义国家还是社会主义国家都存在着政治上的软预算约束问题。因为它们需要国家采取一定的宽松政策来承担损失，或者要求国家提供财政援助予以补贴。在资本主义社会，虽然国家也采取一定的政策来承担企业损失，但大部分情况下对一些经营不善的企业则采取关闭或破产的政策。而在社会主义国家，则认为关闭和破产的政策不利于社会的稳定和安全，因而在克服软预算约束方面就比较困难。在巴德汉的模式中，对公有企业负有监督责任的是主办银行，但随之而来就产生了一些问题："当主办银行在公司集团中以主要的监督者的身份行动时，必然会出现的一个主要问题是谁来监督监督者？如果主办银行实质上依靠国家的资助，政治方面的软预算约束仍然会赫然显现出来，暴露了社会主义经济中最薄弱的地方。"② 对此，巴德汉设计了"内部监控体制"来减轻政治上软预算约束问题。

第一，国家和具有独立股份公司的公有企业之间存在一个中间层，这个中间层对公有企业形成金融约束，同时可以避免政府的直接干预。它主要由主办银行和簇群内相互持股并有技术联系的企业组成。

第二，各银行之间为了争夺主办银行的地位以便能把经营状况较好的企业吸收到自己的簇群当中来必然会展开竞争。另外，主办银行的经理为了确保其在银行和企业中的声誉必然会抵抗政治压力。由于银行经理的收入和其经营业绩相联系，为了个人收入不受到损失银行经理将会对自己的行为进行严格的约束。

第三，为了防止银行监督机制会出现松弛和保障生产与投资决策非政治化，对外开放国际竞争市场。国际市场能够为主办银行的监督机制提供

① John Roemer, "Market Socialism, a Blueprint: How Such an Economy Might Work", in F. Roosevelt and D. Belkin, *Why Market Socialism: Voices From Dissent*, New York: M. E. Sharpe Inc., 1994, pp. 275 – 276.

② Pranab K. Bardhan, "On Tackling the Soft Budget Constraint in Market Socialism", in Pranab K. Bardhan and John E. Roemer, *Market Socialism: The Current Debate*, New York: Oxford University Press, 1993, p. 151.

指导方针和比较方案，也能够在竞争中促进企业进行技术革新。

第四，虽然大部分主办银行的股份都被国家持有，但仍然有一部分的股票会被保险公司、公共基金或是其他银行拥有。这样，主办银行在其运作贷款的过程中涉及更多的利益。

巴德汉提出的“以银行为中心”的市场社会主义模式以银行对公有企业的监督机制代替了股票市场分散的股东对企业经营实行监督的机制具有重要的进步意义。但是巴德汉的模式并没有解决如何将其理论模式转变为现实的问题。他说：“我对如何在政治上和经济上向建议的市场社会主义制度过渡的可能性这个可怕的问题不抱幻想。过渡当然需要创立新的制度……它将涉及一系列共同的难题：打破国家的垄断、结束大量的公共补贴、引入市场和竞争以及伴随而来的不可避免的痛苦的调整和混乱、组建联合股份公司和一个可行的商业银行体系、彻底检查法律体系，等等。对一些已经存在金融机构和公共投资银行的发达国家来说，以银行作为监督机构可能遇到的困难要少一些。”①

二 约翰·罗默“虚拟证券”的市场社会主义

约翰·罗默（John E. Roemer）是市场社会主义重要的理论家之一，美国加利福尼亚大学戴维斯分校经济学教授。苏联东欧发生剧变后，他开始积极倡导市场和社会主义联姻的市场社会主义理论。他提出了著名的“虚拟证券”的市场社会主义新模式，这个思想体现在他 1994 年出版的《社会主义的未来》这本专著中。

罗默认为社会主义的主要目标就是“在自我实现和福利方面的机会平等”，他通过引进市场，利用资本主义国家中一些成功的市场经验，构建平等和效率相结合的社会蓝图。故此，他提出把“社会主义的力量和资本主义市场机制的力量结合起来”，达到效率和平等的结合。

1. 建立独特的“证券”经济的公有制形式

为了实现社会主义的平等目标，罗默构建了一种“虚拟证券”的市

① Pranab K. Bardhan, “On Tackling the Soft Budget Constraint in Market Socialism”, in Pranab K. Bardhan and John E. Roemer, *Market Socialism: The Current Debate*, New York: Oxford University Press, 1993, p. 154.

场社会主义模式。政府以证券的形式将全国所有企业的资产平等地分配给每个年满 21 岁的公民，允许他们进行股票交易并收取股息。为了防止富有的少数人获得大多数的股份，股票不能兑换成现金，也不得转赠他人，股票可以按证券货币价格相互交换，只有用证券才能购买共同基金的股份，而不能用货币购买；也可以用一个企业的股票交易其他企业的股票。公民可以通过自由出卖共同基金来换取证券，然后用证券投资其他的共同基金。当他们死后，股票要收归国有，票息重新进行分配。这样，就可以避免财富因财产的继承而会导致公民之间的不平等。罗默通过设计现金货币和证券货币两种形式的货币防止股票集中到少数人手里而导致的垄断和社会不平等。

2. 平等地分配社会红利

罗默在其“虚拟证券”的市场社会主义模式中提出了平等分配收入。他提出，公民的收入来源于三个方面：一是公民自己的工资收入，这部分收入主要是按照工人劳动时间的长短和劳动技能的熟练程度来获得的。由于公民的才能差异和受教育程度的不同，因而工资也会表现出不同。二是公民的储蓄的利息收入，由于各个家庭的贫富不同，因而这个收入在公民之间也将会表现出不同。三是社会红利，这部分收入大致是按照平等的原则来进行分配的。国家给每个成年公民免费发放证券，工人可以凭借其手中的证券获得红利，获得红利的多少则要根据该企业的经营状况。息票不能兑换成货币，公民只能用息票来购买股票。每个成年公民获得的息票数量是相同的，公民也不能直接购买企业的股票，而必须通过共同基金掌握。这样就避免了富裕的公民获得更多的股票，从而能平等地分配企业的利润。

虽然可以大体上对社会利润进行平等分配，但罗默也提出，这种平等化也只是收入的“大致上的平均分配”。由于存在着工资收入和公民储蓄的利息收入，任何市场经济都不会带来完全公平的社会。因而不可能保障每个公民的收入完全平等。虽然如此，市场社会主义制度中公民的红利收入是按照平等的原则进行分配的，因而要比资本主义更能体现平等。这部分收入体现了市场社会主义的平等权利。罗默提出，社会红利作为一种保障性的收入应该占据一个家庭收入的 20%。为了防止财富集中到少数人手中，罗默规定不能用货币购买股份，也不能用货币购买证券。[①] 公民去世后，其所持有的股票必须卖掉，收回国库，重新发放。从而保障每个公民在有生之年都能获得红利收入。

3. 国家对经济的干预政策

罗默在《社会主义的未来》中论述了国家对经济的干预政策，市场社会主义经济中需要国家干预，尽管罗默一直强调市场的功能。也就是说，为了进一步使收入的实际分配更加平等化，福利国家的措施应该存在。[②] 市场本身也有缺陷，因而在一定程度上，需要国家的干预。但国家对经济的干预仅限于投资方向和投资构成的决策上。罗默认为国家应该确保重大的投资计划，"经济中应当对投资形式和投资程度进行计划"[③]。对国家的计划干预罗默也进行了设想。

首先，比如在科学研究和教育上的投资，这部分投资的收益并不能为投资者所完全占有，因而也就不能激励企业将资金投入这方面，所以必须由国家进行投资；其次，对一些公共基础设施的投资，如铁路、通信、公路以及机场等基础工程，由于工期较长、收益较慢，因而由国家投资比私人投资更加有效；最后，由于不存在有关的投资的未来市场或是保险市场，因而投资者不可能购买到投资失败的保险。因此，通过国家的干预，可以为企业创造良好的投资环境，从而降低投资的风险性。因为，首先，在投资方面，存在很多的外部因素，如污染等都无法用市场进行很好的管理；其次，在市场经济中，要求有效地配置投资的市场并不存在。[④] 国家对投资计划的干预是通过经济手段来实现的，而不是通过指令性计划体制。主要是通过国家银行对不同的企业的贷款利率来实现的。国家通过供求的不同来调整利率，从而用这种利息率来控制供求的平衡，国家只需要"通过调整 5—20 种利率贴现值，整个经济就能实现计划者所期望的投资

① ［美］约翰·罗默：《社会主义的未来》，余文烈等译，重庆出版社 1997 年版，第 60—62 页。

② ［美］约翰·罗默：《社会主义的未来》，余文烈等译，重庆出版社 1997 年版，第 81 页。

③ Pranab K. Bardhan and John E. Roemer, *Market Socialism: The Current Debate*, New York: Oxford University Press, 1993, p. 94.

④ ［美］约翰·罗默：《社会主义的未来》，余文烈等译，重庆出版社 1997 年版，第 18—19 页。

构成”[①]。

4. 银行的激励监督机制

罗默在其“虚拟证券”的市场社会主义模式中引入了银行的激励监督机制，他赞成巴德汉的“以银行为中心”的企业族群模式，也就是几家公司以一个主办银行为中心形成一族，由银行提供资金。为了保证企业能够按时归还本息，银行就必然会对企业的经营状况进行有效的监督，为了让银行能够严格地履行其职责，银行将不受国家的政治干预，也可以按经济实体来从事经营活动。银行的部分股票将由关心银行利润情况的基金会和保险公司等社会机构获得。这样银行就在国家和企业之间搭起了一个具有经济责任的桥梁。在这种机制下，银行既能积极地履行其职责，还能有效地激励企业不断改善经营管理，不断进行技术革新。企业一旦经营不善，该企业的股份将会被售出，其证券价格自然就会下跌，银行就是通过证券价格的涨落来监督该企业的经营情况并进行干预，以确保该企业能够获利从而归还银行的本息。银行正是通过各企业的股票价格的变动来对企业实施监督。对银行来说，最重要的就是要按时收回本息，这也就决定了企业所具有的获利能力，同时也决定了银行是否能对该企业继续筹措资金以发放贷款。[②] 在充满竞争和监督的环境下，企业将会不断地进行技术创新，以保持高效的经营状况。因而，以银行为中心的监督机制其目的主要是解决企业的监督激励机制问题。而企业的高效率也正是通过银行的监督激励机制的作用来得以保障。

罗默的“虚拟证券”的市场社会主义模式是一种经济管理型模式。其主要是想通过证券的形式来实现社会主义的目的。他在苏联解体、东欧剧变后对社会主义如何取代资本主义的切实可行的方案作出了重要的贡献。他对社会的公有制形式、平等地分配社会红利以及国家对经济的干预政策等都一一考察。罗默的新模式实质上是利用了资本主义成功的微观机制，把利润最大化原则、股票制度等资本主义市场原则运用于社会主义，

---

① John Roemer, “Market Socialism, a Blueprint: How Such an Economy Might Work”, in F. Roosevelt and D. Belkin, *Why Market Socialism: Voices From Dissent*, New York: M. E. Sharpe Inc., 1994, p. 273.

② 吕薇洲：《市场社会主义论》，河南人民出版社 2001 年版，第 96 页。

同时又改变了资本主义的财产关系和分配关系。他提到，“我在这里企图提出一个尽可能地建立在资本主义成功的基础上，但在若干重要方面背离了资本主义的蓝图”。[①] 但是由于罗默仅仅是从经济角度来设计其方案而忽略了其他要素，同时在他的构想中没有从根本上对资本主义企业的内部机构进行触动，仍然保留了资本主义企业制度下的劳资供求关系、雇佣关系、企业的决策机构及其运作方式。[②] 可以说这种模式只是在一定范围内的相对平等。实质上罗默的这种新模式也只是对资本主义的一种改良。

三 詹姆斯·扬克“实用的市场社会主义”

詹姆斯·扬克（James A. Yunker）是当代英美市场社会主义理论的主要代表人物之一，现任美国西伊利诺伊大学经济学教授。扬克早在20世纪60年代中期就开始对市场社会主义理论进行了研究，并构建了一个实用的市场社会主义模式，这个模式是以资本的公有化和社会化为核心和特征的。同时在该模式中扬克也系统地论述了他的基本观点和主张。该模式不仅“在短期，而且在长期内要获得至少与现代资本主义经济体系相同的经济效率，同时，它还将使资本财产收入分配远比现行资本主义表现出来的更加平等和公正”[③]。之后，扬克又出版了《市场社会主义的政治经济学》一书，在该书中，扬克对其所构建的实用的市场社会主义模式又进行了进一步的说明和论述。

扬克有大量关于市场社会主义的论著，主要有《市场社会主义模式概述》（1975）、《重新回到市场社会主义微观效率的辩论》（1979）、《自由市场中的社会主义》（1979）、《修正的现代化社会主义：实用的市场社会主义方案》（1992）、《资本主义与实用的社会主义：一般均衡的评价》（1993）、 《代理问题与经理激励：当代资本主义与市场社会主义》

---

① John Roemer, "Market Socialism, a Blueprint: How Such an Economy Might Work", in F. Roosevelt and D. Belkin, *Why Market Socialism: Voices From Dissent*, New York: M. E. Sharpe Inc., 1994, p. 272.

② 吴宇晖：《市场社会主义——世纪之交的回眸》，经济科学出版社2000年版，第148页。

③ James A. Yunker, *Socialism Revised and Modernized: The Case for Pragmatic Market Socialism*, New York: Praeger, 1992, p. 6.

（1994）、《后兰格市场社会主义：对利润导向模式的评价》（1995）、《利润导向市场社会主义下的资本管理》（1996）、《经济公平：市场社会主义者的理想》（1997）。①

扬克对市场社会主义的研究深受波兰经济学家奥斯卡·兰格的影响。扬克于1961年在偶然的机会里发现了美国经济学家保罗·萨缪尔森（Paul A. Samuelson）在其所著述的《经济学》一书中对兰格的早期文章《关于社会主义的经济理论》中“关于所有权收入”的介绍，这篇文章引起了扬克的关注。因而，扬克认为自己对市场社会主义的构想来源于兰格的启示，兰格的文章为他开启了全面理解市场社会主义的一扇门。尽管他认为兰格的模式有着很多的缺陷，但是兰格所开创的“市场社会主义”的信仰和理念却是极为重要的理论遗产。他指出：“在兰格以前，指出和反对社会主义的人都普遍认为，社会主义必然要实行某种形式的普遍计划，因而是与市场对立的。兰格的建议表明，一种适宜合理的经济市场在社会主义条件下将与在资本主义条件下一样切实可行。”② 之后，扬克提出了“实用的市场社会主义”模式，并论述了他的模式与其他市场社会主义模式的不同。“实用的市场社会主义经济实际上在每一重要方面都完全模仿现存的市场资本主义经济。它与市场资本主义比较相似，来自这样的重要考虑，即保留现存的令人满意的经济效率水平。它只实行最低程度的制度变革，以利于实现非挣得的所有权收入分配的平等化。”③

1. 资本公有化

对于资本所有权问题上，扬克认为必须消灭私人资本所有权收入，实行生产资本公有制，他认为社会分配不公正的主要原因就在于绝大多数的资本财富集中在私人手中。因而他提倡将资本的私有化转化为公有化。他提到，“许多保守主义分子宣称社会主义作为一种理想制度已经死亡，这是错误的。在21世纪社会主义将有自己的未来，这个未来就是要将生产

① 余文烈等：《市场社会主义：历史、理论与模式》，经济日报出版社2008年版，第242页。

② James A. Yunker, *Capitalism versus Pragmatic Market Socialism: A General Equilibrium Evaluation*, New York: Springer Science + Business Media, p. 1.

③ James A. Yunker, *Capitalism versus Pragmatic Market Socialism: A General Equilibrium Evaluation*, New York: Springer Science + Business Media, p. 3.

资料的公有化作为社会主义的本质”[①]，消除在资本主义制度下私人占有生产资料所带来的收入分配不平等的现象。

扬克认为，资本主义社会中的资本所有权收益是一种非劳动性收入，这种收入是不合理的。资本家的大部分资本都不是他们劳动所得，他们或是来源于遗产继承或是来源于资本市场上的投机。因而资本家的所有权收益“远不是对他们于社会经济贡献的回报，在当今制度条件下所有权收入实际上是类似于李嘉图租金的非劳动收入，它在人们间的极为不平等分配主要是由于继承制度以及各种资本财产价值的随意变更”[②]。基于此，扬克认为要将资本主义社会中大部分私人所有的资本转变为公共所有，以消除来源于金融资产所有权的非劳动收入。在这里扬克强调是非劳动收入的私人资本财产，而非一般意义上的个人财富。个人可以储存大量的钱，但是不能获得利息。

在扬克的市场社会主义模式中，公有制的权力主要由“公共所有局”行使。“在实用的市场社会主义下，所有公共公司的具有投票权的股票都归于公有制局。”[③] 公共所有局将接收那些股票和债券中所有的固有权利和那些在资本主义社会中私人资本所拥有的金融工具。扬克的市场社会主义模式由于考虑向公有制转变的过程中经济效率的问题，因而，他提出可以保留两种类型的私人企业：企业家企业和小型私营企业。私人资本转变为公有化，将会得到一定数量的货币补偿。补偿的比率会随着财富水平的增大而减小。所有的补偿也都以现金的方式进行支付。这种公有化不同于资本主义国家的“国有化”形式，它一方面充分考虑了资本所有权收入所带来的收入分配平等，另一方面它又以追求企业利润最大化为目标。

2. 成立公共所有局机构

扬克在其设计的市场社会主义模式中建立了一个“公共所有局”机构，该机构的职能主要包括两个：一是平等地分配产权收益，扣除5%的

---

① James A. Yunker, *Socialism Revised and Modernized: The Case for Pragmatic Market Socialism*, New York: Praeger, 1992, p. 7.

② James A. Yunker, *Capitalism versus Pragmatic Market Socialism: A General Equilibrium Evaluation*, New York: Springer Science + Business Media, p. 12.

③ James A. Yunker, “Post-Lange Market Socialism: An Evaluation of Profit-Oriented Proposals”, *Journal of Economic Issues*, Vol. 29, No. 3, 1995, pp. 683 – 717.

利润作为行政开支和支付代理人的酬金，其余部分则以社会红利的方式分配给社会成员，每个人所获得的红利收入和其个人劳动的收入成比例。二是对经理做有效的监督，通过对公有企业经理的任免，以确保企业利润最大化。公共所有局的权力实行分级化，“国家公有制局的权力将被分散到设置在各个城市和乡镇的几百个地方公有制局的几千个‘公有制局代理人’手中。作为在获得单一所有者情况下可以察觉到的好处的一种工具，实用的市场社会主义与众不同之处在于，每一个公有公司只对唯一一个公有制局的代理人负责”①。

公共所有局的主要功能是对公有企业的经理的工作绩效作出严格的和准确的评估，但对企业的任何微观经济决策不能提供任何建议或方案。它只能根据一定的标准来评估企业经理工作的情况，并对企业总经理具有任免权。它的机构设置主要有三级：第一级的职责是管理公有企业所上缴的收入并对社会红利进行分配，同时它还负责通过搜集公有企业的各项统计信息，以此来评估公有企业的经营状况，并决定对公有企业经理的任免。企业经理的任免主要遵循两个原则：一是如果企业经营状况处于中央机构所预定目标的最高水平上，那么企业经理就不能罢免；二是如果企业经营状况处于中央机构所预定目标的最低水平以下，那么企业经理就要被免职，如果处于二者之间，那么企业经理的任免就由公共所有局的地方代理人根据企业的经营状况来决定。第二级是地方机构，其分散在各地，由各地方代理人组成。地方机构设200—300个，每个有10—15个地方代理人。最后一级是从企业中选取有管理经验的代理人，具有一定的任职期限。

公共所有局的设立是一种制度性改革措施，它的作用是监督和激励公有企业，实现公有企业的利润最大化，以确保企业的经营效率。这是扬克所设计的市场社会主义模式和资本主义经济的最大不同。“公有制局将接管在资本主义下由董事会所执行的角色，但有所修正。在资本主义下，董事会有权对经理人员发布具体的操作指示，虽然这种权力在实际中很少使用。在实用的市场社会主义中，对于企业的微观决策方面，如投资数额、生产状况、价格制定、市场营销等方面，公有制局不能向经理或是代理人

① James A. Yunker, “Capital Management under Profit-oriented Market Socialism: An Explicit Function Approach”, *Southern Economic Journal*, Vol. 63, No. 1, 1996, pp. 18 – 35.

发出任何具体的操作指令。公有制局只限于对企业管理人员为自己设计的补偿计划、公司管理层对主要管理职位的任职的审批，以及负责对那些按长期获利标准来衡量的不合格的公司管理人员的解聘。”①

3. 社会红利的分配机制

在实用的市场社会主义模式中，公有企业的利润大部分是以社会红利的形式分配给社会成员。公共所有局的主要职责是接收资本主义社会的生息资本收入，如购买私人企业的股票收入和购买政府发行的债券收入等。它还接收企业缴纳的资本使用税，这些企业包括资本家经营的企业，也包括非公有的小型企业。对于企业的利润，除了留出一部分作为企业的运作经费，其他的上缴公共所有局。公共所有局将5%的企业利润作为自己运作的费用，剩下的95%将以社会红利的形式分配给社会全体成员。社会成员的个人劳动收入是社会红利分配的依据，退休成员的社会红利的分配则根据他们的退休金或其他形式的补偿性金额获得社会红利。②

4. 企业的具体运作

在企业的具体运作方面，扬克提出许多观点，公有企业在运行的过程中，可以适当地保留市场资本主义企业的一些运作方式，如追求利润的最大化等。“公共所有的大型商业企业的经理们享有与资本主义制度下同样的决策权。”③ 公有企业实现自治，公共所有局对产品价格、生产水平、原材料的采购、税后利润以及投资计划等微观经济变量无权干涉。扬克在其模式中保留了自由竞争市场，其目标是能使企业在市场上进行公平的竞争，这样就使得公有企业具有一定的破产率，从而促使企业改进技术革新。同时扬克认为为了能够保证公有企业运行的高效率，还必须保留金融市场，可以为公共所有的金融中介机构提供交易场所。“利润导向的市场社会主义说明了要以长期获利性的指标为基础作为衡量任何公有公司经理成功的标准，就像资本主义衡量私人所有公司经理的成功标准一样。因此它不存在兰格市场社会主义的一个‘致命的缺陷’，即缺乏一种可观察的

① James A. Yunker, “Post-Lange Market Socialism: An Evaluation of Profit-Oriented Proposals”, *Journal of Economic Issues*, Vol. 29, No. 3, 1995, pp. 683 – 717.

② 余文烈等：《市场社会主义：历史、理论与模式》，经济日报出版社2008年版，第247页。

③ James A. Yunker, *Socialism Revised and Modernized: The Case for Pragmatic Market Socialism*, New York: Praeger, 1992, p. 76.

衡量成功的尺度。从沃德的‘反常的’负斜率的产品供给曲线，到对在一个由它自己雇员民主管理的企业内报酬分配过度平均主义的忧虑。因此市场社会主义的利润导向计划避免了与其他市场社会主义相联系的、更为主流经济学家所了解的一些重要问题。作为其结果，这种计划将可能被大多数主流经济学家认为在实践的意义上更有希望。”①

扬克所设计的实用市场社会主义通过设立公共所有局机构，可以使公有企业的经理能充分考虑投资的利润率，同时为了应对企业经理为了获得高利润率甚至会缩减投资最终造成经济循环周期等问题，扬克还设立了一种新的国家政府支出项目，即企业资本投资，这项支出的拨付要归入国家预算。扬克还设立了国家企业投资委员会和国家投资银行系统两个新的国家机构，这两个机构独立于公共所有局，旨在补充而不是替代在公共所有局指导下的公有企业的投资活动和小型私人企业、企业家企业的投资活动。国家企业投资委员会还专门负责成立企业家经营的企业。除了上述两个功能，这两个机构还负责将自己发放的贷款和投资的所有权收入重新纳入企业的资本投资。国家企业投资委员会还负责为企业家经营的企业向一般的金融中介机构索求资金。②

扬克的“实用的市场社会主义”模式从资本私有制向公有制的转变，到设立公共所有局和公平地分配社会红利，再到公有企业的经济运行实行高度自治等方面提出了与其他市场社会主义不同的理论和模式。他的理论模式以独特的方式论证了资本公有制优越于私人所有制的观点，同时他又提倡可以保留资本主义市场中的一些微观经济运作方式，也就是“以最小伤害经济动态效率为代价，通过使资本财产收益分配极大地平等化而获得一种实质性的利益”③。通过保留利润最大化原则和经理管理的原则，利润导向的市场社会主义克服了其他非利润导向的市场社会主义模式的缺陷，这些无疑给我们提供了一个全新的视角。然而扬克的模式由于过于强调公平问题，并没有真正触及资本主义的实质。可以说，他的模式只是对

---

① James A. Yunker, “Post-Lange Market Socialism: An Evaluation of Profit-Oriented Proposals”, *Journal of Economic Issues*, Vol. 29, No. 3, 1995, pp. 683 – 717.

② 余文烈等：《市场社会主义：历史、理论与模式》，经济日报出版社 2008 年版，第 249 页。

③ 吴宇晖：《市场社会主义——世纪之交的回眸》，经济科学出版社 2000 年版，第 135 页。

市场资本主义机制的最大程度的模仿，“他的各种制度和日常经营，如果不是与今天的资本主义经济完全相同的，也是非常相似的”①。可以说扬克的市场社会主义模式只是一种改良措施，正如他自己所说“这些建议只能被视为保守的实验，而不是要一劳永逸地成为确定的社会现实”②。由此看出，扬克的市场社会主义模式在现实中很难得以实施。

第二节 工人管理型模式

工人管理型模式顾名思义指企业由工人直接参与经营进行民主管理，企业生产资料归企业成员共同占有，由工人民主选举产生的企业管理者进行支配。工人掌握企业的控制权和经营决策权。企业的经营收入都归全体企业的劳动者所有；企业之间采取市场竞争的方式；国家执行必要的宏观调控政策和执行投资计划。该模式在一定程度上协调了企业和工人之间的关系，在某种程度上也使得劳动异化问题得以缓解。③

一 戴维·米勒“合作制市场社会主义”

戴维·米勒（David Miller）是当代英美市场社会主义理论的主要代表人物之一，英国牛津大学纽菲尔德学院社会学、政治学教授。戴维·米勒最早提出了“市场社会主义”的概念。他虽然参与了英国20世纪80年代市场主导的市场社会主义的构想，但与英国工党的政策主张有很大的区别。米勒的主要著述有《一个市场社会主义方案：它意指什么？为什么倡导它?》（1987）、《市场、国家和社会：市场社会主义的理论基础》（1989）、《平等与市场社会主义》（1993）、《市场社会主义构思：它的运作及其问题》（1994）等。④

---

① James A. Yunker, “Post-Lange Market Socialism: An Evaluation of Profit-Oriented Proposals”, *Journal of Economic Issues*, Vol. 29, No. 3, 1995, pp. 683 – 717.

② James A. Yunker, *Socialism Revised and Modernized: The Case for Pragmatic Market Socialism*, New York: Praeger, 1992, p. 281.

③ 宋衍涛、陈明磊：《20世纪90年代西方市场社会主义的三种模式》，《当代世界与社会主义》2003年第6期。

④ 余文烈等：《市场社会主义：历史、理论与模式》，经济日报出版社2008年版，第288—289页。

米勒对未来社会主义的构想是提出了“合作制市场社会主义”的新模式。他认为，资本主义的主要特征就在于生产资料的少数私人占有，大部分人则是作为被雇佣者而领取薪资的劳动者，因而资本主义不能脱离市场。实际上，人们完全可能既造成市场又反对资本主义，左派若跳不出人云亦云的框框，看不到这种可能性，那么该受责备的就只能是他们自己。[①] 在这里，米勒认为，人们可以利用市场建成一种反对资本主义私有制的市场社会主义制度。米勒宣称，他构建的“合作制市场社会主义”模式，能够“把市场的效率长处与社会主义的人道的和平等的目标结合起来”[②]。米勒的“合作制市场社会主义”模式的主要特点是：资本所有权社会化、国家在经济生活中起着重要的调节功能、企业实行民主管理、追求社会平等。

1. 资本所有权社会化

合作社从外部借贷资金，资本所有权社会化。合作社资金的主要来源是银行或公有投资机构。它们也为企业提供价值、市场供求方面的信息。米勒主张资本所有权社会化，认为这是创造社会成员人人拥有起点平等的机会。所以在米勒的模式中不存在传统意义上的资本市场，因为传统意义上的资本市场会扩大收入分配的差距，违反社会主义的平等目标。在资本所有权社会化方面，企业可以从外部机构中借贷或租用资金，但条件是必须支付一定的固定利率，企业租借来的资金只能使用而不具备所有权。因而企业就不能将从外部投资机构中借贷的资金再转借或转贷给其他的企业。[③] 如果企业面临破产，企业工人则会转到其他企业去，“与其他市场经济一样，市场社会主义为生产者有效地反映消费者的需求提供了刺激，但与资本主义不同的是，市场通过使收入和每个企业净收益的直接联系而用所有工人代替了生产者的位置”[④]。米勒认为“市场社会主义为工业民

---

① ［英］索尔·埃斯特林、尤里安·勒·格兰德编：《市场社会主义》，邓正来、徐泽荣等译，经济日报出版社 1993 年版，第 27 页。

② David Miller, “A Vision of Market Socialism: How It Might Work—and Its Problems”, in Frank Roosevelt and David Belkin, *Why Market Socialism: Voices From Dissent*, M. E. Sharpe Inc., 1994, p. 247.

③ 余文烈等：《市场社会主义：历史、理论与模式》，经济日报出版社 2008 年版，第 290 页。

④ David Miller, “A Vision of Market Socialism: How It Might Work—and Its Problems”, in Frank Roosevelt and David Belkin, *Why Market Socialism: Voices From Dissent*, M. E. Sharpe Inc., 1994, p. 250.

主创造了条件，从民主所特有的权利来说，这种民主具备两方面的价值，一方面人们在工业民主下能够控制他们工作和生活的环境；另一方面，可以为更广泛的民主提供训练和刺激的基础”①。而无论是资本主义还是传统社会主义，都没有为这种真正的民主提供生存的空间。

2. 国家在经济生活中起着重要的调节功能

在合作社市场社会主义中，国家在经济生活中将起着重要的调节功能。国家的主要功能是在一定程度上弥补市场在资源配置的过程中的缺陷，为经济运行提供制度上的保障，从而使经济服从广泛的平等社会目标。国家的调节功能主要体现在三方面。首先，国家对投资进行有效调节。这是由国家设立的公有投资机构来完成，合作社所需要的资金都来源于公有投资机构。公有投资机构在投资决策方面要全面进行考察，它不仅要对企业所从事的商业的可行性方面进行考察，还需要对保持经济竞争、防止市场权力过于集中、维持市场就业区域间的平衡等其他一些广泛的因素进行考察。其次，确定收入的最低水平线。这个功能主要是为了能够保障确立和发展企业新的生产线，国家还要确保每个企业在短期内能够给企业成员提供收入，这样当企业进行改组时也能够得以顺利运转。最后，提供福利等公益事业。米勒指出，市场社会主义并不是盲目崇拜和完全依赖市场，要明确分清哪些商品生产和劳务适宜利用市场和哪些适宜利用公共机构。②

3. 企业实行民主管理

米勒提出，生产企业以工人合作社的形式构建并实现民主控制，生产企业由工人自我进行民主管理，企业工人都享有平等的投票权并且决定企业的生产经营。如果企业想要吸收新成员或者扩大生产规模，都必须由企业全体成员获得全票同意。企业生产经营的重大决策权也由工人投票决定征得工人的同意。工人合作社可以自行确定内部民主管理结构：大型合作社可以通过设立执行委员会或是专家委员会来制定企业的决策，而小型合

① David Miller, “A Vision of Market Socialism: How It Might Work—and Its Problems”, in Frank Roosevelt and David Belkin, *Why Market Socialism: Voices From Dissent*, M. E. Sharpe Inc., 1994, p. 247.

② 余文烈等：《市场社会主义：历史、理论与模式》，经济日报出版社2008年版，第290—291页。

作社则由全体工人大会制定绝大部分的决策。在市场社会主义条件下，实行企业民主可以有效地协调国家的指导计划和企业的民主自治，从而将自觉控制目标和民主管理有机地结合起来。

4. 追求社会平等

社会主义者认为没有平等就没有社会主义。米勒认为社会主义原则应当在考虑社会平等上加以确立，而不是粗俗的物质上的平均，社会平等包括两种含义：首先是机会的平等，"它意味着工作、职务和其他有利的职位应该归于那些以自己的努力和个人才能证明他们是最合适于担当此任的人"，"每个人都有塑造自己的平等机会"。[①] 其次，米勒强调，社会主义平等观的最主要的特征应该是人们在社会地位上的平等，"当社会平等作为一个独立的理想时，就必须考虑它的含义。……社会平等最好被理解为社会地位的平等，或用不同的公式来表达，社会平等是无产阶级社会的理想。这两种关于社会平等的不同表达公式都是指这样一种理想社会，在这个社会里，人民平等地对待彼此，不以垂直的阶级关系区分彼此。与这种平等的理想社会相对照的是一个等级制的社会，在那里，人们把自己划分在特定的阶层之内；在那里，人们彼此之间的关系是建立在认为其他人是高贵的、低下的和同等的这种基础上"[②]。对此，米勒认为，合作制市场社会主义模式比资本主义更具有平等的特征。首先，生产资本的社会化消除了不平等的主要根源。其次，由于市场社会主义下的收入都是"劳动收入"，即便个人的收入分配在市场社会主义下不能达到完全平等，但这种不完全平等不会妨碍社会主义平等目标的实现。"市场社会主义实现了最低收入的平等，运用投资机构分配资本的平等和市场产生的不平等通过合作制度及生产资料社会所有制加以限制三种形式的平等。"[③]

米勒的"合作制市场社会主义"是以工人合作社为基本经济组织形

---

① David Miller, "Equality and Market Socialism", in Pranab K. Bardhan and John E. Roemer, *Market Socialism: The Current Debate*, Oxford University Press, 1993, p. 300.

② David Miller, "Equality and Market Socialism", in Pranab K. Bardhan and John E. Roemer, *Market Socialism: The Current Debate*, Oxford University Press, 1993, p. 299.

③ David Miller, "A Vision of Market Socialism: How It Might Work—And Its Problems", in Frank Roosevelt and DavidBelkin, *Why Market Socialism: Voices From Dissent*, M. E. Sharpe Inc., 1994, p. 253.

式的模式。其目的是“把市场的效率长处与社会主义的人道的和平等的目标结合起来”[①]。米勒认为他所构建的模式巩固了社会主义的价值目标：为共同目的对社会活动进行的自觉性指导、追求民主、平等、自由和共同体。但米勒又指出“这些社会价值之间可能会产生紧张关系。对社会活动进行的自觉性指导由于需要一个单一的指导中心，就有可能与广泛的社会民主产生冲突。另外，由于共同体需要社会共建一个共同的道德价值，因而共同体的价值观和个人自由的信念也可能会产生不相容”[②]。对此，英国的经济学家索尔·埃斯特林明确地提出了工人合作社的优点，他认为，首先，工人合作社可以消灭资方对劳方的剥削。在工人合作社里，是劳方雇佣资方而不是由资本所有者对劳方的雇佣，生产资料将不再成为劳方的主人而变成了一种工具。其次，它可以体现民主的性质。企业的每个成员在工人合作社中都享有平等的选举权，权力分散在各个企业中，每个人都有机会参与企业管理。对于工作时间和条件工人也可以根据他们的意愿进行调整，这些将促进工人采取积极的工作态度，提高企业的工作效率。再次，工人合作社能够增强企业的经济效率。由于企业采取民主的管理形式，使得工人对工作采取积极的态度，产生工作热情，企业也从职业岗位的专门技能中受益。最后，工人合作社比资本主义企业更加平等，利润的分配是在劳动力中进行，因而比股东中的分配更为分散，虽然劳动者之间的收入仍然存在着一定的差距，但根据法国、西班牙、意大利的经验，这种差异相对于资本主义公司里存在的差异要小得多。[③] 米勒所倡导的市场社会主义模式为在现实中寻求实现社会主义价值目标的途径进行了切实可行的探索，改变了工人与企业之间的关系，解决了价值目标的冲突。

---

① David Miller, "A Vision of Market Socialism: How It Might Work—and Its Problems", in Frank Roosevelt and DavidBelkin, *Why Market Socialism: Voices From Dissent*, M. E. Sharpe Inc., 1994, p. 247.

② David Miller, "A Vision of Market Socialism: How It Might Work—and Its Problems", in Frank Roosevelt and DavidBelkin, *Why Market Socialism: Voices From Dissent*, M. E. Sharpe Inc., 1994, p. 248.

③ [英] 索尔·埃斯特林、尤里安·勒·格兰德编：《市场社会主义》，邓正来、徐泽荣等译，经济日报出版社 1993 年版，第 18—19 页。

二　戴维·施韦卡特“经济民主”的市场社会主义

戴维·施韦卡特（David Schweickart）是“经济民主”的市场社会主义模式的倡导者，美国芝加哥洛约拉大学哲学系教授。他和罗默“虚拟证券的市场社会主义”、扬克“实用的市场社会主义”并列为美国三大市场社会主义流派。其主要代表作是《反对资本主义》，其他主要著作有《社会主义、民主、市场和计划结合》（1992）、《经济民主——一种真正的和可以实现的社会主义》（1993）、《市场社会主义——社会主义者之间的争论》（1998）（伯特尔·奥尔曼主编）。他倡导“经济民主”的市场社会主义模式主要目的是强调其模式的民主性质。他认为，苏联东欧社会主义改革失败的原因不在于缺乏市场而在于其经济体制中忽略了劳动者自主，缺乏了民主的性质。“经济民主的市场社会主义”是“真正的和可以实现的社会主义”①。

1. 企业由工人自己进行民主管理

企业由工人自己进行民主管理是施韦卡特模式中的一个重要特征。在生产过程中，工人对生产资料的结合及其运作过程进行负责，进行民主决策。在一些较大的企业，则由工人进行民主选举产生工人委员会或总经理，来对生产的一些事宜进行决策。施韦卡特认为，民主选举出来的工人委员会的总经理应该有充分的权利对企业进行民主管理，但企业的所有权和经营权仍然属于工人，生产资料则是社会的集体财产。企业工人有权使用生产资料，但企业的资本证券价值必须保留，不能通过处置生产资料来补偿工人的收入。“所有的企业都要依据企业所拥有的资本资产纳税，企业所纳的税将作为整个社会的投资基金，结果是，工人使用的资本资产可以看作从社会上租用的。社会要求企业保留委托给他们的社会资本的价值，以便随时补充或再投入现有的资本存量中。保留的社会资本可以用于企业改组或重置，但不能用于补偿工人的收入。”② 企业破产或是陷入困

---

① ［美］戴维·施韦卡特：《经济民主——一种真正的和可以实现的社会主义》，载中央编译局世界社会主义研究所编《当代国外社会主义：理论与模式》，中央编译出版社1998年版，第380页。

② David Schweickart, *After Capitalism*, Lanham Md. Rowman & Littlefield Publishers Inc., 2002, p. 48.

境，工人就有权力自由地重新重组生产资料，或者到其他企业寻找工作，但是工人无权卖掉他们的资本股份，资产的最终处置权属于社会的权威机构（社区）[①]。

在经济民主的市场社会主义模式中，企业的分配方式可以是多种多样，但都由工人民主决定。对于分配方式他们可以选择平等分配，也可以决定用更高的酬劳补偿更困难的任务。他们还可以对一些稀缺的技能给予特别的奖赏，以此来稳定和吸引企业所需要的大量人才。[②] 另外，施韦卡特允许一定程度的私有化在企业中存在，以此来激发民主管理的企业和私有化大企业进行竞争，从而促进民主管理的企业进行技术创新。但为了防止资本私有化对社会主义的影响，因而需要建立一些约束机制，通过对资本家企业的管理职能进行一定的调节从而保证工人的民主权利，还可以对资本家进行征收不同的收入税以防止不平等并增加投资基金。

2. “经济民主”推行市场经济

“‘经济民主’是市场经济，至少在涉及到资本金和现有消费资料的配置方面是市场经济。”[③] 市场和社会主义的结合可以达到社会主义的目的，而中央计划经济会造成生产的无效率，苏联模式的中央计划经济缺乏效率最终导致权力的过于集中，而无法制订出合理的计划。只有对供求作出灵敏反应的市场机制才能达到效率和公平的有机结合。因而他主张应该合理地运用市场，“在没有政府价格控制的情况下，企业和消费者之间，企业和企业之间彼此相互影响，根据市场上的供求状况所形成的生产设备、原材料和商品的价格进行交易”[④]。在市场经济中，企业购买生产所需要的原材料和设备的价格以及出售产品的价格都由供求关系进行调控，不实行价格调控。“要是没有对供求关系敏感的价格机制起作用，一个生

① ［美］戴维·施韦卡特：《反对资本主义》，李智、陈志刚等译，中国人民大学出版社2002年版，第72页。

② ［美］戴维·施韦卡特：《反对资本主义》，李智、陈志刚等译，中国人民大学出版社2002年版，第73页。

③ ［美］戴维·施韦卡特：《经济民主——一种真正的和可以实现的社会主义》，载中央编译局世界社会主义研究所编《当代国外社会主义：理论与模式》，中央编译出版社1998年版，第383页。

④ David Schweickart, *After Capitalism*, Lanham Md. Rowman & Littlefield Publishers Inc., 2002, p. 47.

产者或计划者就很难知晓生产什么、生产多少以及生产何种产品，尤其困难的是不知道什么样的生产资料和工具是最有效的。同样广为大家明确的是，要是没有市场，就很难把个人的与社会的利益充分结合起来，以免对非自利取向的动机过分征税。"[①] 因而，通过供求关系，可以使得生产者或计划者能够准确地把握到生产什么以及生产多少，从而使企业可以追求利润的最大化。

"经济民主"的市场社会主义是在市场机制下追求企业利润的最大化，但"经济民主"市场社会主义制度下的企业利润和资本主义制度下的利润不同。经济民主的市场社会主义在计算成本时劳动不是成本的一个要素，而资本主义制度下在计算成本时劳动则被计算在内。自治企业所追求的利润是"非劳动成本之间差额的最大化"而不是资本主义的利润。[②] 在此，劳动不参与利润的分配，它既不是商品也不是一般生产要素。劳动对工人来说不是商品，因而劳动不再是和资本、土地处于同等位置的另一个"生产要素"。工人加入一个企业，就有该企业的选举权，享有净收益中特定的一份。[③] 在"经济民主"的市场社会主义模式中，企业利润则是由工人进行民主的方式进行分配。

施韦卡特认为，虽然在市场机制中，市场体现了效率和公平的有机结合，市场体现了自由和民主，但市场本身也存在着一些缺陷。"我们的社会主义社会没有赶超自由放任的使命，就像现代自由主义，它也愿意在市场失灵时允许政府干预"。[④] 在施韦卡特看来，当市场运作失灵的时候，应允许政府进行适当的干预。市场只是民主的一种形式，是人们自由交往的方式，也是资源配置的方式。因而，它体现的是一种自由的内容。市场也仅仅是一种有效的实现社会主义目标的工具和手段，因而我们应该很好

① ［美］戴维·施韦卡特：《反对资本主义》，李智、陈志刚等译，中国人民大学出版社2002年版，第72页。

② ［美］戴维·施韦卡特：《经济民主——一种真正的和可以实现的社会主义》，载中央编译局世界社会主义研究所编《当代国外社会主义：理论与模式》，中央编译出版社1998年版，第384页。

③ ［美］戴维·施韦卡特：《反对资本主义》，李智、陈志刚等译，中国人民大学出版社2002年版，第73页。

④ ［美］戴维·施韦卡特：《反对资本主义》，李智、陈志刚等译，中国人民大学出版社2002年版，第73页。

地选择和利用市场。

3. 新的投资资金的民主监督机制

施韦卡特在“经济民主”的市场社会主义社会中，确立了一种新的投资资金的民主监督机制。投资基金的产生和发放都应该按照民主监督的程序进行，因而，针对投资他提出了社会控制原则。“资本的资产税产生新的投资基金，然后通过一个公共投资银行体系投还给经济。”① 在经济民主的市场社会主义模式中，投资基金的积聚和分散都是通过民主的方式来决定的。它是由一定的工人代表机构通过民主协商的程序产生，资金的筹集主要是通过中央政府向企业征收资本税的方式获得，然后投资基金再通过地方银行投放到所属企业。企业根据各自所拥有的资本财产纳税（这些税可被认为是付给社会的用于增加社会集体财产的租金），这样，资本财产税可以避免向私人储蓄者支付利息，起到的是基于资本的利率的作用。这样通过企业税收而非利用个人储蓄产生的投资资金，由于避免了向私人储蓄者支付利息，进而资本主义不平等的主要根源被消除，同时也使经济摆脱了对储蓄者和投资者资金的依赖。② 资本税可以为新投资提供基金，同时也能使企业发挥资本的使用效率。“资本财产税也就成为企业工人为了使用属于全社会所有的公共财产所支付的租金。”③

关于投资资金的分配也是按照民主的程序进行，采取了民主和有效控制相结合的形式。施韦卡特分析了两种分配模式：“自由放任”模式和高度集中决策的模式。“自由放任”模式是将投资基金分配给公共银行，然后银行再把资金贷出去，完全由市场来决定投资。自由放任的制度是以生产资料私人占有、完全自由的市场和工资雇佣劳动为特征。④ 这种方式缺乏公平。高度集中决策模式主要是由计划部门根据具体的计划来分配投资基金，这就要求计划部门对各个部门进行基金的分配，分散了决策的范

---

① David Schweickart, *After Capitalism*, Lanham Md. Rowman & Littlefield Publishers Inc., 2002, p. 47.

② ［美］伯特尔·奥尔曼：《市场社会主义——社会主义者之间的争论》，段忠桥译，新华出版社2000年版，第15—16页。

③ David Schweickart, *After Capitalism*, Lanham Md. Rowman & Littlefield Publishers Inc., 2002, p. 50.

④ ［美］戴维·施韦卡特：《反对资本主义》，李智、陈志刚等译，中国人民大学出版社2002年版，第77页。

围，缺乏效率。施韦卡特综合了两种模式的观点，提出了新的投资基金的分配方式。首先，按照公平的原则，通过民主的程序确定投资的项目和所需资金的数额，全国的每个地区按照人头获得投资基金的“公平份额”。[①]按人头进行资金的分配方式，可以有利于地区之间的稳定和均衡发展。其次，按照地区对投资基金的贡献大小来分配投资基金。每个企业隶属于一家银行，银行负责存放企业的折旧资金和销售收入，同时也向企业提供运作的资金。每家银行可以获得从全社会聚集的投资基金的一定数额，数额的大小取决于银行所隶属的企业的数量的多少和规模的大小，以及发放贷款的获利大小和创造新就业机会的程度。这比如刺激一个地区要想更好地发展，就必须增加收益和创造就业机会。如果一个地区没有充分的投资机会，剩余的投资基金就会返回国家，以便投入需求旺盛的地区。这就刺激了银行和社区都要寻求新的投资机会来确保获得足够的投资基金。这在一定程度上促进了经济的有效增长，同时也保证了社会的公平。

施韦卡特的“经济民主”的市场社会主义从自由、平等和效率等方面对其所设计的模式进行了分析论证。他对资本主义市场的弊端进行了分析，从而提出对市场进行民主控制的方案。他把工人的自我民主管理放在了首位，强调了民主决策的重要作用。他指出工人的劳动不是商品，不是“生产要素”，它同资金、土地等不同。由于资本主义的私有制造成了人与人之间的异化，因而在社会主义经济中，就必须消除这种由于私有制而造成的工人之间的异化。因而可以说，施韦卡特的“经济民主”的市场社会主义模式相对于那些只关注市场效率或经济效率的市场社会主义的理论要积极和深刻得多。[②] 但经济民主的市场社会主义还不是很完善，由于没有实践的检验，因而他的理论避免不了带有一定的空想性。由于经济民主的市场社会主义中不存在资本市场和劳动力市场，反对社会主义企业参与国际竞争，并且这种模式主要是通过限制市场的某些作用来弥补市场的缺陷，而不是通过社会调节起作用。因而这种做法无法真正地发挥市场经

---

① 中央编译局世界社会主义研究所编：《当代国外社会主义：理论与模式》，中央编译出版社 1998 年版，第 388 页。

② 余文烈等：《市场社会主义：历史、理论与模式》，经济日报出版社 2008 年版，第 309 页。

济在资源配置方面的基础作用。

三 托马斯·韦斯科夫“以民主企业为基础”的市场社会主义

托马斯·韦斯科夫（Thomas Weisskopf）是美国著名的激进政治经济学家之一，美国密歇根大学经济学教授，他曾致力于对美国资本主义经济制度和新古典经济学的批判。在市场社会主义方面的研究有：《市场社会主义面临的挑战：对批评者的回答》（1992）、《以民主企业为基础的市场社会主义》（1993）、《走向未来的社会主义》（1994）、《东方的市场社会主义》（1995）等。

韦斯科夫认为，“工人管理的市场社会主义”和“经理管理的市场社会主义”这两种模式都具有一定的缺陷，因而他希望摒弃两种模式中的缺陷，把二者的优点结合起来构建一个既能“把资本收入的平等分配制度化”又能“把工作场所的经济民主制度化”的完善的模式。[①] 他把自己所构建的市场社会主义模式称为“以民主企业为基础”的市场社会主义。主要包括企业的民主自治、资本收入的社会化分配以及积极的政府经济政策三方面的内容。

1. 企业的民主自治

企业的民主自治是韦斯科夫“以民主企业为基础”的市场社会主义模式的主要特征，该模式提出企业人数超过 10 人的就应当实行民主自治的管理机制，企业委员会依据“一人一票”的原则进行民主选举产生，其主要职责是对企业的经理进行聘任并对它负责。企业经理一旦任命就有权对企业的员工进行聘任，并且负责对企业员工的工作进行安排，企业经理还有权对企业的生产资本和企业净收益的配置进行处置。每一个社会成员都可以依据一定的规则自由地加入某一企业，并且拥有该企业的选票权。同时他也有权放弃该企业的投票权并退出企业。企业可以在收入分配政策方面进行自由的选择，但分配政策的制定则需要通过民主的方式确定。韦斯科夫还提出，可以允许小型的私营企业和以个人、家庭和合伙形式的私有制存在，但这些小型的私有企业也需要实行民主的自治政策。

---

① 余文烈等：《市场社会主义：历史、理论与模式》，经济日报出版社 2008 年版，第 316 页。

韦斯科夫的市场社会主义新模式中的企业的民主自治形式不同于资本主义企业，在资本主义私有制下企业的控制权都归私人或是股票持有者所有，而这些私人资本和股票所有者与该企业的所在地没有直接的联系，缺乏与该企业的接触，与该企业成员没有一致的认同感。而以民主企业为基础的市场社会主义的企业控制权是由企业成员民主选举的管理者实施，因而一些重大的经济决策都是通过民主投票的方式进行，这样就把企业的经济决策事项纳入了平等的社会决策范围。

2. 资本收入的社会化分配

在资本收入的社会化分配方面，韦斯科夫设计了两种受限制的股票市场体制，一种是没有投票权的企业股票市场，也就是各种独立的共同基金和外国投资者都可以参加到这个市场；另一种是共同基金股票市场，这个股票市场允许社会上的所有成员参加。共同基金股票的持有者能够按照基金比例获得相应的纯收入份额。虽然韦斯科夫所设计的两种股票市场和罗默设计的相同，但是韦斯科夫模式中的股票持有者和有价证券对企业没有直接的控制权。为了保证收入分配平等，韦斯科夫提出给每个成年公民发放等量的共同基金的股票，使每个社会成年公民对企业生产性资本收益以平等的方式获得索取权。为了避免资金集中到少数人手中，社会成员手中共同基金的股票可以进行交易，但不能兑换成现金，也不能用现金购买股票。这些限制既可以保障公民平等地享有资本收益的索取权，又能在基金股票交易的过程中提高对企业索取权的价值。

3. 积极的政府经济政策

韦斯科夫在以民主企业为基础的市场社会主义模式中，对政府的经济政策提出了一些有益的积极的见解。他认为中央、地方和各级政府要想实现经济发展的合理性目标，就需要制定并执行积极的政策。这些政策有助于政府对企业的经营决策产生一定的影响，一方面政府可以通过控制资本构成的总体比率来影响企业的决策；另一方面政府可以通过经济增长的比率和方式来影响企业的决策。这是因为市场作为资源配置的手段有可能出现失灵的情况。另外，当社会的发展趋势受到资本构成比率和方式的影响时，作为社会成员，有权对社会发展的整体方向作出决定。甚至在资本主义社会中，现在也认为通过政府政策的影响可以将个人和企业的行为约束到对整体社会利益进行考虑的轨道上来。积极的政府经济政策还包含，确保公民避免承担像因为经济的总体需求和就业领域方面的经济波动而造成的个人力量无法控制的因素所造成的社会风险。

韦斯科夫的市场社会主义模式是在吸收了经理管理型市场社会主义模式和工人自治管理型模式的优点的基础上设计的新模式。他代表了市场社会主义模式构建的一种新思路。他说："我的计划是拆散与资本主义企业所有制相联系的控制权和收入权，它代表着市场社会主义的杂交形式，运用从公共的市场社会主义者那里吸取的观点分配收入权。"① 韦斯科夫模式既代表西方市场社会主义者消除分歧的努力，也代表西方市场社会主义经济思潮发展新的融合趋势，即将社会主义的价值观和市场经济的效率结合起来，从而形成了企业成员之间平等的民主氛围。此外，这种模式还拓宽了市场社会主义的视野，并且把历史条件、政治环境等因素都考虑进来，从而使模式更加完善。当然韦斯科夫的"以民主企业为基础"的市场社会主义模式由于没有实践的检验，因而它能否很好地解决社会主义与市场经济相结合所产生的种种问题，能否在实际社会中成功运行，这依然还是一个未知数。

第三节　限制资本权利的模式

这种模式并不考虑生产资料的所有制问题，只是提出对资本主义的社会职能作出各种限制。因而可以说它不是严格按照其他市场社会主义者所强调的"公有制和市场相结合"的模式来构建的，但是它们的价值取向和某些改革措施又与其他市场社会主义的模式相一致。它们同样也强调用监督和调控的手段去限制资本的权力。

一　弗莱德·布洛克"没有阶级权利的资本主义"

弗莱德·布洛克（Fred Block）是美国加利福尼亚大学社会学教授，《政治与社会》杂志编委。关于市场社会主义的理论，他的两篇文章《重

---

① Thomas E. Weisskopf, "A Democratic Enterprise-based Market Socialism", in Pranab K. Bardhanand John E. Roemer, *Market Sociaism*: *The Current Debate*, New York: Oxford University Press, 1993, p. 125.

构我们的经济：结构改革的新战略》和《没有阶级权力的资本主义》具有很大的影响力。在文章中他构建出了“没有阶级权力的资本主义”的新制度，该理论试图通过改革资本主义内部结构，剥夺资本主义的金融权力来建立一种平等、民主的没有阶级权力的社会制度。

1. 实行市场经济制度

布洛克对传统社会主义和资本主义都持批评态度，他认为，不应该将计划和市场与社会主义和资本主义联系起来，虽然市场自身存在一定的缺陷，但我们不能对市场采取否定的态度，而应该利用市场来实现社会主义的目标。与传统的社会主义和资本主义不同，布洛克所构建的社会主义新模式是把市场和各种规范结合起来，不完全依赖计划也不完全依赖市场，形成一种超越市场和计划的广泛的自治社会经济的制度结构。在市场活动过程中，为了防止市场参与者对他人施加强制和约束力，或是在市场活动中产生一些不合理的交易，布洛克提出应该重新建立一种市场经济制度，这种经济制度可以在平等、民主的基础上调整和规范市场不合理的经济行为。

2. 改革资本主义选举制度

布洛克提出要想形成一个民主与平等的新型社会，就必须对资本主义进行强有力的改革，从而促进平等、民主的新型社会经济的发展。在现行的资本主义制度下，人们缺乏较多的民主、平等、自由、自治和一个良好的生态环境。生产资料都集中在少数特权人手中，他们行使着阶级特权，限制了民主政治的范围，从而使得一些如提高企业税收、改革企业立法、加强环境管理等改革措施无法得以实施，这些民主改革难以开展，进而使得更多的平等的制度改革无法进行。甚至在个人的自由领域，人们的能力也会受到资源条件的限制，这些都与阶级权力的行使有关。所以，布洛克认为要对资本主义进行彻底的结构改革，粉碎现有的资本主义金融制度，剥夺资本所有者行使阶级权力，在一定程度上限制资本家的特权。

布洛克认为，在资本主义国家的竞选中，有可能出现政治行动委员会从私人企业那里收取巨额资金，用金钱控制和操纵选举。因此必须采取必要的措施阻止富人影响选举，使得富人也只能拥有一张选票，采取对所有政治机构提供公共资金，规定个人捐款的数目，实行普遍的选举登记等措施，来杜绝因金钱操控而出现的立法漏洞和“赃钱”的暗地流动。

3. 改革资本主义私有企业

在资本主义企业中，总执行者拥有绝对权力形成专制制度，从而使得企业无法实行民主的管理，因而要将企业由专制转向民主。在经济上仍然实行生产资料的私有制度，但是私人对集体联合财产的控制程度将显著降低。为了能使民主的企业代替专制的企业，就需要实行企业股东、企业成员和用户三方在国家政权的协调下进行共同管理的制度。要想使这种制度得以实施，就需要国家通过立法手段来改变企业董事会的构成。在董事会的构成中，35%是股东（财产持有者），35%是雇员，剩下的30%则是其他人员，后者可以代表消费者和当地公民①。这样就会使得富有者对政治的影响作用减少，民主的公民可以自由地按照自己的意愿建立经济和政治制度。

4. 启用新的银行制度

为了使银行具有较强的竞争性，避免银行利用阶级权力进行经济敲诈，布洛克提出应当对银行的一些制度采取相应的调整措施。国家通过建立一些新的投资银行和商业银行使银行实行国有化，但银行之间也必须保持彼此独立和竞争。作为公共机构运作的银行，向公共事业投资，受政府的监督。但政党不能干预银行的运作和投资。在最初的运作上银行的资金来源主要由政府提供，之后，这些银行将在资金市场上和其他私人银行进行竞争，以吸引和争取更多需要资金的用户。银行经理的报酬的衡量则是根据其为生产企业提供多少资金。这种新型的银行制度能够确保企业长期有效率地发展下去。

二　迪安·艾尔逊“市场社会化”方案

迪安·艾尔逊（Dean Elson）是一名西方女性左翼学者，现任英国曼彻斯特大学政治经济学教授。1988年，艾尔逊在《新左翼评论》172期上发表题目为“市场社会主义还是市场社会化?”的文章。对左翼学者埃内斯特·曼德尔和市场社会主义者亚历克·诺夫之间的争论进行了评析，形成了第三种方案。她赞成市场与价格机制是社会主义经济不可缺少的调节机制，为此，她提出了“市场社会化”的理论。1993年艾尔逊又发表

---

① ［美］约翰·罗默：《社会主义的未来》，余文烈等译，重庆出版社1997年版，第47页。

了《市场的社会化》提出了市场社会化模式，“主要是想探索一种能够同时替代亚历克·诺夫的复合经济和欧内斯特·芒德尔的无价格经济的内容”[①]。社会化市场也就是“公众参与的市场”，社会化的市场使得各方面都得到了积极的发挥，社会化的市场相对于企业组织的市场来说更加符合工业民主。[②]

1. 工人管理的自治企业

艾尔逊模式中涉及的企业大多是工人管理的自治企业，但也允许小型私人企业的存在。在自治企业中，工人的就业权利得到保障，工人的工资是通过“社会化的”劳动市场来确定。艾尔逊提出中央计划经济中的那些官僚机构将“由公营企业监督局代替，其作用将不再是制定企业生产目标和规定其运行方式，而是使人们遵守在公债使用上民主确定的一些方针，如使工人不能把企业资产归于他们自己或其他合伙人所有”。[③] 企业工人可以行使规章制度中规定的权利，公共企业的效率也不再是以单纯的经济利润来衡量。而资本市场中靠增加劳动强度，增加失业和消减工人工资来降低产品成本的现象将不会再出现。

为了执行一些民主通过的关于公共资产利用的规范，艾尔逊提出建立一个公共企业调节机构。这个机构代表社会行使企业的产权，而工人行使的权利则受到限制，作为补偿，工人会以工资的形式得到一部分可观的收入，并且还可以根据个人、集体或不同企业的绩效不同获得不同的奖金。当企业经营不善时，企业可以重组但不存在接管或破产，企业重组由公共调节机构负责，企业重组时不能解雇工人，公共调节机构负责帮助工人转移到其他企业。除了提供免费服务的行业，所有企业都要在“社会化的”市场上购买它们所需原材料和设备以及销售它们产品。企业也必须在一些监督机构制定的关于环境、健康和安全以及消费者保护法规的制约下从事生产经营活动。为了实现真正的工人管理的自治企业，艾尔逊提出建立一

---

① ［英］迪·艾尔逊：《市场的社会化》，载中央编译局世界社会主义研究所编《当代国外社会主义：理论与模式》，中央编译出版社1998年版，第323页。

② Diane Elson, "Market Socialism or Socialization of the Market?", *New Left Review*, Vol. 172, No. 3, 1988, p. 32.

③ ［英］迪·艾尔逊：《市场的社会化》，载中央编译局世界社会主义研究所编《当代国外社会主义：理论与模式》，中央编译出版社1998年版，第327页。

个公开的信息系统。企业之间的信息完全公开，这种信息的公开不仅能够消除资本权力而且能够有助于稳定企业的环境，从而有利于发展社会主义经济。

2. 社会化市场

艾尔逊对其所设计的社会化市场是这样描述的："一种社会化的市场是这样的：其中市场是公共实体塑造的，公共实体的资金来源是企业和家庭的税收，而不是销售。同时，在这样的市场中，'看不见的手'，即诚信和互惠关系，要确立起来，这是市场经济至少在某些程度上感到有必要建立的。这种关系是在公开接近的公共信息网络中建立起来的，而不是在排除'局外人'的'小圈子'或'绅士俱乐部'中建立的。"①

社会化市场也是"公众参与的市场"，主要由企业和家庭所缴纳的税款筹措资金。为了克服市场中存在的信息交流障碍，艾尔逊提出建立一个"价格和工资委员会"的机构，为社会化的市场创造新的信息渠道，实现公众对市场的全面介入。价格和工资委员会在社会化市场中发挥着重要的作用，主要包括：（1）为企业、家庭和个人之间提供信息交流，建立信息网。在她看来，由于资本主义社会资本对信息的垄断造成了剥削，因而必须建立一种可以让企业、家庭和个人快速地获得关于产品、技术和价格等方面的经济信息的公共信息渠道。当前在资本主义经济发展过程中，重点是应该发展社会主义经济所需要的网络，消除资本对信息控制。②（2）收集有关产品价格的信息，是价格形成过程透明化，以便接受公共监督。在资本主义制度下，市场信息都是隐蔽的，而在社会化市场则是公开信息，创造新的信息；价格和工资委员会会收集一些关于产品价格和成本的信息，以便公众能够在成本和价格之间作出比较。（3）指导和监督价格和工资的形成。价格和工资委员会将提出价格和工资的标准，提供信息以使买者和卖者自己以分散的方式"控制"价格和工资。同时通过税法和合同制使工资和价格标准得到遵守，使违法行为得到追究。任何交易

---

① Diane Elson, "Market Socialism or Socialization of the Market?", *New Left Review*, Vol. 172, No. 3, 1988, p. 32.

② ［英］迪·艾尔逊：《市场的社会化》，载中央编译局世界社会主义研究所编《当代国外社会主义：理论与模式》，中央编译出版社 1998 年版，第 344 页。

的价格和工资都要同标准进行比较。

3. 经济的自觉调节与控制

艾尔逊设计的“市场社会化”模式的社会经济实行自觉调节和控制。其主要目的是防止失业和通货膨胀，同时也可以提高劳动生产率和满足人们的社会需要。公共企业的经营活动都需要一个总体经济计划，而总体经济计划的主要作用就是为企业经营活动确定一些参数，同时保证企业之间的相互依存关系。这个总体计划一般采取指导性战略形式，并规划未来的景象，而不是物质财富分配的详细过程。① 经济计划制订中心机构的计划制订者可以利用信息网中的主要信息，设计出一些选择方案的计划，然后通过政治民主过程对计划进行选择。财政和货币政策将在计划中发挥重要作用。

除私人企业和合作社企业，所有企业都受公共企业协调机构的指导。公共企业的工人对资产资金的企业享有使用权但没有所有权。企业间的劳动力的分配由协调机构负责。企业可自由选择它们自己的营销商和消费者，但企业之间的相互关系、企业与家庭之间的关系，都将通过价格和工资委员会、网络调节者等机构来调节。企业将通过公开的信息渠道同营销商和消费者保持联系。这些信息网络是完全公开的，价格、工资、产品设计和生产过程都是透明的。这样，那些由私人控制的市场信息传递的障碍就被克服了。公开接近信息是自觉控制经济的关键。调节系统将建立在有规律地、按部分地收集和处理企业为自己所用而制定的信息的基础上。“自觉控制最好被理解为公开接近关于产品及其价格的所有可被利用的信息，以使任何决策者都接近同样的信息。”②

艾尔逊所设计的“市场化”模式同其他市场社会主义者提出的理论有着明显的不同，她设计的模式将传统社会主义和市场社会主义的理论融合在一起的第三种理论模式，她是力求克服这二者的缺点和局限，同时保留二者的优点和长处。她理论模式中的经济的自觉调节和控制有别于传统

---

① ［英］迪·艾尔逊：《市场的社会化》，载中央编译局世界社会主义研究所编《当代国外社会主义：理论与模式》，中央编译出版社 1998 年版，第 343 页。

② Diane Elson, “Market Socialism or Socialization of the Market?”, *New Left Review*, Vol. 172, No. 3, 1988, p. 43.

社会主义的计划经济理论，同时社会化市场能为企业、家庭和个人免费地通过信息网络平等地获取他们所需要的各种经济信息，这又有别于资本主义市场理论。她强调了市场信息化对消除资本权力发展社会主义经济的作用。可以说“市场社会化”理论模式对我们深入地理解市场、计划和社会主义三者之间的关系具有重要的理论价值。然而在资本主义社会中能否实现市场信息社会化，以什么政治保障去实现市场信息社会化，以及市场信息社会化能否带来社会主义计划经济的回归等问题，尚需具体研究。

第四章

围绕当代英美市场社会主义的论争

市场社会主义理论的提出受到一些左翼人士的欢迎，但同时也受到来自另一些自认为是坚定的马克思主义者的反对和右翼自由主义者的批判。对市场社会主义的批判首先来自传统的社会主义者。“计划和市场一直被教条的社会主义者和教条的反社会主义者看作是两个不可调和的对立物。”[①] 传统社会主义认为市场和资本主义是不可分的，保留了市场就意味着保留了资本主义，伴随着资本主义制度存在的不平等、异化、剥削等现象是无法消除的。同样市场社会主义也受到了右翼自由主义者和新自由主义者的诘难。他们认为社会主义与市场是无法相互兼容和协调的，市场社会主义者建立的是“非真正的市场秩序”。

第一节　来自不同的声音

当代英美市场社会主义从其诞生到现在，是在和不同的理论观点的论争中发展起来的，面临着来自不同派别的批判和挑战。正如市场社会主义者皮尔森所说：“那些认为市场是与‘真正的’社会主义不相容的有害制度的人，就将市场社会主义说成是‘非社会主义的’；而那些认为‘真正的’市场与社会主义社会的前提无法协调的自由主义和新自由主义右翼，又将市场社会主义说成是‘非真正的市场秩序’。”[②] 无论来自传统社会主

---

① ［英］约翰·伊特韦尔、默里·米尔盖特、彼得·纽曼编：《新帕尔格雷夫经济学大辞典》第3卷，陈岱孙译，经济科学出版社1996年版，第946页。

② ［英］克里斯托弗·皮尔森：《新市场社会主义——对社会主义命运和前途的探索》，姜辉译，东方出版社1999年版，第137页。

义者的质疑还是来自新自由主义者的驳诘都认为市场和社会主义是不相容的。

一 来自传统社会主义的诘难

传统社会主义的批判主要集中于资本主义和社会主义两种不同的制度与市场之间的关系，在传统社会主义看来，市场不属于社会主义，市场是资本主义的特色，是和资本主义相联系的，市场的存在，就意味着资本主义的不平等、剥削、异化等现象的存在，“市场社会主义”是通向资本主义的“中介”。他们坚持：“‘市场社会主义’一词本身是自相矛盾的，因为市场是资本主义社会的中心机构，而社会主义则是一种以意识的管理来代替无意识的、盲目的社会。”市场社会主义“所指的现象也是自相矛盾的，恰恰是这一内在的矛盾迫使市场社会主义社会走向资本主义”①。来自传统社会主义的批判的主要代表人物是埃内斯特·曼德尔（Ernest Mandel）、伯特尔·奥尔曼（B. Ollman）、希勒尔·蒂克庭（Hillel Ticktin）、埃尔逊（Elson）和戴维恩（Devine）等人。他们普遍认为市场导致不平等、无效率、无政府状态，市场与社会主义不相容，是一种已经过时了的“乌托邦”。他们对当代英美市场社会主义的批判主要集中在以下几个方面。

1. 市场导致不平等不公平

“市场会造成资源和机会的分配严重不平等，这有悖于人类追求平等的愿望（哪怕是非常温和的愿望）。”② 对于平等，一直以来是绝大多数社会主义流派所致力于追求的核心内容。“贝尔基（Berki）把平等主义描绘成是‘社会主义的经典原则’”③。因此，在传统市场社会主义者看来，社会主义是对劳动力的买卖的消除，社会经济和企业都由劳动者来控制，市场已不再控制劳动，这样资本市场就不存在，价值和货币也不复存在。社

① ［美］保罗·斯威齐、［法］夏尔·贝特兰：《论向社会主义过渡》，尚政译，商务印书馆1975年版，第6页。

② ［英］克里斯托弗·皮尔森：《新市场社会主义——对社会主义命运和前途的探索》，姜辉译，东方出版社1999年版，第138页。

③ ［英］克里斯托弗·皮尔森：《新市场社会主义——对社会主义命运和前途的探索》，姜辉译，东方出版社1999年版，第138页。

会主义消灭了抽象劳动，改变了在生产过程中工人被迫沦为机器或是工人成为附属品的状况。在生产过程中，工人成了控制生产的主人，他们工作的目的主要是对现存社会制度和企业的责任感，因而能够有效地调动其生产积极性，在生产过程中更具有创造性。他们所从事的工作，不再是单纯地为了生存，而成为实现其人性的手段。因而，在这种社会条件下的收入是平等的，在社会关系上是人道的。然而，在市场存在的条件下，工人没有自由，他要服从积累和利润率的统治。市场的存在就意味着竞争的存在，这样工人们为了更好的生活，获得更好的工作环境，就不得不和其他工人为一份工作而竞争。市场正是通过竞争和对利润最大化的追求来保证效率，这样市场就把工人变成了竞争的机器，从而造成两极分化，收入分配的不公，可以说，市场社会主义是反平等和反人道的。

市场社会主义不可能消除市场造成的劳动者的异化，也就是说市场掩盖了剥削和异化现象。美国政治学教授奥尔曼认为，从市场角度来看，市场关注的重点是交换，因而工人阶级和资本家阶级之间的不平等关系就被掩盖了，从市场交换的角度看到的剥削无疑只是被人们看作资本家在和工人打交道时，以不公平的方式占了工人的便宜而已。由于“公平”在很大程度上带有主观判断性，因而包含在这种“剥削”用法中的评判就很容易被偏斜。然而，马克思却认为，只是在“隐蔽的生产场所”剥削才会发生。所以，从市场交换的方法掩盖了作为建构马克思剥削理论大厦的这些真正的生产中的因素，人们无法看到马克思所讲的东西，更不用说理解了。[①] 正是在市场运行的过程中，将生产过程神秘化，进而使市场掩盖了建构异化理论的阶级关系。即使是在市场社会主义制度下，工人管理企业，消除了资本家，但作为拥有企业的工人，其目的仍然是追求企业利润最大化，这样就使得工人成为集体的资本家，那么资本主义生产条件下的异化关系也就无法消除，“市场社会主义就在他们作为工人的异化上又加上了资本家的异化，而只不过是把工人的异化减轻了些”[②]。

---

① ［美］伯特尔·奥尔曼：《市场社会主义——社会主义者之间的争论》，段忠桥译，新华出版社 2000 年版，第 102 页。

② ［美］伯特尔·奥尔曼：《市场社会主义——社会主义者之间的争论》，段忠桥译，新华出版社 2000 年版，第 117 页。

市场与社会主义二者之间本身就存在着矛盾，即使市场社会主义能够运行，但它无法克服资本主义的许多弊端，它仍然会保留资本主义制度下的诸多不平等。正如埃内斯特·曼德尔提出，"'市场社会主义'既不能克服资本主义自由市场的弊端，也不能解决自由社会主义的弊端问题"，市场社会主义者想通过市场来实现社会主义目标的想法，如果不是"天真"，那就是幻想中的"神话"。[①] 另外，传统社会主义者还认为，市场对资源和机会的分配是不公平的，它不仅对人们的需求无动于衷，而且对人们的绩效和努力也漠然视之。在财富和机会的配置上存在着系统的阶级偏见。

2. 市场导致无效率

市场无效率是传统社会主义反对当代英美市场社会主义的有力武器。传统社会主义者认为，市场可能会导致生产的无政府状态，"市场对商品和机会的盲目配置就是经济无效率。短缺资源的过度开发，商品的过度生产，市场主体的过度消费，以及资本和劳动的周期性利用不足，所有这些都表明了市场作为一种资源配置机制的无效率"[②]。市场社会主义是无法存在的，在市场社会主义条件下，为了实现平等，它对最低工资、高水平的失业保险、减少劳动储备大军的规模等进行了限制，并通过利润征税和对财富征税来实现，这样无形中也限制了市场的激励机制。在这种政策下，无法调动资本家投资的积极性和工人进行生产的积极性。正如英国社会主义理论与运动研究中心主任希勒尔·蒂克庭所言，"资本主义运转是因为它是一种经济力量起作用的制度。在市场社会主义中，这种力量不足以提供一种使这种制度运行的刺激。同时，基本的社会关系没有改变。工人仍受起作用的资本家的控制，必须根据机器的速度去工作"[③]。

传统社会主义认为，计划经济则可以克服资本主义生产的无政府状态，用自觉的计划代替市场的盲目调节，克服资源的滥用和浪费，克服资

---

① 余文烈等：《市场社会主义：历史、理论与模式》，经济日报出版社2008年版，第327页。

② ［英］克里斯托弗·皮尔森：《新市场社会主义——对社会主义命运和前途的探索》，姜辉译，东方出版社1999年版，第146页。

③ ［美］伯特尔·奥尔曼：《市场社会主义——社会主义者之间的争论》，段忠桥译，新华出版社2000年版，第68页。

本主义经济的周期性危机。正如戴维恩所提到的："计划经济于个人和集体的利益需要相符合，因而它能够自觉地塑造经济行为，并且它还能对市场经济所染的普遍不稳定之疾进行治愈。"① 计划经济的力量就在于它能在事先用自觉决策和计划调节代替市场机制事后的盲目调节。希勒尔·蒂克庭认为，市场社会主义不可能克服市场的无效率，而且由于对市场运作施加一些限制，更加重了这种无效率。"市场社会主义并不能带来效率。市场社会主义还遇到来自市场本身的问题。在发达的经济中市场必然会带来资本家和工人、雇佣者和受雇者之间的冲突的问题。在充分就业的条件下，金钱的刺激会减弱，特别是在工作本身是非创造性的甚至是有害心理和生理健康的时候。这符合当代资本主义的情况，而不是仅仅符合假设的市场社会主义的情况。"② 市场与社会主义的矛盾是无法调和的，而且市场会带来很多的浪费，由于追求效率和竞争的存在，就必然会导致一部分工人失业，当失业人口增加时，也会造成企业中固定资本的闲置，必然会发生周期性的经济萧条。竞争也将导致资源的成倍增长和对雇佣工人才能的浪费。因而"市场不是一件像罐头启子那样的握在我们手中的工具，它更像一个绞肉机，而且我们就置身于其中"，"不是它在按我们指示的方向运行，倒是我们在跟着它的节律转，而且它最终将把我们绞成肉酱"。③

3. 市场社会主义不是社会主义

传统社会主义认为市场社会主义是资本主义和社会主义的混合物，从实质上来说，根本就称不上是社会主义。真正的社会主义只能是马克思所设想的自由生产者的联合体，即共产主义。即使当代英美市场社会主义包含一些社会主义因素，比如公民自我管理等思想，但仍然称不上是社会主义。公民的自我管理不是以资本主义私有制和市场为基础的，而是应该可以获得高等教育、工作时间的缩短、信息技术在生产者和消费者之间的扩散以及信息交流的广阔渠道等。市场社会主义中将不可避免地存在市场和社会主义之间的冲突，"对马克思主义者而言，在当代的条件下，市场不

---

① P. Devine, *Democracy and Economic Planning*, Cambridge: Polity Press, 1988, p. 5.

② ［美］伯特尔·奥尔曼：《市场社会主义——社会主义者之间的争论》，段忠桥译，新华出版社2000年版，第83页。

③ 段忠桥、江洋编译：《马克思主义、市场经济与当代世界——伯特尔·奥尔曼教授访谈录》，《当代世界与社会主义》2004年第3期。

可能存在于资本主义之外，除非是在非常特殊的条件下和短暂的时期内，就像今天的中国。市场不是一种技术或手段，而是劳动和资本的一种特殊的社会关系。因而，市场社会主义者的方案是提不上议事日程的”①。“如果市场社会主义是可能的，它的控制工人的形式只能产生与社会主义截然对立的社会。”② 市场和社会主义是必然冲突的，在资本主义以前市场是以不成熟的形式存在的，到了资本主义时期市场形式才逐渐发展成熟。在资本主义以前存在的社会制度把市场仅仅是看作经济的从属性的特征，并受到很大的限制。但市场社会主义却认为市场不是经济的从属性特征，而是经济的运行方式，并将市场从资本主义中分离出来和社会主义相结合，这是违背历史经济的。

在传统社会主义看来，市场不是中性的，因为市场是与资本积累、剥削、异化和阶级斗争等相关联的。市场社会主义无法克服市场所固有的弊病。市场的存在，也就意味着资本主义的社会化生产和私人占有之间的矛盾是无法调和的，这样，资本主义社会中的周期性经济危机等矛盾是无法得以解决，“如果确信资本主义关系与市场关系基本是同一的，那就无法想象在市场社会主义下市场作为中性的手段来执行社会的政策”③。由于市场社会主义在市场经济运行的过程中施加了一些限制，这就会导致市场的无效率，也会导致市场的不平等。市场无法消除劳动者的异化，由于在市场社会主义条件下，企业是以追求利润最大化为目标的，这样劳动者的异化现象就不会消除，“由于市场社会主义没有触动大多数的市场神秘化，它不能被视为只是另一种形式的社会主义，甚至不能视为一种向资本主义的妥协。它是一种向资本主义的投降，只不过因为历史原因仍打着社会主义的旗帜而已”④。

---

① ［美］伯特尔·奥尔曼：《市场社会主义——社会主义者之间的争论》，段忠桥译，新华出版社2000年版，第71页。

② ［美］伯特尔·奥尔曼：《市场社会主义——社会主义者之间的争论》，段忠桥译，新华出版社2000年版，第72页。

③ ［美］伯特尔·奥尔曼：《市场社会主义——社会主义者之间的争论》，段忠桥译，新华出版社2000年版，第126页。

④ ［美］伯特尔·奥尔曼：《市场社会主义——社会主义者之间的争论》，段忠桥译，新华出版社2000年版，第130页。

4. 市场"反社会"

市场经济分化的个人主义和"所有人反对所有人的战争"使我们丧失了充分实现我们固有的社会自我的可能性。人类本质中的团结、互助和合作的品质以及社会本身的可能性完全被这样一种制度排斥了，在这种制度中，我们相互把对方作为达到自我目的的手段，视对方为达到自我目的的障碍。由于依附市场，我们可能实现的最好的社会组织也被拒绝了，"对国家的有效运作而言，最重要的东西莫过于这样一种假象，即它平等地属于它的所有公民和它是一个中立的正义仲裁人。通过鼓励每一公民把自己看作是与其他人没有必然联系的独特的个人、把自由理解为没有公开限制的选择的实行、从实行这种自由的形式上的权利出发来思考平等，尤其是忽略产生于生产的阶级和阶级差别，市场思维在产生这种假象并使其合理化方面也起了至关重要的作用"①。"对于传统社会主义者来说，这是一个重要的力量观点。在社会关系以市场为前提的地方，真正的社会主义社会得以建立的社会性和集体性根基必然会遭到侵蚀。传统社会主义者一直否认这意味着压抑个性，他们的锋芒所针对的是市场社会中分化和异化的个人主义。他们经常争辩说，从市场的统治下解放出来是'真正的'个性得以发展的先决条件。但他们一贯主张，克服了市场，就能带来共同道德的'发现'，人们也就对社会主义社会组织的前提达成广泛和明智的共识"。② 在生产过程中，市场对异化和剥削的掩盖使得人们无法把握人的社会性、劳动分工和阶级构成的能力，也无法理解剥削和异化，对分配、消费等一系列问题都难以把握，因而如果市场依然存在，那么与资本主义相关的问题也将无法得以解决。

二　来自新自由主义的诘难

市场社会主义自诞生之日起，就来自自由主义对市场社会主义的批判，但是在不同的历史时期，自由主义的批判也具有不同的内容和形式。

---

① ［美］伯特尔·奥尔曼：《市场社会主义——社会主义者之间的争论》，段忠桥译，新华出版社 2000 年版，第 107 页。

② ［英］克里斯托弗·皮尔森：《新市场社会主义——对社会主义命运和前途的探索》，姜辉译，东方出版社 1999 年版，第 154 页。

新自由主义的批判主要焦点在于当代英美市场社会主义所倡导的市场是不真实的、不彻底的，并认为他们提出的公有制或社会所有制理论无法使市场得以有效的运作。在他们看来，“市场逻辑根本不能同（任何）社会主义政治实践的要求相容。尽管同其传统先辈相比，市场社会主义者对市场结果宽容得多，但他们仍然歪曲和篡改了市场秩序，而这最终会否定市场的全部优点”①。就像新自由主义者德·加塞（De Jasay）所说，当代西方市场社会主义“错误地将自己置于市场面纱和笼罩之下，可这却使自己比‘真正的社会主义’处于更为不利的地位”②。主要代表人物是哈耶克（F. Hayek）和科尔奈（Janos Kornai）。

1. 市场的不真实不彻底

新自由主义认为，当代英美市场社会主义所建立的市场是一种虚假的市场经济而不是真正意义上的市场，他们所倡导的以市场为导向的社会主义改革只不过是在不触动中央计划的前提下，提高经济效率罢了。他们所倡导市场的目的，只是基于实用和功利的角度，摆脱由于单纯实行计划经济所导致的经济危机，因而无法构建真正合理的令人信服的市场经济机制。那么真正的市场是什么？对此哈耶克提出“一个自由公正的社会只能建立在 Catallaxy（普遍的市场秩序）的基础上。‘Catallaxy’这个新词是用来描述‘市场所产生的那种特殊的自发秩序，它是通过人们在所有权、债权和契约法则的制约下从事活动而形成的’”③。他认为当代英美市场社会主义不是“真正的”市场秩序。“真正自发秩序”的市场，是与社会主义不相容的，将二者结合起来只能削弱和歪曲市场机制的作用。由竞争市场自发所产生的人类秩序和通过中央计划对社会资源进行控制自觉安排的秩序二者之间是不相容的，相互冲突的，当代英美市场社会主义试图通过中央计划权力来对由竞争自发产生的市场秩序进行改进的努力将是徒劳的，也不会收到预期的效果。社会主义者通过制定法律条文建立福利国

① ［英］克里斯托弗·皮尔森：《新市场社会主义——对社会主义命运和前途的探索》，姜辉译，东方出版社 1999 年版，第 157 页。

② 姜辉：《西方市场社会主义理论面临的挑战与发展前景》，《国外社会科学》1999 年第 5 期。

③ ［英］克里斯托弗·皮尔森：《新市场社会主义——对社会主义命运和前途的探索》，姜辉译，东方出版社 1999 年版，第 158 页。

家，赋予劳工运动中的同盟者以特权，这也和哈耶克所提出的法律必须受制于“普遍适用的公平实施”原则相悖。社会主义者通过市场交换取代中央计划，或是为了提高经济效率或是达到最优的消费选择而经市场运用到社会和经济领域中都是无法达到最佳效果的。市场普遍秩序建立的重点是以拥有自由选择的个人之间在市场能自由地进行商品交换为前提的正规的道德秩序。另外，市场社会主义者试图通过干预市场运行和结果来达到社会公平也是无法实现的。哈耶克认为，“公正只是一种严格的程序性的东西，它只意味着合理施行那些普遍适用的总体规则，而不顾及它的特别结果。最好地讲，社会主义者追求的公平幻想毫无意义；最坏地说，它是有害的，而且它本身就是一种不公平。它意味着瓦解市场公平，剥夺成功者的财富，维持穷人的依附感，加强集团利益的特权以及侵犯个人自由”①。

2. 公有制和市场是矛盾的

在所有制方面，当代英美市场社会主义者强调将所有制和市场结合起来。目的是实现市场社会主义平等的价值目标。自由主义者则认为，社会所有制是市场社会主义在经济、政治、认识论等方面的根本错误。哈耶克提出：“‘人们可以运用他们的知识和智慧去实现自己所追求的目标，彼此间互不抵牾。而这一点只有在各自自由行为的领域界限被明确划定时才能实现’，而且一定存在着一种规则使‘受保护的个人领地边界的划定成为可能，这样就把我的（meum）和你的（tuum）区分开来’。这是‘所有已知的文明赖以发展的基础’。”② 新自由主义者认为，市场社会主义者把社会所有制和市场相结合，无形中将自己陷入了两难境界：为了解决传统社会主义的无效率而提出运用市场，同时又排斥私人资本市场，因而他们的市场理论是不彻底也是不真实的。“经典的社会主义是一种一以贯之的制度，……资本主义是一种一以贯之的制度，……从另一方面看，实现市场社会主义的尝试产生了一种不一以贯

① ［英］克里斯托弗·皮尔森：《新市场社会主义——对社会主义命运和前途的探索》，姜辉译，东方出版社1999年版，第159页。

② ［英］克里斯托弗·皮尔森：《新市场社会主义——对社会主义命运和前途的探索》，姜辉译，东方出版社1999年版，第160—161页。

之的制度，在这种制度中存在着相互排斥的因素：公有制的主导地位与市场的运行无法和谐共存。”[①] 在他们看来，“社会所有制”的概念本身就是毫无意义的。之所以提出“社会所有制”，目的就是掩饰只能在现实生活中从私人所有制和国家所有制间接作出选择。“社会所有制”其实质是意味着国家对经济资源的强制操控。所有权只存在于对确定的财产行使处置权的法律实体中。这些权利不能由“社会”行使，而只能由个人、企业或国家行使，而“社会”享有的这类所有权权利在实践中只能由国家来代表行使。这样，社会所有制就仍然是一种国家所有制。因此，尽管市场社会主义极力倡导市场，但仍然无法摆脱国家主义以及由其所造成的社会主义的无效率。

科尔奈对当代英美市场社会主义也进行了批判，科尔奈反对市场社会主义将公有制与市场相结合的方式，而是主张私有化和自由市场经济，为此，他提出了“自由经济”概念。自由经济和市场经济相比，内容更为宽泛，它不仅指作为一种具体机制协调经济行为的市场，而且它允许未加限制的市场进出，并在市场上展开公平竞争。而且它也蕴含着特定的产权配置和制度政治结构。科尔奈宣称，“这样一种体制将极大地促进自由的确立、私有权的产生以及鼓励私有成分生产更多的产品”；这种体制也将“激励个人以及企业家主动性的发挥，使这一主动性从过分政府干预的束缚中解放出来，并通过法律使之得到保护”。[②] 科尔奈认为，私有成分“是经济发展最重要的内在稳定器”[③]。由于其发展的自发性，使得私有经济必然成为具有强大生命力的经济，私有财产的存在也能够确保市场的竞争从而提供有效的激励机制，这样才能永远地保障资源的有效使用。

科尔奈认为，市场调节资源的作用在公有制占支配地位的情况下，是根本无法实现的。当代英美市场社会主义的多种模式大致可以归结为“国有财产和市场调节的结合”，也就是国有企业通过创造一定的条件，

---

① ［美］伯特尔·奥尔曼：《市场社会主义——社会主义者之间的争论》，段忠桥译，新华出版社 2000 年版，第 3 页。

② Janos Kornai, *The Road to a Free Economy. Shifting From A Socialistsystem: The Example of Hungary*, W. W. Norton & Company, 1990, p. 23.

③ Janos Kornai, *The Road to a Free Economy. Shifting From A Socialistsystem: The Example of Hungary*, W. W. Norton & Company, 1990, p. 35.

从而使国有企业成为市场的一个组成部分。这种思想和观点最终会导致失败。私有成分的天然调节者是市场机制，市场机制的这个作用将会与企业决策者的自主权，以及市场机制运行和私有权保护的自由契约关系密切。而作为官僚阶层的有机组成部分的国有企业根本无法遵从市场导向自发活动并按照私有企业的行为方式运行。“市场调节与官僚主义的国家干预分别是私有财产与公有财产的自发结果和自然模式。”① 在这种情况下，国有经济根本无法和市场调节相结合。

第二节　对批判的理论回应

一　对传统社会主义的回应

传统社会主义以马克思关于共产主义社会的理论来批判当代英美市场社会主义的理论。他们一致反对引进市场，认为市场会造成社会的不平等、不公平、无效率、不民主等现象，市场社会主义归根结底不是社会主义。针对传统社会主义的诘难，当代英美市场社会主义给予了回应。

1. 市场与社会主义结合可以实现平等

当代英美市场社会主义和传统社会主义都提倡平等。传统社会主义对当代英美市场社会主义的批判在于，市场是资本主义的基本属性，市场在经济运行的过程中可能会引发资源和分配过程中出现不平等现象，这有悖于人类追求平等的愿望。市场不可能实现平等和公正。事实上，平等本身就是一个非常复杂的问题，虽然传统社会主义者、市场社会主义者甚至新自由主义者都在追求平等。但他们对平等的内涵的理解又有着明显的不同。平等包含的内容广泛，有地位平等、机会平等、收入平等、财富平等、条件平等、起点平等、结果平等等内容，这些平等究竟哪些是他们各自要追求和实现的平等，是他们难以达成共识的主要原因。在传统社会主义看来，平等是具体的、实际的，而不是一种抽象的原则。而市场经济将会导致收入、分配、财富、地位等方面的不平等，这是传统社会主义所不能接受的。市场社会主义由于强调竞争，因而基本的主张是追求起点平等

---

① Janos Kornai, *The Road to a Free Economy. Shifting From A Socialistsystem: The Example of Hungary*, W. W. Norton & Company, 1990, p. 59.

和机会平等。当代英美市场社会主义者认为，市场和社会主义相结合，其目的就是使起点更为公平和平等，而不会考虑市场交换的结果，因为过分强调结果状态平等的社会将不利于效率原则的推行。在市场社会主义条件下，随着私有制的废除，使得私人资本也将不复存在，剥削和异化的消除必然会使社会的不平等快速地降至社会成员所能接受并能确保整个社会福利最优化的程度。正如戴维·米勒所提到的，在市场社会主义条件下，虽然可能还会存在某些程度不平等，但这种不平等已不是出自私人对社会资本占有产生的差异性而造成的不平等，这种不平等是可以运用法律手段对其进行限制。① 他认为，市场社会主义者所主张的平等是人们在经济关系中发生的机会平等和起点平等。这两种平等虽然可能会导致不同人们之间出现一定的收入差距，但这些不同的差距是由人们贡献大小所引起的，因而其在合理范围内。

传统社会主义者提出，由于资本主义私有制的存在，被剥夺了生产资料的工人为了生存只能出卖劳动力，工人提供的无偿劳动就是资本家利润的来源，劳资合同中潜藏着巨大的剥削，是最大的不公平。市场对资源和机会的分配是不公平的，它不仅对人们的需求无动于衷，无法准确地反映人们的需求，而且对人们的绩效和努力也漠然视之。在财富和机会的配置上存在着系统的阶级偏见。当代英美市场社会主义者对此进行了反驳。他们认为，市场存在的这些不平等，并不是说市场本身的不平等，而是资本主义制度的不平等。私人资本和劳动之间的不公平可以通过消除资本主义私有制，实行某种形式的公有制或社会所有制加以解决，消灭了私人资本，就能消除市场经济产生不公平现象的主要根源，市场也就能够合理运行。即使在市场社会主义制度下还会存在某些剥削，但这种剥削也不同于资本主义社会中的由于制度的因素产生的剥削，而是缘于市场的均衡条件在市场运行的过程中遭到了破坏而出现的现象，这种剥削现象在市场社会主义制度下是可以通过很多其他方式得到克服的。

2. 市场比计划更有效率

市场的无效率是传统社会主义者抨击资本主义最有力的武器。他们认

① David Miller, *Market, State and Community: Theoretical Foundations of Market Socialism*, Oxford: Oxford University Press, 1989, pp. 115 – 116.

为，市场配置资源是无效率或低效率的，因为市场配置资源是无计划进行的，最终导致生产的无政府状态和经济的无效率，必然会导致资源的浪费，当代英美市场社会主义引进市场的主要目的是从追求效率开始的。在当代英美市场社会主义者看来，引进市场主要依据是基于计划和市场在资源配置效率上的历史比较。苏东社会主义改革失败后，使当代英美市场社会主义更加坚定把其思想理论建立在市场经济的基础上。他们认为，在一定的条件下，如果在供求信息准确清晰，信息量保存完整很少流失，且存在一个合理的民主计划体制等，在这样的情况下，计划是可行的。然而，现实的经济和社会生活中根本不存在这样的条件，只能诉诸市场，因为市场比计划更有效率。无论是在国际还是在国内，没有市场创造的竞争，就不会产生企业进行革新的压力，没有竞争的动力，革新也就不会发生，至少不会达到市场经济引发的那种程度的革新。①

传统社会主义者提出，市场会导致不民主的发生。在当代英美市场社会主义者看来，不民主的是资本主义市场，而不是市场。因为，当私人资本家手中掌握着一定的经济权利时，就会对民主选举的政府施加影响，从而让选举的方向倾向于私人资本家，这样就会导致在自由民主的旗帜下应该民主地控制政治生活，转而被资本家所篡夺。另外，即使是在公有制领域，企业内部的决策也会出现等级制和专制性质。当代英美市场社会主义者提出，市场经济和社会主义的结合能有效地克服以上弊病。随着资本所有权的社会化，私人资本家拥有的经济特权和强制性经济权利也会逐渐消失。而企业内部的民主问题也可以通过建立工人合作社来代替资本主义企业的等级制和专制。

3. 市场社会主义是社会主义

传统社会主义者蒂克庭提出："社会主义要根据社会在多大程度上实行计划来定义。"② 当代英美市场社会主义则认为，按照蒂克庭对社会主义的定义，"市场社会主义"从其自身来看就是一种矛盾，因为市场社会主义倡导将市场引入社会主义，其主要的经济活动是依赖市场而不是计划。但

① ［美］约翰·罗默：《社会主义的未来》，余文烈等译，重庆出版社 1997 年版，第 39 页。

② ［美］伯特尔·奥尔曼：《市场社会主义——社会主义者之间的争论》，段忠桥译，新华出版社 2000 年版，第 17 页。

事实上，“对于社会主义的纲领，人们能够控制经济力量而不是为经济力量所控制当然是一个中心问题”①。这种市场社会主义是对资产阶级的反对和对无产阶级的拥护，它引进的市场也不再是严格意义上的资本主义市场，而是由国家自觉管理，它仍然保留了国家的干预政策，但这种干预政策不是对企业活动的宏观调控，而是制定有利于工人阶级利益的政策，“市场社会主义是社会主义，无论反对市场的左派是否这样叫它，每一个资本主义的拥护者都会这样叫它，而不关心我们把它称作什么。因为市场社会主义是坚决反对资本主义的，它是基于这样一种基本的洞察，即在当代世界，作为资本家其作用已经过时。现在已不需要资本家去筹集资本、管理工业、创造新产品或开发新技术。实现这些功能已有了其他的更好的方式”②。

“用市场去配置产品和服务不能使一个社会成为资本主义。”③ 市场社会主义不仅是对资本主义的反对和批判，而且体现了社会主义的理想和价值目标。市场社会主义舍弃了资本主义的不稳定和非理性，在规范的基础上显示出巨大的优越性，并且能够显示出和资本主义一样具有效率。④ 市场社会主义不是“乌托邦”的社会主义，这种社会主义是从资本主义中脱胎而来，带有资本主义的一些痕迹，因而也不是理想的社会。市场社会主义是一种混合的制度，在这个制度中包含了资本主义和社会主义的成分，但同时又突出了社会主义的方面，它保留了资本主义市场的优点，同时也克服了资本主义的弊端，这种混合制度体现了平等和效率的结合。“市场可以在没有放弃生产力的公有制或资源的公共配置的情况下，被创造性地并有效地利用。‘市场社会主义’并不像当时流行的断言那样，是自相矛盾的。”⑤

---

① ［美］伯特尔·奥尔曼：《市场社会主义——社会主义者之间的争论》，段忠桥译，新华出版社 2000 年版，第 18 页。

② ［美］伯特尔·奥尔曼：《市场社会主义——社会主义者之间的争论》，段忠桥译，新华出版社 2000 年版，第 19 页。

③ ［美］大卫·施韦卡特：《超越资本主义》，宋萌荣译，社会科学文献出版社 2006 年版，第 35 页。

④ ［美］大卫·施韦卡特：《超越资本主义》，宋萌荣译，社会科学文献出版社 2006 年版，中文版序言第 2 页。

⑤ ［美］大卫·施韦卡特：《超越资本主义》，宋萌荣译，社会科学文献出版社 2006 年版，中文版序言第 11 页。

4. 市场社会主义是可行的社会主义形式

施韦卡特认为，如果“以‘社会主义’来意指一种主要生产资料不是掌握在私人手里的现代经济，那中国现在显然是一种社会主义的经济”[①]。他以中国当前的经济发展为例，认为中国在社会主义制度中引入了市场经济，并且取得了举世瞩目的成就。因而在他看来，在社会主义中引入市场不是一种全然的乌托邦，社会主义的目的是改善人们的实际物质条件，因而对社会主义充满良好愿望的社会主义者就应当看到中国所具有的成就，“中国证明了一种市场社会主义的形式是与广泛扩大其物质利益的充满活力的经济相适合的”[②]。因而那些坚持市场和社会主义不能结合，市场社会主义无法得以实施的观点是错误的。市场社会主义在许多方面都是优于资本主义的一种可行的经济体制。市场社会主义消除了生产资料的私有制，而以某种形式的国家所有制或工人的所有制取代私人所有制。虽然以国家所有制或工人所有制代替了私有制，但它却保留了资本主义协调经济的市场机制。在这种制度下，工人的民主自治取代了资本主义制度下的劳动雇佣制度，工人获得的收入也不再是契约工资，而是企业利润的一部分。因而，“在人类发展的现阶段，它既是唯一可行的社会主义形式，也是唯一合乎需要的社会主义形式”[③]。

传统社会主义者把资本主义等同于市场的观念是错误的，他们认为，市场社会主义模式是一种类似于资本主义的模式，因而他们将批判的焦点集中在市场的缺陷上。但事实上，他们没有看到，将“市场被移植到一个不同于资本主义财产关系的财产关系体系中会如何运行的”[④]。传统社会主义者强调计划在经济发展过程中的作用，然而却没有认识到计划在经济运行的过程中存在的问题。由于现代工业经济的复杂性，使得在经济运行过程中无法对一些细节加以计划，因而如果不让消费者进行自由的选

① ［美］伯特尔·奥尔曼：《市场社会主义——社会主义者之间的争论》，段忠桥译，新华出版社2000年版，第4页。

② ［美］伯特尔·奥尔曼：《市场社会主义——社会主义者之间的争论》，段忠桥译，新华出版社2000年版，第6页。

③ ［美］伯特尔·奥尔曼：《市场社会主义——社会主义者之间的争论》，段忠桥译，新华出版社2000年版，第6页。

④ ［美］伯特尔·奥尔曼：《市场社会主义——社会主义者之间的争论》，段忠桥译，新华出版社2000年版，第8页。

择，那么就无从知道人们需要什么，需要多少，这就涉及一个市场的信息问题。当商品的数量较少，数量更重于质量的时候，信息问题是容易解决的，而当人们要求更多的商品，更关注商品的质量的时候，信息问题就变得难以解决。因而当计划经济发展到一定的水平，就不得不引入市场，从而以市场的供求为信息来调节产品的数量和质量。另外，当商品的数量是由政府的指令性计划确定的，那么企业也就失去了确定并提供那些消费者真正需要的产品的积极性，这样就导致了计划经济下，缺乏激励机制。其次，当计划者手中握有生产的决策权，这就涉及一些政治方面的问题。由于决策者对生产具有很大的决定权，因而对企业的生产有着很大的影响，无疑就会造成腐败的产生，“一种精心安排的可使定额减少或价格提高的贿赂，可使一个企业得到比认真关心产品质量，或开发新的生产线，或引进新的生产程序更多的直接的好处”①。由于计划经济中缺乏竞争，企业没有竞争就没有危机感，因而它就不会考虑革新，企业的创新也就无从谈起。从以上分析可以看出，市场社会主义正是克服了资本主义和传统社会主义中的一些缺陷，用资本主义的市场提高社会的效率，用社会主义实现平等，把效率和平等结合起来的一种混合制度，是可行的社会主义形式。

总的来说，传统社会主义对当代英美市场社会主义的批判主要是反对引入市场。他们认为，市场会带来剥削，市场是不平等的根源，市场无效率，市场就等于资本主义，以马克思关于共产主义社会的理论来认识和界定社会主义，因此，他们对市场社会主义的批判是偏激的，许多观点停留在不切实际的理论论证。但是他们对当代英美市场社会主义理论中的一些弊端和脱离现实的理论的批判，对市场社会主义理论矛盾的质疑，仍然是有一定价值的。

二 对自由主义批判的回应

新自由主义对当代英美市场社会主义的批判主要集中于“公有制和市场不能兼容”和“社会主义的市场不是真正的市场”两方面。新自由主义认为没有私有制就没有市场经济，市场社会主义只是打着市场的旗

---

① ［美］伯特尔·奥尔曼：《市场社会主义——社会主义者之间的争论》，段忠桥译，新华出版社2000年版，第11页。

帜，其目的只是在现有的情况下提高社会经济效率，而非实现市场秩序，因而不是真正的市场，私有制下的市场经济才是“普遍的市场秩序”。针对新自由主义发起的诘难和挑战，当代英美市场社会主义者也给予了积极的回应。

1. 市场是有效配置资源的手段

当代英美市场社会主义认为，市场可以从资本主义制度下释放出来为社会主义服务，市场与资本主义制度和社会主义制度都没有必然的联系，只是资源配置的方式。在资本主义社会中，由于生产资料所有权掌握在一小部分人手中，生产资料的私有化就造成资本主义无法脱离市场，资本主义市场下的剥削和异化都是资本主义私有权的最终结果，市场是资源配置的手段，是鼓励生产技术革新和产品创新的机制，不是造成剥削和异化的根源，因而，在社会主义体制中引入市场既能在避免资本主义弊端的同时，又能将社会主义和市场相结合实现社会的平等和效率以及其他社会主义价值目标。当代英美市场社会主义者认为市场是一种不可替代、不可超越的形式。尽管市场可以实现比资本主义更高的效率，但他们也认识到市场存在很多的缺陷。市场与公共或社会的财产形式之间可以调和，共同促进平等和民主，市场的缺陷则可以通过法规来限制和规避市场最具有破坏性的方面和可能产生的不利后果。

哈耶克认为，“一个自由公正的社会只能建立在‘Catallaxy（普遍的市场秩序）的基础上’”[①]。市场社会主义者试图通过国家干预市场来改进市场交换所产生的自发秩序，将会缩减社会福利，他们构建的市场非“真正的市场”。然而，哈耶克所倡导的“自发的真正的市场秩序”在现实市场中是根本不存在的，正如克里斯托弗·皮尔森所言，“哈耶克市场秩序中的许多看来合理的前提在现实中根本就不存在。因为市场社会主义被其倡导者首先视为一种实用的或可行的战略，所以我们应该首先根据现实可能性对其作出判断”[②]。哈耶克等自由主义对资本主义的“辩护总是

---

① ［英］克里斯托弗·皮尔森：《新市场社会主义——对社会主义命运和前途的探索》，姜辉译，东方出版社1999年版，第158页。

② ［英］克里斯托弗·皮尔森：《新市场社会主义——对社会主义命运和前途的探索》，姜辉译，东方出版社1999年版，第167—168页。

集中在市场的长处和中央计划的缺陷上，这是一种有效的策略，因为为市场辩护要比为资本主义另外两个限定的制度辩护更容易。资本主义的支持者很清楚地知道，将注意力直接集中在市场上而远离雇佣劳动和生产资料私有制问题是更好的办法。"[①] 当代英美市场社会主义者各自在构建自己的新模式时大多主张在某种形式的公有制基础上来建构市场，这已不再是新自由主义者所倡导的"普遍的市场秩序"的那种市场制度。当代英美市场社会主义者在构建社会主义模式时提出尽量保留公有制，因为，在他们看来，资本主义的私有制导致社会的不公平、不平等的现象。同时他们也明确提出反对高度的集权和国家对经济的直接干预，因此市场和社会主义的结合是可行的。

2. 公有制和市场的结合能够实现经济效率

哈耶克认为，私人所有权对人类个性的发展至关重要，因而他提到"能够拥有自己的东西，不管多么少，它却是……独特个性赖以形成的基础，也是追求独特的个人目标所要求的环境"[②]。因而新自由主义认为，只有在私人所有权的范围内人类的个性发展和个人自由的获得才能得到保证。当代英美市场社会主义者则认为，社会不平等、不公正的真正来源正是资本主义私有制，只有消灭私有制才能实现社会的平等、自由和公正。将市场引入社会主义，并不意味着等于将私有制一起引入。资本主义的私人所有权对于提高社会经济效率来说并不是必不可少的，在市场社会主义新模式中坚持保留公有制以实行合理的激励机制，同样可以带来社会经济效率的提高。科尔奈等自由主义者认为，从苏联、东欧社会主义改革失败的经验教训上来看，以公有制为基础的市场社会主义是行不通的。在他们看来，"既然历史证明私有制能够实现经济效率，为什么非要设计一种复杂的制度和体制来模仿私有制经济的运作呢?"[③] 对此，巴德汉给予了反驳，他认为，在苏联、东欧社会主义国家事实上并没有实行真正的市场

① ［美］伯特尔·奥尔曼：《市场社会主义——社会主义者之间的争论》，段忠桥译，新华出版社 2000 年版，第 8 页。

② ［英］克里斯托弗·皮尔森：《新市场社会主义——对社会主义命运和前途的探索》，姜辉译，东方出版社 1999 年版，第 162 页。

③ 余文烈等：《市场社会主义：历史、理论与模式》，经济日报出版社 2008 年版，第 226 页。

社会主义改革，这些国家既没有建立过一种能够解决激励和代理问题的完善的制度机制，也没有引入政治民主或是市场竞争的措施。苏联、东欧的社会主义改革失败并不意味着以公有制为基础的市场社会主义行不通。实行公有制主要是从整个社会经济运行的整体来考虑，而不是单单从经济效率方面来把握。市场本身存在着很多的缺陷，因而不能简单地模仿西方资本主义的私有制，只有建立其社会主义的公有制形式，才能有效地遏制市场的缺陷，实现同资本主义同样的经济效率，而且这种所有制形式更能体现平等的收入分配。约翰·罗默也认为，公有制是实现社会主义平等的手段。当代英美市场社会主义者在运用市场来实现社会主义价值目标的同时，也肯定了市场对资源的自发调节作用。正是因为看到了市场的缺陷，所以当代英美市场社会主义者强调了国家在经济生活中的调控作用，这也是区别于自由主义的重要内容。他们从探索平等、自由、民主和效率等一系列社会主义价值目标出发，努力构建各自的社会主义蓝图。虽然他们仍然有些新自由主义的“市场情结”，但是对平等、自由、民主和效率等价值目标的追求就已经超越了资本主义。可以说，当代英美市场社会主义是在批判自由主义和传统社会主义的基础上构建的新理论。

第三节　对当代英美市场社会主义论争的评述

当代英美市场社会主义是在和不同理论的交锋中发展起来的，其争论的主要焦点大致集中在两方面，一方面是集中于市场与两种制度之间关系的论争；另一方面则集中于市场下平等、公平与效率的实现问题。虽然反对者对当代英美市场社会主义的批判带有一定的偏颇性，但是同时他们也指出了当代英美市场社会主义理论中的缺陷和不切实际的理论。

一　市场与两种制度间的关系

关于资本主义和社会主义两种不同的制度与市场之间的关系是当代英美市场社会主义与其他反对者之间论争的焦点之一。传统社会主义者认为，市场就是资本主义特有的特征与社会主义不相容，市场、竞争、价格是资本主义社会的特有属性，不能在社会主义中使用，资本主义的本质就在于市场关系，“只有形成了对所有市场关系的拒绝，人们才能转向社会主义”①。将市场引入社会主义制度中不仅在实践中无法得以实施，而且市场与社会主义结合就不再是社会主义，是一种变相的改良资本主义。无论实现什么样的市场社会主义，最终招致的是乌托邦式的社会主义。新自由主义也认为市场根本就不能和任何社会主义制度相容，市场社会主义者所鼓吹的市场是不真实的也是不彻底的，而且市场社会主义所倡导的公有制也无法使市场有效运转。对传统社会主义者和自由主义所提出的怀疑，当代英美市场社会主义者也给予了有力的回应，他们认为市场是一种资源配置方式，市场和社会主义可以相结合。

市场能不能和社会主义相容，与社会主义和资本主义两种制度之间的关系是怎么样的呢？这就需要从“市场”的概念进行考察。“市场被那些赞同市场的正统的经济学家定义为买者和卖者于其中竞争的经济环境。马克思主义的经济学家不能以这种方式定义市场。他必须把它定义为价值规律起作用的领域，或价值得以实现的地方。”② 从正统的经济学家和马克思主义经济学家对市场的定义来看，双方对市场的界定是存在分歧的，在马克思主义者看来，市场需要有“价值”的介入，如无“价值”交换本身构不成市场，也就是说市场的构成必须由货币、价值和交换价值的参与。而正统的经济学家认为，市场和交换的本质无关，买者和卖者的行为构成了市场。反对市场社会主义的学者认为，“市场不是一种技术或手段，而是劳动和资本的一种特殊的社会关系”。“市场是计划的对立面，它不容许劳动者对经济的自觉调控。它依赖的是自发的和无政府的行为，在这样的行为中，那些控制资本的人起最大的作用”③。在他们看来，市场不能在资本主义之外存在。

对此，当代英美市场社会主义者认为，市场只是组织经济不可或缺的

---

① ［美］伯特尔·奥尔曼：《市场社会主义——社会主义者之间的争论》，段忠桥译，新华出版社 2000 年版，第 129 页。

② ［美］伯特尔·奥尔曼：《市场社会主义——社会主义者之间的争论》，段忠桥译，新华出版社 2000 年版，第 65 页。

③ ［美］伯特尔·奥尔曼：《市场社会主义——社会主义者之间的争论》，段忠桥译，新华出版社 2000 年版，第 71—72 页。

机制，市场有所长也有所短，其先于资本主义而产生，资本主义是市场的一个独特形式，“尽管在以销售为目的的商品生产中市场关系还没有结束，但劳动力市场，即人的时间、精力和技能的市场却结束了，或者说，正处在结束的过程中”①。由于工人掌握了生产资料，成为生产资料的所有者，所以工人不需要将他们的劳动力作为商品进行出售，也不会面临与其他工人进行竞争的压力，自然也没有来自市场的压力，因此，市场不应该等同于资本主义。“这种由无产阶级国家开创的市场就不再是严格意义上讲的资本主义市场。由于无产阶级国家的自觉管理，市场开始起反对资产阶级和维护无产阶级的作用。它不再是一种盲目的自然力，在这种自然力中，孤立的生产者的相互作用的发生仿佛是一种外在的自然力量在起作用。”② 计划不会简单地取代市场，而是改变了市场生产的方式，这种由无产阶级国家开创的市场维护的是工人阶级的利益而非私有者的利益。

从世界历史发展来看，市场是社会分工和商品经济发展到一定程度的产物。市场就是买卖商品和交换商品的场所，是商品生产者之间进行交换劳动产品的经济关系。马克思对市场没有进行详细的论述，但其对市场的论述是蕴含在对商品、货币、资本等的论述中。马克思认为，“流通是商品占有者的全部相互关系的总和”③。马克思从社会关系的角度分析了市场，认为市场就是商品所有者交换商品的具体场所，是人们发生相互关系的总和，但这种“具体场合”也会随着商品经济的发展而发生变化。马克思提出厂房、机器、设备等“它们不能被运往国外，不能作为商品在世界市场上流通，这种固定资本的所有权证书却可以变换，可以买卖，就这一点说，可以观念地流通。这种所有权证书，甚至可以在国外市场上流通，例如以股票的形式”④。也就是说，随着商品经济的发展，商品交换的具体场合也发生了空间的变化，市场只是经济运行的基本机制。马克思

① ［美］伯特尔·奥尔曼：《市场社会主义——社会主义者之间的争论》，段忠桥译，新华出版社2000年版，第32页。

② ［美］伯特尔·奥尔曼：《市场社会主义——社会主义者之间的争论》，段忠桥译，新华出版社2000年版，第33页。

③ 《马克思恩格斯文集》第五卷，人民出版社2009年版，第192页。

④ 《马克思恩格斯文集》第六卷，人民出版社2009年版，第182页。

对市场的论述主要是基于商品、货币和资本的分析，可以说，马克思并没有否定市场，而采取的是一种辩证的态度。马克思认为，完全由价值规律主导的商品生产将会导致资本主义，并不是意味着在任何社会条件下都会导致资本主义。同时他也认为，只有通过商品生产才能真正实现劳动者的彻底解放，也就是生产力的高度发展。只有社会过渡到了共产主义社会才能消除市场和商品经济。因此，在共产主义社会之前，商品经济和市场的发展是人类社会不可逾越的历史阶段。

对于什么是“社会主义”不同的学者也有不同的认识。正统的经济学家则认为，国有化是社会主义的特征。计划只是一种技术关系，是用来协调生产者目的的一种形式，而非社会关系。“社会主义意指消除了劳动力的出卖，因而劳动者既控制经济也控制企业。这意味着市场不再控制劳动，不可能存在资本市场。”[①] 马克思主义者认为，“社会主义是根据社会的计划的程度来定义的。计划在这里被理解为由联合起来的生产者本身对社会的自觉控制，换句话说，对剩余产品的控制取决于通过坚决的民主过程的大多数人”[②]。“社会主义必然包含消灭抽象劳动，消灭个别工人降为机器或生产过程的附属物的情况。”[③] 也就是说，在整个生产过程中，工人是主人，他们的工作是为了实现其自身人性的手段，具有一定的个性和创造性，是为其生存的社会制度、企业和个人的单位负责，因而在这样的制度下，其收入和控制方面都是平等的，在社会关系说也是人道的。“社会主义社会必须是这样一个社会，在这一社会中，经济是根据直接满足人的需要的原则运行的。”[④] 市场社会主义者则认为，“社会主义并不等于共产主义的最高形式。社会主义是从资本主义的母体脱胎而来，带有其由以产生的旧社会的痕迹。它不是一个完美无缺的社会。它是一个非资本主义的经济制度，它保留了资本主义取得的最好的成就，克服了资本主义的最

① ［美］伯特尔·奥尔曼：《市场社会主义——社会主义者之间的争论》，段忠桥译，新华出版社 2000 年版，第 66 页。

② ［美］伯特尔·奥尔曼：《市场社会主义——社会主义者之间的争论》，段忠桥译，新华出版社 2000 年版，第 65—66 页。

③ ［美］伯特尔·奥尔曼：《市场社会主义——社会主义者之间的争论》，段忠桥译，新华出版社 2000 年版，第 67 页。

④ ［美］伯特尔·奥尔曼：《市场社会主义——社会主义者之间的争论》，段忠桥译，新华出版社 2000 年版，第 68 页。

坏的弊病”[①]。

“社会主义”最初是作为一种思想或思潮诞生于16世纪初，但“社会主义”作为学术话语则是在19世纪初才出现的。“社会主义”（Sozialismus）一词源于拉丁文Socius（喜好社交的）[②]，最初只是表达社会中人和人之间的一种平等的伙伴关系。1827年11月空想社会主义者欧文派在其主办的《合作杂志》中第一次使用了“社会主义者”，主要用于指称欧文的合作学说的信徒。1832年2月法国空想社会主义者圣西门派在其主办的《环球》中把人与人之间有组织的联系称为社会主义。1843年圣西门派的著名活动家比埃尔·勒鲁第一次对“社会主义”作了较为充分的论述。之后，“社会主义”一词就在空想社会主义者中广泛使用。空想社会主义者使用“社会主义”一词，主要是对资本主义制度所造成的人与人之间不平等的社会关系的批判，试图用一种社会力量和社会管理来实现人与人之间的平等关系，反映了当时的人们对未来理想社会的向往。因此，“社会主义”一词一出现就得以广泛传播，各种流派都试图冠以“社会主义”，也使得“社会主义”的含义出现不同的阐释。这些流派对“社会主义”的阐释和之后马克思对“社会主义”的理解是不尽相同的。

1842年马克思在《共产主义和奥格斯堡〈总汇报〉》的文章中将“社会主义”和“共产主义”并列使用，指出，资产阶级“认为君主政体应当设法用自己的方式去掌握社会主义和共产主义思想”[③]。在《1844年经济学哲学手稿》中，马克思又提出，“社会主义是人的不再以宗教的扬弃为中介的积极的自我意识，正像现实生活是人的不再以私有财产的扬弃即共产主义为中介的积极的现实一样”[④]。这里的社会主义是对私有财产的扬弃，是实现了人的政治解放和经济解放，实现了人的自由和全面的发展的社会形态。马克思早期对“社会主义”和“共产主义”的论述基本上是趋于相通，将“社会主义”看作未来的理想社会的阶段。社

① ［美］伯特尔·奥尔曼：《市场社会主义——社会主义者之间的争论》，段忠桥译，新华出版社2000年版，第19页。

② 北京大学外国哲学研究所编译：《外国哲学资料》第四辑，商务印书馆1978年版，第210页。

③ 《马克思恩格斯全集》第一卷，人民出版社1995年版，第292页。

④ 《马克思恩格斯文集》第一卷，人民出版社2009年版，第197页。

会主义阶段是资本主义社会在商品经济和生产力得以充分发展的基础上，无产阶级通过社会革命得以最终实现的社会，在这个社会主义阶段，人们实现了自由而全面的解放，是“自由人联合体”。之后，在1848年的《共产党宣言》中马克思则倾向于用“共产主义”指代未来人类社会形态。

之所以有如此的转变是马克思在《共产党宣言》中1888年英文版序言中说：“当我们写这个《宣言》时，我们不能把它叫做社会主义宣言。在1847年，所谓社会主义者，一方面是指各种空想主义体系的信徒，即英国的欧文派和法国的傅立叶派……另一方面是指形形色色的社会庸医，他们凭着各种各样的补缀办法，自称要消除一切社会弊病而毫不危及资本和利润。”① 可以说，这个时期存在着各种各样的社会主义，也正是如此，《共产党宣言》对当时的各种社会主义流派进行了批判，划清了科学社会主义和各种社会主义流派间的界限。在共产主义社会形态中马克思提出要消灭资本主义私有制，实现社会主义公有制。

对“市场”和“社会主义”的不同理解，使得传统马克思主义者和非马克思主义者都认为，市场与社会主义不能结合，市场不能与资本和劳动关系相分离。在他们看来，在市场的社会制度下，工人为了更好的生活和获得升迁就需要同其他人进行竞争，在竞争和利润的驱动下，产品效率得以保证，但在市场的竞争下，工人却成了竞争的机器，这本身就是反人道的，因此，市场社会主义是无法存在的。市场社会主义通过提供最低工资、失业保险、利润征税等方式限制了市场的激励机制，最终会导致资本家和工人缺乏激励而失去投资和工作的动力，但由于市场的存在，它对经济的调节依靠的是自发行为或是无政府行为，是排斥劳动者对其经济的调节，在这些行为中，使得市场下基本的社会关系没有发生改变，工人仍然受到资本家的控制，必须根据机器的速度去工作。② “市场逻辑根本不能同（任何）社会主义的政治实践的要求相容。尽管同其传统先辈相比，市场社会主义者对市场结果宽容得多，但他们仍然歪曲和篡改了市场秩

---

① 《马克思恩格斯文集》第二卷，人民出版社2009年版，第13页。

② ［美］伯特尔·奥尔曼：《市场社会主义——社会主义者之间的争论》，段忠桥译，新华出版社2000年版，第66页。

序，而这最终会否定市场的全部优点。”[①] 蒂克庭认为，“在当代的条件下，市场不可能存在于资本主义之外，……市场不是一种技术或手段，而是劳动和资本的一种特殊的社会关系”[②]。曼德尔则认为，市场和计划是两种完全不同的资源配置方式，二者不能融合，资本主义市场本身就存在很大缺陷，如果将市场引入计划，从根本上不能解决计划经济存在的问题。[③]

“市场”和“社会主义”能否结合，对于市场社会主义者来说是毋庸置疑的。他们看来，在人类发展的现阶段，市场社会主义是唯一可行的社会主义形式，也是唯一合乎需要的社会主义形式。[④] 市场社会主义经济取消了或在很大程度上限制了生产资料的私有制，而以某种形式的国家所有制或工人的所有制取代私人所有制。它仍然保留了作为协调绝大多数经济的机制的市场，尽管通常存在超出了资本主义下那些典型的对市场的限制。[⑤] 市场社会主义者认为，市场可以和不同的所有制相结合，市场是中性的，只是资源配置的一种方式，市场能在社会主义经济运行中发挥资源配置的基础性作用，市场的资源配置是不会妨碍社会主义目的的实现，反而能成为社会主义经济运行的主导作用。市场与资本主义没有必然的联系，同样，计划与社会主义公有制也没有必然的联系，计划由于缺乏灵活性，不能有效地反映市场的需求，这就需要在社会主义经济中引进市场来进行有效的资源配置和调节。市场社会主义者艾尔逊认为市场本身会导致一些经济问题，但同时市场又是社会主义经济资源调节不可或缺的方式。在她看来，“一个社会化的市场不仅允许各方面积极性的发挥……而且还创造了一些新的途径和激励机制，使个人积极性服务于公共

---

① ［英］克里斯托弗·皮尔森：《新市场社会主义——对社会主义命运和前途的探索》，姜辉译，东方出版社 1999 年版，第 157 页。

② ［美］伯特尔·奥尔曼：《市场社会主义——社会主义者之间的争论》，段忠桥译，新华出版社 2000 年版，第 71 页。

③ Ernest Mandel, "In Defence of Socialist Planning", *New Left Review*, No. 9, 1986, p. 93.

④ ［美］伯特尔·奥尔曼：《市场社会主义——社会主义者之间的争论》，段忠桥译，新华出版社 2000 年版，第 6 页。

⑤ ［美］伯特尔·奥尔曼：《市场社会主义——社会主义者之间的争论》，段忠桥译，新华出版社 2000 年版，第 7 页。

利益"①。市场在资源的配置过程中能灵活有效地反映信息，而计划由于信息的滞后则妨碍了资源的合理配置，造成资源的浪费。大卫·米勒提出，"只有在某些供应商受到市场激励进而提供必需品的基础上，人们才能随心所欲地着装打扮，倾听自己喜欢的音乐……没有一个人愿意为某些公共机构的选择辩护，无论它是否以民主的方式建构起来的"②。也就是说，市场能够使人们自由地选择生活方式。施韦卡特则认为，市场社会主义的反对者之所以认为市场与社会主义无法结合，就在于"市场社会主义的批判者关注的则是市场的缺陷，认为市场社会主义模式实际上是类似资本主义的模式而无视任何辩护"③。

马克思对未来社会主义的构建是建立在唯物史观的基础上，是在对人类社会和资本主义制度内在矛盾分析的基础上，通过抽象的思维概括出了科学社会主义的一般原则。因此，在马克思看来，未来的社会主义应该是建立在生产资料公有制基础之上的没有商品和生产交换的社会，正如马克思说的"一旦社会占有了生产资料，商品生产就将被消除，而产品对生产者的统治也将随之消除。社会生产内部的无政府状态将为有计划的自觉的组织所代替"④。马克思认为未来的社会主义形态将消除商品生产，这种商品生产指的是完全由价值规律主导的商品生产，是会导致资本主义私有制的商品生产。马克思、恩格斯认为，市场经济最早起源于不同部落间的交换，是商品交换的产物，本身并不具备社会基本制度的属性，在由资本主义向社会主义过渡阶段，"在由资本主义的生产方式向联合起来劳动的生产方式过渡时，信用制度会作为有力的杠杆发生作用"⑤，在这个阶段市场仍然起作用，马克思并没有完全否定和排斥市场。随着马克思主义者对社会主义的百年探索，社会主义理论得到了丰富和发展，从过去排斥市场转而接受市场，市场不再是资本主义的附

① Diane Elson, "Market Socialism or Socialization of the Market?", *New Left Review*, Vol. 172, No. 3, 1988, p. 32.

② David Miller, "Why Markets?", in Julian Le Grand, Saul Estrin, *Market Socialism*, Oxford: Clarendon Press, 1989, pp. 32 – 33.

③ ［美］伯特尔·奥尔曼：《市场社会主义——社会主义者之间的争论》，段忠桥译，新华出版社 2000 年版，第 8 页。

④ 《马克思恩格斯文集》第三卷，人民出版社 2009 年版，第 564 页。

⑤ 《马克思恩格斯文集》第七卷，人民出版社 2009 年版，第 686 页。

属物，而是一种资源的配置方式。市场是生产力发展到一定阶段的产物，是调节商品供求和价格的一种机制，市场本身有着自身难以克服的问题，这种盲目性和自发性就需要引进政府对市场的干预，以形成对市场的必要补充。也就是说市场主导的经济运行模式并不与社会主义相冲突。

市场经济是商品经济充分发展的经济形态，以市场供求和价格机制来实现资源的配置，在不同的社会形态中具有不同的特点。中国在改革开放初期就努力探索社会主义与市场经济之间的关系。事实上，在新中国成立初期，毛泽东就国内一些人主张废除商品生产的错误观点，提出社会主义条件下也需要发展商品生产的论断。改革开放初期，国内许多人认为市场经济和社会主义是相对立的，针对这样的主张，邓小平同志提出："我们是计划经济为主，也结合市场经济，但这是社会主义的市场经济。……市场经济，在封建社会时期就有了萌芽。社会主义也可以搞市场经济。"① 邓小平同志认为社会主义和市场经济之间不存在着对立，关键在于计划和市场谁能更有效地推动社会生产力的发展。"计划多一点还是市场多一点，不是社会主义与资本主义的本质区别。……计划和市场都是经济手段。"② 随着改革的深入，党的十四大提出"要使市场在社会主义国家宏观调控下对资源配置起基础性作用"。之后党的十八届三中全会又提出"使市场在资源配置中起决定性作用和更好发挥政府作用"。从最初的市场经济作为计划经济的补充到市场在资源配置中起基础作用，再到市场在资源配置中起决定性的作用，可以说，中国在探索市场与社会主义之间关系的过程中很好地界定了市场和社会主义、市场和计划之间的关系，说明中国在实行社会主义市场经济的实践过程中对市场经济的深入认识。随着中国特色社会主义市场经济制度的不断发展与完善，中国在政治、经济、文化等领域也取得了重大的成就。在发展市场经济的过程中，不仅克服了市场的盲目性和自发性，同时又剔除了计划经济的缺陷。中国的社会主义市场经济是对马克思主义经济理论的丰富和发展，为世界社会主义国家在市场与社会主义的关系问题上探索了一条新路径。

---

① 《邓小平年谱》上，中央文献出版社 2004 年版，第 581 页。

② 《邓小平年谱》下，中央文献出版社 2004 年版，第 1343 页。

当代英美市场社会主义是20世纪90年代流行于欧美发达资本主义国家的一种社会思潮，是对市场和社会主义二者之间能否结合的理论思考。市场社会主义打破了社会主义等同于计划经济的传统观念，将市场经济引入社会主义，力求构建一种新的社会主义社会模式以取代资本主义社会。市场社会主义者认为，市场社会主义是大大优于资本主义的可行的经济体制，并对资本主义制度进行了批判，在他们看来，资本主义制度下由于生产资料私人占有，必然存在着剥削，生产资料所有者正是凭借这种特权形成了对工人阶级实行“一种特别令人厌恶的不公正形式”①。对于资本主义私有制的剥削形式，罗默也认为，工人和资本家之间由于“最初的不平等的生产资料所有权”②，导致工人只是表面上拥有人身自由，但事实上却仍然摆脱不了被剥削的境遇。因此，他们提出市场社会主义经济是对资本主义私有制的限制，市场社会主义经济更加有利于实现社会主义的目的。在对资本主义制度进行批判的同时，他们也对计划经济进行了批判，认为计划经济会引起信息的滞后、缺乏激励机制、导致企业集权化和缺乏创新，将市场经济和社会主义结合能有效地克服计划经济的弊端。由此可见，当代英美市场社会主义者所倡导的市场社会主义是对当代资本主义私有制的否定同时也是对未来美好的理想和价值的追求。但同时，我们也应该看到，无论市场社会主义构建了多么美好的未来蓝图，它仍然是在现实社会中无法付诸实践的“乌托邦”。尽管他们对资本主义制度进行了批判，但他们对未来理想蓝图的构建仍然是建立在资本主义的基本经济制度的基础之上，并没有触及资本主义制度，因而只能是对资本主义经济制度的改良。在对生产资本公有制的态度上也缺乏足够的坚定性，“使受制于平等的人类自由得以充分的实现，才是社会主义的本质，而不是通常所认为的生产性资产社会所有制”③。“公有制是否如社会主义运动中一直认为的那样，是一种政治—经济制度中实现社会主义者需要的东西所必不可少

① David Miller, *Market, State and Community: Theoretical Foundations of Market Socialism*, Oxford: Oxford University Press, 1989, p.175.

② ［美］约翰·E·罗默：《在自由中丧失——马克思主义经济哲学导论》，段忠桥、刘磊译，经济科学出版社2003年版，第40页。

③ ［英］索尔·埃斯特林、尤里安·勒·格兰德编：《市场社会主义》，邓正来、徐泽荣等译，经济日报出版社1993年版，第87页。

的。我的答案是否定的。”① 他们并不是从制度方面来保障社会的公平正义，而是通过一些产权的形式或是分配政策方面来实现社会的平等，最终只是一种柏拉图式的幻想。

二　市场下的平等、公正与效率的实现

市场下能否实现平等、公平与效率是当代英美市场社会主义与其他反对者之间重要的分歧。市场社会主义的反对者认为，市场会产生不平等，市场会造成社会资源和机会在分配上的不平等，在市场社会主义制度下，由于在利润率和资本积累的驱动下，工人之间为了各自的利益不得不展开竞争，“竞争和对利润的追求保证效率。企业的经理或所有者得到高收入以报偿他们的职责。就市场社会主义把劳动者降低到竞争的机器的水平而言，它是反平等的和反人道的”②。对于传统的马克思主义者来说，社会主义制度下，工人必然是生产过程的主人，是消灭了抽象劳动，工人的劳动是为了实现自身的价值，在社会主义制度下，“工作越来越具有个性和创造性。他的工作成为他实现其人性的手段。这样的社会制度在收入和控制方面是平等的，在社会关系上是人道的”③。市场会产生不平等，市场就意味着有竞争，“竞争使人们的努力和资源的利用不必要地成倍增长。它反对更合理的劳动分工。国家间的竞争必然导致大的军事机构和周期性的战争。它还浪费并毁灭了那些被雇佣的人的才能”④。竞争又迫使工人只能自觉屈从于挣钱的目的，这必然导致资源的浪费和资源分配的不平衡，由于财富分配的不平等进而造成地位和机会以及其他各式各样的不平等。市场表面上通过交换表现出的等价交换看似平等，事实上却是以平等交换掩盖了资本所有者对工人的不平等。

传统马克思主义者认为，社会主义经济是根据直接满足人的需要的原

---

① ［美］约翰·罗默：《社会主义的未来》，余文烈等译，重庆出版社 1997 年版，第 5—6 页。

② ［美］伯特尔·奥尔曼：《市场社会主义——社会主义者之间的争论》，段忠桥译，新华出版社 2000 年版，第 67 页。

③ ［美］伯特尔·奥尔曼：《市场社会主义——社会主义者之间的争论》，段忠桥译，新华出版社 2000 年版，第 67 页。

④ ［美］伯特尔·奥尔曼：《市场社会主义——社会主义者之间的争论》，段忠桥译，新华出版社 2000 年版，第 85 页。

则运行的，但市场对人们的需要却无法做出灵敏的反应，并无视人们所付出的绩效和努力。市场只能对货币信息做出及时的反应，而无钱的人们无法通过货币发出他们需求的信号，相反，富人却能够通过货币反映他们的需求，这样就会造成市场是为富人生产的，这个社会经济结构也会被扭曲成为满足富人的愿望。因此，哈耶克认为"'在自由人社会中，社会公正的概念从严格意义上说是空泛的和毫无意义的'，因为在这样的自由社会中，'没有任何人的意志能够决定不同的人的相应收入，或妨碍他们部分地依赖偶然事件'"①。

对传统马克思主义和自由主义的诘难，当代英美市场社会主义者也给予了积极的回应，他们认为不公平的只是资本主义市场而不是市场本身。生产资料所有者和受雇者之间过度的收入差别，导致了福利分配的极度不平等。他们认为，在市场社会主义条件下，由于消灭了资本主义私有制，工人在分配上实行民主分配，这样就不会产生收入分配方面的差距，同时"市场社会主义将通过免费的普及教育和免费的医疗服务保证所有人的充分就业和平等的机会"②，由此人们可以获得更多的平等。"市场的内在实质也不会阻碍人们用它来实现那些社会主义的目的。"③ 市场环境中的竞争，可以有效地解决消费者对产品需求的信息问题，通过竞争就可以获知人们需要什么、需要的程度，以及所需东西的数量和质量。市场竞争也能有效地解决激励机制的问题，它有利于企业注意产品创新和技术创新，同时防止集权主义的倾向，社会主义的目的不是消除竞争本身，而是消除工人对劳动力价格的竞争。在当代英美市场社会主义者看来，社会的不公平现象是由资本主义私人占有制的不平等所导致的，在资本主义制度下，市场对利益的分配是不公正的。而在社会主义条件下，"随着资本私人所有制的废除，个人和企业获得的不同量报酬大致反映了他们拥有资源的不同市场能力（或满足需要的能力）。市场的这种不平等回报是对较高效率、

---

① ［英］克里斯托弗·皮尔森：《新市场社会主义——对社会主义命运和前途的探索》，姜辉译，东方出版社1999年版，第166页。

② ［美］伯特尔·奥尔曼：《市场社会主义——社会主义者之间的争论》，段忠桥译，新华出版社2000年版，第68页。

③ ［英］索尔·埃斯特林、尤里安·勒·格兰德编：《市场社会主义》，邓正来、徐泽荣等译，经济日报出版社1993年版，第2页。

努力工作、企业经营技能以及自然能力的（所值）报酬”[①]。由于消除了资本主义的私有制，经济上的不平等就会减少，全体公民就可以大体上平等地分享来自生产的剩余产品，不平等会迅速地降至能够被人们可接受的程度。当代英美市场社会主义者同时也指出，社会生产力的发展还不足以满足按需分配之前，平等、公正的实现仍然需要市场。正如约翰罗默所述，“这种观点是不正确的……认为任何市场制度，无论有无资本家存在，都能够公正地配置资源和收入”[②]。也就是说，无论有没有资本家存在，市场制度都不可能带来完全公正的社会，由于每个人的天生禀赋、社会环境不同，他们所获得的收入分配会反映在他们对社会的不同经济价值，自然也会出现相对的不平等。他们认为，他们所追求的平等不是绝对平等，而“社会平等”是人们在社会中拥有一个平等的起点和机会。

对于在市场经济下公平与效率的关系，市场社会主义的反对者也提出了疑问。他们认为，“市场社会主义并不能带来效率……在发达的经济中市场必然会带来资本家和工人、雇佣者和受雇者之间的冲突的问题”[③]。在社会主义条件下，社会劳动的充分就业是社会主义的必然目标，在充分就业下，金钱对工人的刺激就会减弱，这就会造成工人只是应付性地完成自己的工作，并尽可能地少做事，这就会引起社会生产的效率低下。另外，“为了效率而利用市场将导致财富和收入分配方面的不合理现象的产生”[④]。市场将会导致一系列形式的浪费，在任何效率的层面上都会出现失业，最终会导致经济危机。在他们看来，市场社会主义是一种不稳定的经济制度，市场社会主义条件下，由于市场的存在必然导致竞争，在竞争的刺激下，企业要想生存，就必须对市场做出灵敏反应，但在社会主义条件下，由于企业的管理是由工人集体进行决策，这样就无法快速地对市场竞争信息做出快速反应，必将导致无效率。然而在罗默看来，效率的提高

---

① ［英］克里斯托弗·皮尔森：《新市场社会主义——对社会主义命运和前途的探索》，姜辉译，东方出版社1999年版，第117页。

② ［英］克里斯托弗·皮尔森：《新市场社会主义——对社会主义命运和前途的探索》，姜辉译，东方出版社1999年版，第117页。

③ ［美］伯特尔·奥尔曼：《市场社会主义——社会主义者之间的争论》，段忠桥译，新华出版社2000年版，第83页。

④ ［英］克里斯托弗·皮尔森：《新市场社会主义——对社会主义命运和前途的探索》，姜辉译，东方出版社1999年版，第111页。

并不是因为资本主义生产资料的私有制，而是因为市场配置资源的机制，“当代资本主义在带来经济增长方面的相对成功应该归功于产生竞争的法律环境和文化……它的成功尤其不能归因于它拥有无限积聚私有财产的权利”[①]。市场能够极大提高社会经济效率，进而使得社会技术水平得以提高，这就能使人从事高报酬的劳动，不同工作之间的流动将为能人提供机会。这一社会将是有效率的，并将提供满意的工作。[②]

无论是社会主义的倡导者还是反对者都认为社会主义的目标就是实现社会的公平。什么是公平？美国经济学家阿瑟·奥肯认为：“随努力上的差异而带来收入上的差异，一般被认为是公平的。”[③] 美国哲学家罗纳德·德沃金认为，“平等是一个既受人喜爱又令人费解的政治思想”[④]。恩格斯则认为：“一切人，作为人来说，都有某些共同点，在这些共同点所及的范围内，他们是平等的，这样的观念自然是非常古老的。但是现代的平等要求与此完全不同；这种平等要求更应当是从人的这种共同特性中，从人就他们是人而言的这种平等中引申出这样的要求：一切人，或至少是一个国家的一切公民，或一个社会的一切成员，都应当有平等的政治地位和社会地位。”[⑤] 作为一种社会关系的价值判断的公平，在不同的时期，不同的阶段，不同的社会经济形态中，不同的阶级阶层中都有不同的认识。

事实上，公平与平等其本身就是一个复杂难解的问题。公平与平等分属两个不同的概念，在现代汉语中，“平等”指社会主体在社会关系、社会生活中处于同等的地位，具有相同的发展机会，享有同等的权利。[⑥] 它包括人们在基本权利、人格、机会、资源、社会地位等方面拥有的无差别

---

① ［美］约翰·罗默：《社会主义的未来》，余文烈等译，重庆出版社 1997 年版，第 114 页。

② ［美］伯特尔·奥尔曼：《市场社会主义——社会主义者之间的争论》，段忠桥译，新华出版社 2000 年版，第 68 页。

③ ［美］阿瑟·奥肯：《平等与效率——重大的抉择》，王奔洲译，华夏出版社 1987 年版，第 39 页。

④ ［美］罗纳德·德沃金：《至上的美德：平等的理论与实践》，冯克利译，江苏人民出版社 2012 年版，第 3 页。

⑤ 《马克思恩格斯文集》第九卷，人民出版社 2009 年版，第 109 页。

⑥ 邹瑜、顾明总主编：《法学大辞典》，中国政法大学出版社 1991 年版，第 295 页。

状态。在西方语境中，“平等”（equality）指的是“同等的质量或状态，以及相同的权利和社会地位”[①]。“公正”从社会学的范畴来看，指的是社会公平和正义，对应于英文的“justice”；从伦理学的范畴来看，意指公平正直，没有偏私，对应于英文的“fairness”。从词义上来看，公平与平等的含义具有一定的差异性，但在政治哲学的研究中，很多学者并没有将二者进行详细的区分，通常混用，甚至认为二者是可以通用的，“在汉语语境中，正义、公正、公平和公道这些概念几乎可以通用”[②]。另外，在外文文献的翻译过程中，源于译者对这些词的理解，在翻译的过程中难以确证其本义与译义后语义的完全匹配，因此，本书对二者的含义不做详细的辨析，只简单探讨不同时期学者对公平与平等的认识和理解。

自古希腊开始思想家们就没有停止过对公平的探讨。在他们看来公平就是最大的“善”，平等则是一种具体的公正德性。古希腊人认为每种事物都有天然的本性，人的本性就是人的才能、优点、特长，这是任何人都一样的，人性本善[③]。由此，古希腊人认为人的天然本性都是相同的，所以在法律和政治上都应该拥有平等的权利，因为，“法律条文是人为制定的，而依据 physis 确定的条例则是应该如此的，不是人为的。法律的条文是经过协商达成的，并不是自然而然地形成的，然而自然的律令却不是人们约定的”[④]。之后，亚里士多德认为“公正的也就是守法的和平等的；不公正的也就是违法的和不平等的”[⑤]。因此，“守法的公正不是德性的一个部分，而是德性的总体。它的相反者，即不公正，也不是恶的一个部分，而是恶的总体”[⑥]。在古罗马，人们秉承了希腊人对自然法的遵从，提出法律面前人人平等的思想。西塞罗认为，“既然法律是团结市民联合体的纽带，既然由法律强化的正义对所有人都相同，那么当公民之中没有

---

① 俞可平：《重新思考平等、公平和正义》，《学术月刊》2017 年第 4 期。

② 万俊人主讲：《义利之间——现代经济伦理十一讲》，团结出版社 2003 年版，第 74 页。

③ 汪子嵩等：《希腊哲学史》第二卷，人民出版社 1993 年版，第 168 页。

④ 汪子嵩等：《希腊哲学史》第二卷，人民出版社 1993 年版，第 222 页。

⑤ ［古希腊］亚里士多德：《尼各马可伦理学》，廖申白译，商务印书馆 2003 年版，第 128—129 页。

⑥ ［古希腊］亚里士多德：《尼各马可伦理学》，廖申白译，商务印书馆 2003 年版，第 131 页。

公平时，又能有什么正义使一个公民联合体被拢在一起？如果我们不能同意平分人们的财富，并且人们固有能力的平等又不可能的话，那么至少同一国家的公民的法律权利应当同等”[①]。在这里西塞罗从自然法出发，强调国家实施的法律的根本在于自然赋予人的理性，因为所有人都具有理性，人们之间就不会存在类的差别，因此人们在自然法面前是平等的，享有平等的权利。

近代以来，随着资本主义的兴起，人们在意识形态领域逐渐冲破了神学的统治，对平等的论述不再仅限于自然法的层面。霍布斯认为，在自然状态下会出现绝对平等，同时也会存在绝对权利。为了克服“绝对平等”，人们就需要订立契约，共同放弃各自的自然权利，把平等的权利交付公共权力作为保证。霍布斯主张的平等是在公共权力控制下的法律范围内人们享有平等的权利，不允许有超越于法律之上的特权。洛克认为每个人都拥有自然权利，都是平等而独立的，其他人不能够对个人的财产、生命、自由的权利进行侵犯，如果国家权力过高就会对这些权力构成威胁，因此，他主张应该对政府权力实行监督和限制。卢梭认为，在自然状态下，人除了生理的差别，没有政治的不平等。康德则认为“除了人们也能够相互赋予责任的事情之外、不在更多的事情上被他人赋予责任的独立性”[②]。康德的平等思想超越了自然法，从法权和德性方面对平等进行了诠释。他所主张的平等是一种“先天平等”，强调了法律面前人人平等。黑格尔认为，由于人是原子式的、孤立的个体，要实现个体间抽象的平等，就需要将其情感、身份、喜好等都清空，借助于法律对所有权的保护以实现主观自由和客观自由的统一，当个人的需要和手段成为一种抽象时，抽象也就成为个人之间相互关系的规定[③]，平等就是为了实现个体的人格独立所具备的一切相等和一致的条件。

马克思超越了近代思想家们通过社会契约来考察公平与平等，从人类社会的物质关系角度出发，认为公平与平等要基于一定的社会结构和社会

---

① ［古罗马］西塞罗：《国家篇 法律篇》，沈叔平、苏力译，商务印书馆 2002 年版，第 40 页。

② ［德］康德：《康德著作全集》第 6 卷，李秋零主编，中国人民大学出版社 2013 年版，第 246 页。

③ ［德］黑格尔：《法哲学原理》，范扬、张企泰译，商务印书馆 1961 年版，第 242—243 页。

关系，在劳动实践中进行考察。“人的本质不是单个人所固有的抽象物，在其现实性上，它是一切社会关系的总和。”[①] 人不是抽象的孤立的个体，是在社会实践中结成的人与人之间的关系，这就需要将公平与平等置于一定的生产方式和经济关系中考察。在《论犹太人问题》中，马克思驳斥了黑格尔的在以私有制为前提的国家中实现公平与平等。指出虽然他宣称“人民的每一成员都是人民主权的平等享有者”，但“国家还是让私有财产、文化程度、职业以它们固有的方式，即作为私有财产、作为文化程度、作为职业来发挥作用并表现出它们的特殊本质。国家根本没有废除这些实际差别，相反，只有以这些差别为前提，它才存在”[②]。所以，在马克思看来，这种所谓平等只是一种虚幻的平等，是对不平等的掩盖。在马克思看来，社会的公正总是同一定的国家制度和社会制度相联系的，在对资本主义私有制的批判中，他提出了在社会生产力高度发达的共产主义社会，以“按劳分配”作为社会公正的分配原则。在共产主义社会中，消灭资本主义的私有制，从对人的依赖与对物的依赖下解放出来，才能真正实现社会的公正。

随着人们对平等问题的深入探讨，关于“什么的平等”这一问题的争论也愈演愈烈，产生了很多的分歧。不同的学者基于不同的时代特征，囿于不同的社会利益，从不同的方面和视角对“什么的平等”展开了讨论，产生了对平等的不同理解。有的学者从人格和尊严方面要求实现平等；有的学者要求在福利水平上保持平等；有的学者要求从自然禀赋的不足予以补偿实现平等；还有的学者提出要实现人的平等权利等，由此形成了存在平等、权利平等、福利平等、资源平等、起点平等、分配平等、机会平等等一系列观点。

“‘存在的平等’指的是所有人在存在的意义上具有相同的价值。”[③] 存在平等认为，由于人具有大致相等的自然所赋予的理性，所以人们在本质上是平等的。权利平等主张人们在法律面前和政治地位方面享有平等的权利，“使每个人都有相同的法律和政治权利，即反抗政治权力的法

---

① 《马克思恩格斯文集》第一卷，人民出版社 2009 年版，第 501 页。

② 《马克思恩格斯文集》第一卷，人民出版社 2009 年版，第 30 页。

③ 李石：《平等理论的谱系——兼论平等与自由的关系》，《哲学动态》2016 年第 10 期。

定权力"[①]。福利平等关注人们的福利水平的高低，指出人们幸福、快乐或偏好等福利的平等实现是判断事物是否有价值的标准，因此他们注重的是在结果上达到平等。资源平等认为由于"人的环境是由他的人格资源和非人格资源构成的，他的人格资源是指他的生理和精神健康及能力……他的非人格资源是指能够从这人转移给那人的资源——他的财富和另一些由他支配的财产，以及在现行法律制度下为他提供的利用自己财产的机会"[②]。由于人在自然禀赋上存在着天然的不平等，就需要"一种分配方案在人们中间分配或转移资源，直到再也无法使他们在福利方面更平等，此时这个方案也就做到了平等待人"[③]。起点平等强调由于资源的短缺、人的禀赋的不同、社会地位等因素的不同，就需要为社会上具有相似能力和才干的人提供起始的资源和发展机会，起点平等有助于过程和结果的公平。机会平等认为，由于人们的禀赋和能力的不同，所处的社会环境、拥有的资源、所处的地位等的不同，将会导致结果的不同，通过拥有相同的机会可以实现较优的结果。"机会平等的观念强调了责任，并且因责任而容许结果的不平等。"[④]

作为历史范畴的公平与平等，随着社会的发展其内涵也会随之发生变化。对于公平与平等的评判也会随评判主体的社会地位、利益关系、价值取向的不同而不同。因此，对公平与平等的不同认识以及评价尺度的不同，必然会造成较大的分歧，这也引发了市场社会主义者、传统社会主义者以及自由主义者对社会主义应该如何实现平等与公正、怎样实现平等与公正的争议。那么如何理解社会主义的公平与平等？马克思说"平等的观念，无论以资产阶级的形式出现，还是以无产阶级的形式出现，本身都是一种历史的产物，这一观念的形成，需要一定的历史条件，而这种历史条件本身又以长期的以往的历史为前提"[⑤]。"无产阶级平等要求的实际内

---

① ［美］乔·萨托利：《民主新论》，冯克利、阎克文译，东方出版社 1998 年版，第 388 页。

② ［美］罗纳德·德沃金：《至上的美德：平等的理论与实践》，冯克利译，江苏人民出版社 2012 年版，第 340 页。

③ ［美］罗纳德·德沃金：《至上的美德：平等的理论与实践》，冯克利译，江苏人民出版社 2012 年版，第 4 页。

④ 姚大志：《论福利机会的平等》，《学术月刊》2015 年第 2 期。

⑤《马克思恩格斯文集》第九卷，人民出版社 2009 年版，第 113 页。

容都是消灭阶级的要求。”① 作为早期批判资本主义制度而出现的空想社会主义就曾提到“如不彻底废除私有制，产品不可能公平分配，人类不可能获得幸福”②。空想社会主义者认为，人类不平等的根源在于私有制，资本主义的平等与公正是不真实的、虚假的，他们拒绝“纸上的平等”。因此，社会主义的平等与公正是对以往资本主义制度的不平等、不公平现象的批判，是对资本主义制度下虚假的公平与平等的扬弃。

平等公正的真正实现需要社会制度的保障。“最佳制度乃是高尚人士们所愿望和盼求的目标。”③“社会公平正义是社会和谐的基本条件，制度是社会公平正义的根本保证。必须加紧建设对保障社会公平正义具有重大作用的制度。”④ 空想社会主义者在对资本主义的不平等、不公正的现象进行深刻的批判和揭露中，指出资本主义私有制是其不平等、不公正的根源，必须以公有制的社会制度代替私有制的社会制度，并且从制度层面对未来的理想社会进行了构建。马克思认为，撇开一定社会的经济基础来考察社会的平等与公正是不切实际的，社会是否平等、公正关键在于生产领域是否平等、公正，生产领域中分配、交换、消费关系的平等与公正都是由生产关系尤其是生产资料的所有制关系所决定的，“资产的所有权的分布在非社会主义国家中是极为不平等的”⑤，因此，要想消灭资本主义私有制就需要改变资本主义的生产方式。社会主义由于消灭了生产资料的私有制，那么由私有制所引起的生产领域的不平等、不公正的现象也消除了，进而由生产领域的不公平引发的政治上的不平等也消除了。社会主义实行生产资料的公有制，从根本上保证了人们的权利，将平等奠基于现实的个人之上，与人的现实生活紧密相连，以现实的人为基础。因此，社会主义的平等公正不再是虚幻的而是真实的。

实现社会的公平与平等是人们坚持不懈所追求的价值目标，也是社会

---

① 《马克思恩格斯文集》第九卷，人民出版社 2009 年版，第 113 页。

② ［英］托马斯·莫尔：《乌托邦》，戴镏龄译，商务印书馆 1982 年版，第 44 页。

③ ［美］列奥·施特劳斯：《自然权利与历史》，彭刚译，生活·读书·新知三联书店 2003 年版，第 140 页。

④ 《十六大以来重要文献选编》下，中央文献出版社 2008 年版，第 657 页。

⑤ ［美］马尔科姆·吉利斯、德怀特·H. 帕金斯、迈克尔·罗默、唐纳德·R. 斯诺德格拉斯：《发展经济学》，经济科学出版社 1989 年版，第 114 页。

主义的价值取向和核心价值观，是社会主义社会的本质特征。社会主义社会的公平与平等超越了资本主义制度下的抽象的、虚假的公平与平等，是把平等和人的现实生活联系起来，搁置在现实的个人之上来探讨平等。人是社会中的人，是社会发展的主体，“人的本质不是单个人所固有的抽象物，在其现实性上，它是一切社会关系的总和”①。人的发展构成了社会发展的主体，平等地实现需以现实的人为主体。正因为人是现实中的人，所以人必然有不同等的个人天赋。罗尔斯在其《正义论》中设置了一个“原初状态”，想以此来消解个人因性别、地位、禀赋、财富等的差异性所带来的不公平和不平等，但“罗尔斯《正义论》中所探讨的平等自由、公正机会、分配份额、差别原则等问题，恰以一种虚拟或抽象的方式提出了一些解决问题的建议或希望。照罗尔斯的说法，他的理论是理想性质的，不涉及任何现实的制度和政策，探讨范围仅限于一种‘法律被严格服从的状况’，限于一个‘组织良好的社会’，因而他的理论又被人称为一种乌托邦理论”②。可以说，这种不涉及制度和政策的公平与平等只是一种虚幻的、处于理想状态的公正。“真正的自由和真正的平等只有在公社制度下才可能实现；要向他们表明，这样的制度是正义所要求的。”③

市场与社会主义结合能否达到公平、平等与效率之间的平衡，是当代英美市场社会主义与其他反对者之间的分歧之一。这就需要我们进一步考察公平、平等和效率之间的关系。何为“效率”？效率从微观经济学上考察主要指产出与投入之比例，即边际产品的比率与要素价格比率之间均衡关系的实现。从宏观经济学上考察主要指对社会资源配置和利用的合理性、有效性的评价和量度。④ 古典自由主义者从个体追求私利的角度出发，认为社会效率根源于个人对私利的追求；功利主义者则认为，追求最大多数人的最大幸福则是经济效率的主要目的；意大利经济学家帕累托则提出了帕累托效率最优理论，即假设固有的一群人和可分配的资源，从一种分配状态到另一种状态的变化中，在不使任何人境况变坏的前提下，使

---

① 《马克思恩格斯文集》第一卷，人民出版社2009年版，第501页。

② ［美］约翰·罗尔斯：《正义论》，何怀宏等译，中国社会科学出版社1988年版，译者前言第3页。

③ 《马克思恩格斯全集》第三卷，人民出版社2002年版，第482页。

④ 郭志鹏：《公平与效率新论》，解放军出版社2001年版，第65页。

得至少一个人的情况变得更好。[①] 这种固有的资源如何才能实现配置的最优呢？这就涉及平等、公平与效率的关系问题。

公平与效率关系的问题一直以来是理论界争论的焦点，由此也形成了许多不同的认识，有学者认为公平与效率分属不同的层面与维度，效率属于事实判断，是对资源配置情况的判定，公平属于价值判断，属于道德伦理范畴，二者各自的评价标准不同，因而二者是相矛盾的；有的学者认为，效率优先于公平，认为效率决定了公平；也有学者认为，公平优先于效率，公平包含着效率；还有学者认为，效率与公平并重。美国经济学家阿瑟·奥肯在公平与效率的关系上指出："如果平等和效率双方都有价值，而且其中一方对另一方没有绝对的优先权，那么在它们冲突的方面，就应该达成妥协。这时，为了效率就要牺牲某些平等，并且为了平等就要牺牲某些效率。然而，或者是获得某些其他有价值的社会成果的可能性，无论哪一方的牺牲都必须是公正的。"[②] 事实上，平等、公平与效率是相互联系、相互依存的，公平与效率是内在统一的，公平与效率已经成为人类社会追求的价值目标。公平以效率为基础，经济基础决定上层建筑，没有经济效率做基础，公平的实现只能是空谈，效率是实现公平的物质基础和根本途径；公平是效率的必要保证，公平有利于效率的提高，因为效率的提高需要一个稳定有序的社会环境，是维护社会稳定、促进经济发展的手段，是效率实现的前提。公平与效率相得益彰，相互依存，互为各自发展的条件，公平推动效率得以实现，效率为公平的实现提供重要保障。

同时，公平与效率也是相矛盾的。效率的提高不一定会实现公平，而公平也不一定会促进效率的提高。公平与效率的平衡需要规范、有序且有效的市场和制度的保障。竞争、规范、有序的市场能够有效地保障市场主体公平参与经济活动，促进机会平等和分配公平的实现。同时，效率和公平的实现更需要制度的保障。西方资本主义市场经济条件下，使社会财富得到快速的增长，"资产阶级在它的不到一百年的阶级统治中所创造的生

---

① 高鸿业主编：《西方经济学》，中国人民大学出版社 2011 年版，第 262 页。

② ［美］阿瑟·奥肯：《平等与效率——重大的抉择》，王奔洲译，华夏出版社 1987 年版，第 80 页。

产力，比过去一切世代创造的全部生产力还要多，还要大”[1]。效率得以迅速提高，但同时也加剧了社会不平等、不公正，“资产的所有权的分布在非社会主义国家中是极为不平等的”[2]。尽管资产阶级通过一定的改良措施在某种程度上缓和了公平与效率间的张力，但由于其生产资料私有制的社会制度，决定其经济上的不平等，经济上的不平等必然造就政治上、社会上以及其他方面的不平等，因此其无法从根本上解决贫富分化和收入差距过大的问题，无法从根源上解决公平与效率之间的矛盾。因此，马克思认为，只有消灭了资本主义私有制实现生产资料的公有制，才能决定生产、分配、交换上的公平，也最终才能实现效率与公平的协调统一。

传统社会主义、自由主义、市场社会主义虽然都致力于追求平等与效率，但对平等与效率的理解显然存在很大的差别。在地位平等、起点平等、机会平等、结果平等方面，究竟哪些平等是他们致力于追求的目标，这是他们出现分歧的主要原因。新自由主义者认为，在公有制条件下，市场无法发挥其调节作用，因此效率的实现是不可能的，“市场调节是私有财产的自发结果和自然模式”[3]。当代英美市场社会主义者则希望通过拥有自由主义的市场以提高效率，同时通过社会主义实现平等。他们认为，公平与效率在本质上并不矛盾。但在平等、公平与效率之间，他们更倾向于公平与平等。在他们看来，效率是资本主义社会的重要特征，强调效率就难以区分社会主义和资本主义。公平的实现为促进效率的提高，因此，他们从经济和政治方面探索了公平、平等实现的路径。当代英美市场社会主义者认为，社会主义不仅关注经济上的平等即分配的平等，而且更重视机会平等，“通过使人类能力平等的方式”以“满足人们的需要给予不断的关注”；社会主义要“消除贫穷，使机会更加均等”[4]。他们试图通过分配平等实现平等和效率的协调平衡，可以说不仅是对新自由主义的批判和

---

① 《马克思恩格斯文集》第二卷，人民出版社 2009 年版，第 36 页。

② ［美］马尔科姆·吉利斯、德怀特·H. 帕金斯、迈克尔·罗默、唐纳德·R. 斯诺德格拉斯：《发展经济学》，经济科学出版社 1989 年版，第 114 页。

③ 余文烈等：《市场社会主义：历史、理论与模式》，经济日报出版社 2008 年版，第 347 页。

④ ［英］索尔·埃斯特林、尤里安·勒·格兰德编：《市场社会主义》，邓正来、徐泽荣等译，经济日报出版社 1993 年版，第 86 页。

超越，也是对传统社会主义的超越。

尽管市场社会主义者将平等分配和市场结合构建了许多市场社会主义模式，以期实现平等和效率的平衡，但他们对平等与效率的实现问题的探讨仍然停留于问题的表层，未触及社会制度。尽管他们认为影响公平和效率实现的根源是资本主义私有制，却没有提出废除资本主义私有制，只是将改革的措施仅仅停留在社会经济领域，平等分配中无论是福利的平等分配还是资源的平等分配，都是对物品和资源的一种转移，并没涉及资本主义经济制度的核心，即资本主义生产资料的私人占有制，他们所构建的市场社会主义的蓝图依然是在资本主义私有制下的社会改良政策。同时，其所构建的市场社会主义模式，无法在实践中付诸实施，只是“理论上有意思，但在实践上没有前途”①。他们提出将市场和社会主义结合以实现公平与效率的平衡，但缺乏对社会主义现实的考察。虽然他们提出了生产资料社会所有制，但这种所有制并非社会主义制度下的生产资料公有制，而是资本的社会化或公有化。同时，他们也没有提出与市场相适应的社会主义的指导思想、政治制度、经济制度作为实现公平与效率的保障，在市场与社会主义的结合中倚重于市场经济的主体地位，试图通过增添社会主义成分来克服市场经济的弊端，将社会主义作为市场的补充。事实上，是无法真正达到平等、公平和效率的平衡。尽管公平、平等、效率是一种价值目标，但其实现也需要立足于实践，并与实际的政治、经济、文化生活相联系，否则也只是流于无法实现的空中楼阁。

---

① 吴宇晖：《市场社会主义——世纪之交的回眸》，经济科学出版社 2000 年版，第 2 页。

第五章

当代英美市场社会主义模式对中国的借鉴价值

当代英美市场社会主义的核心问题是想将资本主义的效率和社会主义的平等结合起来实现社会主义的价值目标。尽管它在理论上具有“乌托邦”色彩，政治上具有“改良”主义色彩，但其倡导的把市场与社会主义相结合的理论与我国的社会主义市场经济理论中的某些观点相契合，因而可以从市场社会主义理论中得到启发，找到可资借鉴的内容和观点。

当代英美市场社会主义对社会主义核心价值观的探索，对我国当前建立社会主义核心价值观提供了思想启迪。他们对市场与公有制结合道路的构想为我国探索公有制和市场相结合的道路拓宽了视野；宏观调控思想的构建为中国市场经济中政府的合理干预提供了思路；而分配方式理论则为中国现阶段解决收入分配方面的存在的问题提供了启迪。这些都对中国的社会主义市场经济理论提供了借鉴价值。尽管二者有着许多相似之处，但二者在产生的理论背景、社会制度基础、对社会主义本质的认识以及价值目标的实现和侧重点方面存在着很大的差异性。

第一节　马克思恩格斯关于未来社会的思想理论

关于未来社会主义的思想，是马克思、恩格斯在批判地继承空想社会主义理论和对人类社会发展的一般规律的思考的基础上进行的科学阐释。它根植于人类社会发展规律，是在研究资本主义生产关系的基础上，运用辩证唯物主义和历史唯物主义的研究方法，提出的关于未来社会的科学的思想理论体系。

一　生产资料的社会所有制理论

对于生产资料所有制理论，马克思、恩格斯是从多方面多层次的角度来进行考察的，生产资料所有制是经济运行过程中的各种经济关系的抽象，只有在对生产资料的实际支配中才能够获得现实的存在，它不是一种脱离于生产过程之外的意志行为。马克思的生产资料的社会所有制理论把所有制作为生产的社会形式，以生产力和生产关系的发展为出发点，在批判资本主义基本矛盾和揭示人类社会发展的一般规律的基础上建立起来的。

1. 对资本主义私有制的批判和未来社会所有制理论的阐述

在不同的历史时期，马克思对生产资料所有制理论的考察也是不断得以深化的。所有制理论是一个动态的逐渐发展的过程，它是随着马克思对资本主义社会的不断探讨、分析而逐渐深化和成熟的过程。“现在的社会不是坚实的结晶体，而是一个能够变化并且经常处于变化过程中的有机体。”① 马克思从分析资本主义生产关系入手，他认为资本主义制度的生产关系是生产资料的私人占有，私有制产生了剥削和异化，因而，马克思、恩格斯关于未来社会所有制的基本思想就是要通过建立生产资料的公有制，最终达到消灭资本主义私有制的目的。“从私有财产对真正人的和社会的财产的关系来规定作为异化劳动的结果的私有财产的普遍本质。”② 这是马克思在《1844 年经济学哲学手稿》中，对私有制和异化之间的关系进行的分析，阐释了异化劳动是私有制产生的真正根源。只有消灭私有财产，人才能从异化中解放出来，才能消灭剥削，才能达到对自己本质的真正占有。“共产主义是对私有财产即人的自我异化的积极的扬弃。”③ 对资本主义生产资料的私有制共产主义给予了直接的否定。

马克思在《神圣家族》中对资本主义私有制下产生的异化进行了无

① 《马克思恩格斯文集》第五卷，人民出版社 2009 年版，第 10—13 页。

② 《马克思恩格斯文集》第一卷，人民出版社 2009 年版，第 167 页。

③ 《马克思恩格斯文集》第一卷，人民出版社 2009 年版，第 185 页。

情的批判，资产阶级的异化是对他人财产的占有，正是这种对他人财产的占有使有产者得到了幸福和满足，而工人阶级的异化则是被资本家无偿占有了劳动产品，只有改变这种资本主义的私有制，才能使工人生存的现实得到改变。“私有制在自己的经济运动中自己把自己推向灭亡，但是它只有通过不以它为转移的、不自觉的、同它的意志相违背的、为客观事物的本性所制约的发展，只有通过无产阶级作为无产阶级……的产生，才能做到这点。”① 其后马克思、恩格斯在《德意志意识形态》中，以社会分工考察了所有制形式。“分工的各个不同发展阶段，同时也就是所有制的各种不同形式。这就是说，分工的每一个阶段还决定个人在劳动材料、劳动工具和劳动产品方面的相互关系。”② 社会分工为生产力的发展提供了前提条件，也决定了所有制的各种不同形式在社会分工和生产力发展的过程中逐渐演化。马克思、恩格斯以历史唯物主义的观点论证了产生私有制的条件，在生产力与生产关系的经济运行过程中阐述了所有制形式，指出个人与劳动资料、劳动工具、劳动产品等生产资料的关系，并在此基础上对所有制的现实形态进行了区分。

以人类社会发展规律即生产力与生产关系二者之间的矛盾运动规律为视角，马克思在《哲学的贫困》中进一步全面地考察了所有权思想。“在每个历史时代中所有权是以各种不同的方式、在完全不同的社会关系下面发展起来的。因此，给资产阶级的所有权下定义不外是把资产阶级生产的全部社会关系描述一番。”③ 随着生产力的变化，生产关系也随之发生了变化，从而改变了人们的社会关系。马克思从主客体方面论述了所有制理论，人们的经济活动或多或少都会受到所有制关系的影响和制约，所有制形成了人们的物质生产条件。1848 年在《共产党宣言》中马克思并没有抽象地论述所有制问题。他扬弃了空想社会主义的泛道德主义幻想，对资本主义私有制发展的历程进行了揭示，指出了“共产主义的特征并不是要废除一般的所有制，而是要废除资产阶级的所有制”。

生产资料所有制问题是马克思主义理论体系中的一个核心问题。马克

① 《马克思恩格斯全集》第二卷，人民出版社 1957 年版，第 44 页。
② 《马克思恩格斯选集》第一卷，人民出版社 2012 年版，第 148 页。
③ 《马克思恩格斯文集》第一卷，人民出版社 2009 年版，第 638 页。

思认为生产资料所有制是指生产资料归谁所有、归谁支配，并凭借这种所有和支配实现生产，是通过对物的占有关系而体现出的人与人之间的关系。“为了进行生产，人们相互之间便发生一定的联系和关系；只有在这些社会联系和社会关系的范围内，才会有他们对自然界的影响，才会有生产。”① 所有制是直接生产过程中人们相互间的社会经济关系，它决定着分配、交换、消费等方面的关系；它是对社会生产中人们在生产资料的占有、支配和使用上所结成的关系的制度确定。生产资料所有制是人们在经济活动中所结成的关系，体现的是一种社会经济关系。在经济活动过程中人们所结成的生产、分配、交换、消费等关系的基础是生产资料所有制。劳动者和生产资料结合方式也是基于一定的生产资料的所有制形式，这就意味着生产资料所有制性质的不同，社会经济制度也就不同。

马克思不仅考察了生产资料的归属问题，而且对未来社会公有制理论也进行了论述。公有制概念在马克思、恩格斯的著作中占据重要的地位，他们认为，生产资料的公有制是未来社会经济关系的基础。在生产资料公有制下，人们的社会生产活动会发生重要的变化，生产活动将会成为满足社会需要的社会性活动，而劳动者的劳动也成为社会性的劳动。生产资料公有制成为人自由而全面发展和整个社会发展的重要经济基础，“人不是在某一种规定性上再生产自己，而是生产出他的全面性”②。生产资料公有制的基础是由自由人联合体共同占有生产资料。“设想有一个自由人联合体，他们用公共的生产资料进行劳动，并且自觉地把他们许多个人劳动力当做一个社会劳动力来使用。在那里，鲁滨逊的劳动的一切规定又重演了，不过不是在个人身上，而是在社会范围内重演。”③ 生产资料的公有是全社会范围内实施的，是全社会的成员共同享有的生产资料。在这里，马克思不仅提出了未来社会的生产资料是由自由人联合体来进行管理，而且认识到在社会经济发展的过程中对经济职能需要国家计划的指导。

2. 重建个人所有制

在《资本论》中马克思从社会生产方式产生和发展的社会规律出发，

---

① 《马克思恩格斯文集》第一卷，人民出版社 2009 年版，第 724 页。

② 《马克思恩格斯全集》第四十六卷（上册），人民出版社 1979 年版，第 486 页。

③ 《马克思恩格斯文集》第五卷，人民出版社 2009 年版，第 96 页。

论证了资本主义私有制必将被社会主义公有制代替的历史发展趋势。“从资本主义生产方式产生的资本主义占有方式，从而资本主义的私有制，是对个人的、以自己劳动为基础的私有制的第一个否定。但资本主义生产由于自然过程的必然性，造成了对自身的否定。这是否定的否定。这种否定不是重新建立私有制，而是在资本主义时代的成就的基础上，也就是说，在协作和对土地及靠劳动本身生产的生产资料的共同占有的基础上，重新建立个人所有制。”① 重建个人所有制是马克思所有制理论的一个重要组成部分，也是他对未来社会所有制思想的再思考。马克思早在《德意志意识形态》中就提出，“在无产阶级的占有制下，许多生产工具应当受每一个个人支配，而财产则受所有的个人支配。现代的普遍交往不可能通过任何其他的途径受一个个人支配，只有通过受全部个人支配的途径”②。他提出了以全部个人占有生产力总和的思想，以这种方式抛弃了资本主义的私有制，这是马克思探索重建个人所有制思想的开始。随之，马克思又在《1844 年经济学哲学手稿》和《资本论》等著作中进一步论述和探讨了重建个人所有制思想。

马克思认为所有制的演变是一个自然发展的过程，它是按照小生产者个人所有制到资本主义私有制再到重建个人所有制的逻辑进程进行演化的，是按照否定之否定的发展规律进行的。小生产者个人所有制，是在自然经济条件下，小商品生产者为了满足自身生存的需要，直接占有生产资料，劳动产品归自己所有的私有经济形式，它也是人类历史上第一个劳动者和生产资料相结合的经济形态，是马克思关于“重建个人所有制”思想的逻辑起点。小生产者个人所有制是以生产资料和土地的分散经营为前提的，是同狭隘的自然经济相适应的。因而，随着商品经济的发展这种小生产者个人所有制的生产方式不再适应生产力的发展，对生产力的发展起到阻碍作用，就需要用一种新的所有制形式代替这种小生产者个人所有制。伴随着资本主义生产方式逐渐在西欧确立，资产阶级利用资本原始积累把这种分散的土地和生产资料集中起来，为生产协作和分工创造了条件，确立起了资本主义私人占有的社会生产方式。这种资本主义的私人占

① 《马克思恩格斯文集》第五卷，人民出版社 2009 年版，第 874 页。

② 《马克思恩格斯全集》第三卷，人民出版社 1960 年版，第 76 页。

有的社会化生产方式和商品经济的发展实现了对以自然经济为基础的小生产者个人所有制的否定。

资本主义私有制是从小生产者个人所有制内部产生的。在资本主义社会，生产资料归资产阶级特权阶层所有，这种所有制关系就决定了劳动产品被资本家所占有，也成为资产阶级剥削劳动者的根本原因。由于在生产资料的占有上的不平等，无产阶级和资产阶级在政治和经济上也处于不平等的地位，使双方表现了同自己的本质的相异化，也造成了两大阶级之间的阶级对抗，从而加剧了资本主义内部所固有的矛盾。在资产阶级企业中组织和联合起来的工人阶级日益壮大，并不断地进行反抗，使得由资本私有制所造成的生产垄断已经不再适应资本主义的生产方式，劳动的社会化和生产资料的私人占有之间就产生了必然的矛盾，“达到了同它们的资本主义外壳不能相容的地步。这个外壳就要炸毁了。资本主义私有制的丧钟就要响了。剥夺者就要被剥夺了”①。解决这一矛盾的唯一方法就是用生产资料的公有制代替资本主义的私人占有制。使生产资料和劳动产品归全社会人民所有，重新建立个人所有制。它是指社会成员彼此相互协作共同占有生产资料的“联合起来的社会个人的所有制”，而非指作为集体的社会的个人而存在。马克思从人类社会发展的一般规律出发，提出建立个人所有制，就是在生产力发展的基础上，将生产资料和劳动者结合起来，消灭剥削和异化，最终实现人的自由而全面的发展。正如恩格斯所论述的：“社会的每一成员不仅有可能参加社会财富的生产，而且有可能参加社会财富的分配和管理，并通过有计划地经营全部生产，使社会生产力及其成果不断增长，足以保证每个人的一切合理的需要在越来越大的程度上得到满足。”②

二　社会收入分配理论

马克思构建的未来社会主义分配理论从唯物史观的原则出发，以科学的劳动价值论为根本，在批判和继承前人优秀思想成果和深入剖析资本主义社会经济运行规律的基础上，构建了自己完整的科学的分配理论体系。

---

① 《马克思恩格斯文集》第五卷，人民出版社 2009 年版，第 874 页。

② 《马克思恩格斯文集》第三卷，人民出版社 2009 年版，第 460 页。

1. 马克思未来社会收入分配理论构想的提出

马克思、恩格斯在批判地吸收和借鉴空想社会主义和英国古典政治经济学中的分配思想的基础上，对未来社会主义收入分配理论进行了科学的构想。在《1844 年经济学哲学手稿》中，马克思对法国经济学家让·巴蒂斯特·萨伊（Jean Baptiste Say）提出的劳动、资本、土地三要素共同创造价值，因而三者的所有者也应当取得相应的报酬的分配方式进行了批判。他提出："资本、地租和劳动的分离对工人来说是致命的。"① 这种分配方式的目的是维护资产阶级的利益。其后，在《德意志意识形态》中，马克思对德国社会主义者库尔曼的分配思想产生了疑问。尽管在这些理论著作中马克思对未来社会主义的分配思想还没有给予明确的说明，但是马克思、恩格斯已经认识到未来社会的分配理论与资本主义分配理论的不同。

随着马克思、恩格斯对政治经济学的研究和唯物史观的创立，马克思、恩格斯对分配的性质和内容有了更加深入的了解和认识。在《〈政治经济学批判〉导言》中，马克思论述了产品的分配相对生产来说并不是独立的，分配的性质是由占主导地位的生产关系决定的，这种分配是社会各成员在各类生产之间的分配，"分配的结构完全决定于生产的结构，分配本身是生产的产物，不仅就对象说是如此，而且就形式说也是如此"②。在《1857—1858 年经济学手稿》中，马克思提出："单个人的劳动一开始就被设定为社会劳动。因此，不管他所创造的或协助创造的产品的特殊物质形式如何，他用自己的劳动所购买的不是一定的特殊产品而是共同生产中的一定份额。"③ 从而形成了以社会劳动作为直接尺度的分配原则。

在《资本论》的第一卷中，马克思对他的分配理论又作了进一步的说明，他认为在"自由人的联合体"中，产品"分配的方式会随着社会生产有机体本身的特殊方式和随着生产者的相应的历史发展程度而改变。仅仅为了同商品生产进行对比，我们假定，每个生产者在生活资料中得到

① 《马克思恩格斯文集》第一卷，人民出版社 2009 年版，第 115 页。
② 《马克思恩格斯全集》第四十六卷（上册），人民出版社 1979 年版，第 32—33 页。
③ 《马克思恩格斯全集》第三十卷，人民出版社 1995 年版，第 122 页。

的份额是由他的劳动时间决定的。这样，劳动时间就会起双重作用。劳动时间的社会的有计划的分配，调节着各种劳动职能同各种需要的适当的比例”①。在这个分配理论中，马克思提出了由自由人联合体共同占有社会产品，分配方式则按照劳动时间来给予衡量，劳动者得到多少生产资料要取决于生产者的劳动时间的长短。产品的分配方式产生的条件和性质，随着社会生产机体的特殊性和劳动者的历史发展过程的变化而发生相应的变化，这也是马克思按劳分配理论的提出。在《资本论》第二卷中，马克思又给予了进一步的论述。在生产资料公有制的前提下，商品资本在生产中不复存在。不同的生产部门按照一定的比例分配生产资料和劳动力，劳动者按照各自的劳动量获得一个纸质的凭证，然后用纸质凭证可以从社会消费品储备中获得消费资料。至此，马克思已确立了未来社会按劳分配理论的基本构想。在《哥达纲领批判》中，马克思在批判资本主义私有制的基础上，详细地论述了其按劳分配原则，标志着按劳分配理论的正式形成。社会主义和共产主义是马克思对共产主义所进行的两个阶段的划分，在第一个阶段，在生产力水平较低的情况下，虽然实行了生产资料的公有制，但旧的社会分工的存在，劳动仍然是这个阶段谋生的主要方式，因而，个人消费品的分配只能实行按劳分配。到了共产主义的高级阶段，生产资料和生活资料都实行公有制，劳动不再作为谋生的方式，生产力水平会得到极大的提高，个人得到了全面的发展，在这个阶段产品分配就实行各尽所能，按需分配。

2. 马克思未来社会收入分配理论的内容

马克思认为，未来社会主义是以社会劳动者的共同协作和对自己劳动产品共同占有的生产资料的公有制为基础的。只有生产资料的公有制才能保证社会上每个成员的所有权和占有资产的均等性。在生产资料公有制下，人们可以用公共的生产资料进行劳动，劳动产品归劳动者共同占有，劳动产品按照每个劳动者提供的劳动数量和质量给予分配，劳动者使用社会共同的生产资料进行劳动，并将他们自己的许多个劳动力看作一个整体的社会劳动力加以使用，社会的产品就是这个联合劳动的总产品。劳动者依据某种社会形式对自然物质占有进行社会生产，因而对生产资料的占有

---

① 《马克思恩格斯文集》第五卷，人民出版社2009年版，第96页。

是生产的条件，不存在生产资料的占有就谈不上生产，也就没有分配。因此，马克思是从生产资料的所有制关系出发来研究产品的分配的。

马克思指出，按劳分配在社会主义生产关系中实行个人消费品的分配原则。由于实行生产资料的公有制，用于分配的产品不是社会总产品，而是社会总产品扣除用于生产方面的消耗和需求后，剩下的作为社会成员的个人消费品。每个劳动者所获得的个人消费品是按照其所提供的劳动量来衡量，由于旧的社会分工的存在，劳动仍然是社会主义阶段谋生的方式，因此，每个劳动者的劳动量是实行按劳分配的标准。由于生产资料的公有制，劳动者占有全部生产资料，因而商品经济不复存在，劳动者之间不需要进行产品交换。“个人的劳动不再经过迂回曲折的道路，而是直接作为总劳动的组成部分存在着。”[①] 在生产资料公有制条件下，由于劳动者的个人劳动不再是私人劳动，而是社会劳动的一部分，因而私人劳动转化为社会劳动已经不再需要迂回曲折的过程。劳动者的劳动数量可以直接作为计算标准来衡量消费资料的分配，这样个人劳动量就成为实行按劳分配的尺度。“每一个生产者，在作了各项扣除以后，从社会领回的，正好是他给予社会的。他给予社会的，就是他个人的劳动量。……他以一种形式给予社会的劳动量，又以另一种形式领回来。”[②] 这样用等量的劳动量获得了等量的消费资料，按劳分配作为一种分配方式通过劳动量得以实现。

马克思提出按劳分配在资本主义私有制下的平等只是针对资产阶级的平等。在共产主义的第一阶段，实行按劳分配，社会分配是以劳动量为尺度进行个人消费品的分配，劳动者都享有平等的权利。然而，由于这个阶段生产力水平还不发达，劳动者之间存在着劳动能力、天赋等方面的差别，这种平等的权利又是事实上的不平等。即使劳动者获取的劳动报酬相等，也可能家庭负担的轻重不同，会造成他们之间生活消费上的不平等，必然造成劳动者生活水平高低差异。“这里通行的是商品等价物的交换中通行的同一原则，即一种形式的一定量劳动同另一种形式的同量劳动相交换。所以，在这里平等的权利按照原则仍然是资产阶级权利。”[③] 事实上，

---

① 《马克思恩格斯文集》第三卷，人民出版社 2009 年版，第 434 页。

② 《马克思恩格斯文集》第三卷，人民出版社 2009 年版，第 434 页。

③ 《马克思恩格斯文集》第三卷，人民出版社 2009 年版，第 434 页。

共产主义的第一个阶段社会主义社会的按劳分配是建立在生产资料公有制的前提下，因而这种“资产阶级的权利”的内容和形式都发生了相应的变化。在生产资料公有制条件下，劳动者的身份发生了变化，从资本家和工人转变为生产者和消费者，在商品交换中，等量劳动获得等量权利。当然，马克思也看到了按劳分配也存在着不足。因而，这个阶段的分配方式也仅仅以过渡的形式存在，随着生产力水平的不断提高，达到共产主义的高级阶段，人才能够得到全面的发展，人们的劳动差别才能消失，最终实现“各尽所能，按需分配”的平等的分配方式。

三　马克思的市场理论

市场理论是马克思主义理论体系中的重要组成部分，马克思通过对资本主义生产方式进行剖析，对市场本质、市场机制和市场经济都展开了深入而细致的探索，形成了科学的市场理论。马克思在考察市场运行机制的过程中，不仅指出了市场机制的积极作用，同时也分析了市场机制的局限性和弊端，以此创立的市场理论构成了马克思主义经济学的重要组成部分。

1. 马克思关于市场本质的论述

市场是一个抽象的范畴，马克思认为“流通是商品所有者的全部相互关系的总和”①。由于社会分工的存在，商品生产者要想使其生产的商品价值得以实现，只有在市场上进行产品之间的等价交换，这样市场就成为商品交换的场所。商品生产者进行的交换活动，也就成为彼此之间发生各种联系的纽带。商品所有者在市场上进行产品的交换活动，就是商品所有者为了体现自己的意志以物的形式发生彼此的联系。市场成为商品的聚集地，商品的交换是在市场上在流通领域内进行的交换，这就表明市场成为社会再生产产品交换的枢纽和中转站，因而，马克思提出商品进入流通领域后，就会被流通的蓄水池所吸收，“这些蓄水池既是生产的排水渠，又是消费的引水渠。只要商品处于蓄水池中，它就是商品，因而就处于市场上，处于流通中。它只是点点滴滴地被年消费从流通中抽出”②。市场

① 《马克思恩格斯全集》第二十三卷，人民出版社 1972 年版，第 188 页。

② 《马克思恩格斯全集》第二十六卷（第三册），人民出版社 1974 年版，第 313 页。

是在商品生产者交换产品的基础上同商品交换同时产生的，生产者和消费者双方通过物与物的交换来体现出双方的经济关系。

市场是买卖双方流动的场所，因而它既是商品交换关系的总和，又是商品经济运动的总体。市场是流通领域的总表现，但又与商品的生产领域有着内在的联系。市场为生产提供了前提，保障了再生产的继续进行，货币只有在市场上实现生产所需要的物质资料和生产要素，商品生产才能进行。商品生产出来以后在市场上做一个短暂的停留，然后又以货币的形式收回转化为再生产所需要的生产资料。因而，市场是商品的市场，没有商品就没有市场。市场成为商品交换的中介，每一种商品只有在市场的流通过程中才能实现其价值，而且价值的大小也取决于市场的状况。市场作为价值实现的核心纽带，将彼此独立的商品生产者联系起来成为一个有机整体。

2. 马克思的市场运行机制

市场是商品经济运行的形式，市场作为一种社会行为，这是一种不自觉的，无意的行为[①]。市场既是个人行为也是社会行为。商品交换是商品生产者之间自愿平等的交换，双方互相承认对方是自己的商品所有者，谁也没有特权强迫对方。当商品在市场上实现了同其他商品交换的时候，商品的价值才能体现，其社会属性才能体现出来。“商品在能够作为使用价值实现以前，必须先作为价值来实现。”[②] 交换是价值和使用价值得以实现的条件，市场则为交换的实现准备了场所。

市场由各种生产要素构成，这些生产要素包括价格、供求、竞争等。生产要素是市场不可或缺的内容。市场就是依靠这些生产要素之间的相互作用，来实现生产经营活动。市场机制能有效地调节社会经济的发展，使社会资源和社会总劳动在各个部门间流动，实现资源的合理配置。市场竞争使得资本在不同生产部门中流入或流出，价格高时资本流入，价格低时资本流出，从而实现资源的自由配置。同时，市场机制又可以指导商品生产者和经营者的生产活动，为他们的生产提供导向，从而可以避免在生产过程中的失误。“我们把商品占有者可能发生的纯粹主观的计算错误撇

① 《马克思恩格斯文集》第七卷，人民出版社 2009 年版，第 745 页。

② 《马克思恩格斯文集》第五卷，人民出版社 2009 年版，第 104 页。

开，因为这种错误在市场上马上可以得到客观的纠正。”[1]

马克思提出：“商品价格只有在货币价值不变、商品价值提高时，或在商品价值不变、货币价值降低时，才会普遍提高。”[2] 反之亦然。商品的价格是由商品的价值来决定的，虽然市场上各种商品的价格涨落不定，但价格的上下波动只能围绕价值这个中心来展开，它不能脱离价值而任意变动，其变动的根本离不开商品的价值。价格不仅由商品价值来决定，而且受货币价值的影响。货币出现以后，一切商品的价值都是通过货币表现出来的，货币自身价值的变化必然会影响价值表现形式的变化，价格也会随之出现波动。另外商品的价格还受到供求关系的影响，由于商品生产者在进行生产时，并不能确切地知道市场上对该类商品的需求量，在这种情况下，当某种商品供给超过需求时，商品生产者为了卖出自己的商品，不得不相互竞争，在市场上减价出售，商品的价格就会低于价值。当某种商品供不应求时，市场上的买者相互竞争，抬价出售，商品的价格就会高于价值。这种供求关系调节着市场上商品的价格，从而使社会生产和社会需求在价格的不断波动的过程中趋向平衡。

在经济运行的过程中，市场是连接买者和卖者双方主体的中介，从而使商品价值得以实现的场所。正如马克思所说：“供给等于某种商品的卖者或生产者的总和，需求等于这同一种商品的买者或消费者（包括个人消费和生产消费）的总和。而且，这两个总和是作为两个统一体，两个集合力量来互相发生作用的。”[3] 在现实生活中，供给和需求并不总是完全一致的，二者之间存在着内在的联系。商品包含使用价值和价值两个因素，生产者生产出商品的目的是获得价值，成为市场上的供方；而消费者购买商品的目的是获得使用价值，成为市场上的需求方，卖者和买者的意愿就成为市场活动的主体。供需之间的变化就会影响商品的价格，需求减少，价格降低，资本流入其他部门，生产减少导致供给减少，供给减少，价格上涨，资本就会流入这个生产部门，生产增加，供给大于需求，价格又高于价值。这样市场通过商品需求和市场价格来调节社会生产，最终使

① 《马克思恩格斯文集》第五卷，人民出版社 2009 年版，第 128 页。
② 《马克思恩格斯文集》第五卷，人民出版社 2009 年版，第 119 页。
③ 《马克思恩格斯文集》第七卷，人民出版社 2009 年版，第 215 页。

社会总需求和总供给在运动中保持动态的相对平衡。

竞争是市场充满活力的重要因素，是市场不可或缺的重要组成部分，供求体现的是买和卖的关系，而“竞争斗争是通过使商品便宜来进行的”①。竞争是商品生产者和消费者之间利益的争夺，是商品经济的外在驱动力。商品价值的确立和实现过程，是商品价值量的确定和市场价格的实现过程，也是商品生产者和消费者之间竞争的过程。竞争能够提高劳动生产率和促进社会生产力的发展，商品生产者为了在竞争中处于不败之地，往往会通过改进技术，改善经营管理，提高劳动生产率，使自己的个别劳动时间低于社会必要劳动时间，进而推动整个社会商品经济和生产力的发展。供求使商品价格时而高于价值，时而低于价值，而竞争则使这种差额不断消失。由于竞争的存在，各个部门为了争夺最有利的投资场所，使得生产者的资本不断从利润率低的部门流向利润率高的部门，使利润趋于平均化，商品的价值转化为生产价格。正是通过部门内和不同部门之间的竞争，资本在各个部门之间自由流转，实现生产资料、资金和劳动力在不同部门之间的合理配置，从而促进整个国民经济的协调发展和社会经济整体效益的提高。

3. 马克思市场理论的批判性

市场通过价格机制、供求机制和竞争机制调节着生产与消费，对资源进行合理的配置，自发地调节社会收入的分配，有效地提高了社会生产效率。然而市场对经济生活进行自发调节，发挥资源配置优势的同时，自身也存在着许多不足。

市场是社会资源调节的重要手段，是一种自发的运动过程，因而这就必然使市场的调节出现滞后性、盲目性、无序性以及造成社会资源的浪费。市场由于受到供求关系变化的影响，从而导致商品价格发生变动，商品价格的波动反过来又影响了供需，进而影响社会的再生产。因而，市场“只是在事后作为一种内在的、无声的自然必然性起着作用，这种自然必然性只能在市场价格的晴雨表式的变动中觉察出来”②。商品生产者根据市场发出的指令进行资源配置，调整生产，然而由于市场的事后性的调

① 《马克思恩格斯文集》第五卷，人民出版社2009年版，第722页。

② 《马克思恩格斯文集》第五卷，人民出版社2009年版，第412页。

节，使商品生产者无法准确地把握生产规模，生产具有一定的盲目性，就会带来资源的重大浪费，加剧生产与销售之间的矛盾，引发新的资源分配的不均。

市场在发挥自发调节作用的同时，竞争也在一定程度上调节着供求的平衡，竞争伴随着市场的出现而出现。竞争刺激商品生产者改进技术，改善经营管理提高劳动生产率，但是竞争也会带来一些消极的后果。商品生产者在内在利益的驱动下，为了保持其能在竞争中获得优势，往往会保守经营秘密，限制新技术的推广，这就在一定程度上阻碍了新技术的扩散和生产经营的普遍提高，阻碍了社会生产力的发展。竞争引起商品生产者出现两极分化，导致垄断的发生，阻碍技术的进步。在商品经济条件下，各个商品生产者的劳动技能不同，生产设备不同，生产同一种商品所花费的劳动时间不同，那些生产条件较好的商品生产者通过改进技术，改善经营管理，从而使他们的个别劳动时间低于社会必要劳动时间，就会获利，积累社会财富。而那些处于不利条件的商品生产者可能亏损甚至破产。这样少数积累了大量财富的商品生产者就会联合起来，操纵和控制本部门的生产和销售，垄断得以产生。那些处于不利条件的商品生产者为了摆脱困境，甚至会采取不当的手段，这样又会出现不当竞争和恶性竞争的现象，最终引发一系列社会问题，破坏社会生产力，阻碍社会生产的发展。

第二节　当代英美市场社会主义和中国社会主义市场经济的异同

当代英美市场社会主义理论和中国社会主义市场经济理论在某些方面有着共性，都主张市场和社会主义的结合，以实现公平、效率、自由、民主等价值目标为导向，强调公有制的作用和市场配置资源的基础性。市场社会主义无论是在实现社会主义价值目标上，还是收入分配方面都与中国社会主义市场经济有着许多共同的地方，但二者也有许多不同之处。

一　当代英美市场社会主义和中国社会主义市场经济的共同特征

1. 社会主义价值目标方面的共性

英美市场社会主义是20世纪90年代西方左翼学者在现有的资本主义

效率的基础上追求自由、平等、民主等价值目标的理论探索，其目的是达到效率和公平的有机结合。它们对资本主义私有制产生的贫困、剥削、压迫等一系列社会不平等问题进行了有力的批判，并且提出用社会改革来建构自由、平等、公正、富裕和全面发展的社会制度。他们认为社会主义是一种平等、自由、民主的目的状态，“社会主义的目标最好被考虑成一种平等主义，而不是被考虑成一种具体财产关系的实施。换句话说，我的意思是，社会主义者评价财产关系必须根据这些财产关系提供平等主义的能力”①。也就是说社会主义的目标不仅仅是要实现经济上的平等，还考虑要实现“社会平等”，使得社会成员都拥有平等的机会和起点。因此，当代英美市场社会主义理论在寻找社会主义理论的新支点方面作了有益的探索，并把“民主”理念植入其中。他们在各自的理论设计上，都体现了实现民主的目标。效率问题也是当代英美市场社会主义普遍关注和探讨的问题。它们认为，只有将市场和社会主义结合才能达到效率和平等的协调。

当代英美市场社会主义从它们所探寻的价值目标来看，与中国社会主义市场经济所追求的价值目标具有某种程度的契合性，都着力于实现平等、效率、自由、民主等价值目标。平等、效率、自由、民主等一直是社会主义市场经济追求的价值目标。党的十三大提出要“在促进效率提高的前提下体现社会公平”②，党的十五大明确提出“坚持效率优先，兼顾公平”③。进入新时代，习近平总书记提出“更好实现效率与公平相兼顾、相促进、相统一”④ 的重要思想。效率与公平是社会主义市场经济发展的重要目标，是实现共同富裕的重要命题，也是促进自由、民主发展的重要保障。共同富裕着力于实现全体人民的富裕，体现了社会主义的公平。邓小平同志认为，“社会主义最大的优越性就是共同富裕，这是体现社会主义本质的一个东西”⑤。习近平总书记则强调：“共同富裕是社会主义的本

① ［美］约翰·罗默：《社会主义的未来》，余文烈等译，重庆出版社 1997 年版，第 113—114 页。

② 《十三大以来重要文献选编》（上），中央文献出版社 2011 年版，第 28 页。

③ 《十五大以来重要文献选编》（上），中央文献出版社 2000 年版，第 21 页。

④ 习近平：《推进中国式现代化需要处理好若干重大关系》，《求是》2023 年第 19 期。

⑤ 《邓小平文选》第三卷，人民出版社 1993 年版，第 364 页。

质要求，是人民群众的共同期盼。我们推动经济社会发展，归根结底是要实现全体人民共同富裕。"[①] 就是要体现社会的公平与正义，"实现社会公平正义是由多种因素决定的，最主要的还是经济社会发展水平"。社会主义市场经济就是要解放生产力、发展生产力，推动中国经济高质量发展，最终实现共同富裕，解决社会公平正义问题。

党的十八大明确指出了"倡导富强、民主、文明、和谐，倡导自由、平等、公正、法治，倡导爱国、敬业、诚信、友善，积极培育社会主义核心价值观"。[②] 这 24 字构成了社会主义核心价值观的基本内容。社会主义市场经济内在地克服了资本主义市场经济对自由、平等、公正、民主、法治等价值观的异化，将社会主义核心价值观作为其内在要求。社会主义市场经济强调生产资料的公有制，消除了由生产资料占有上的不平等所导致的收入和财富两极分化的现象。但平等和公平都是相对的，社会主义市场经济内在追求的平等不是消除所有社会差别的平等，是以承认劳动者个人能力的差异为前提的，"平等就在于以同一尺度——劳动——来计量"[③]。社会主义市场经济鼓励一部分人通过自己的劳动先富起来，带动后富，最终实现共同富裕。社会主义市场经济所追求的价值目标从一定意义上给当代英美市场社会主义提供了论证的实践佐证，而当代英美市场社会主义也在模式设计和具体思想方面为中国社会主义市场经济提供了借鉴材料。

2. 社会主义和市场相结合思想的共性

当代英美市场社会主义与中国社会主义市场经济都主张在经济领域中引入市场，使市场在资源配置中发挥基础性作用，将市场和社会主义相结合。当代英美市场社会主义者认为，计划和市场只是两种不同的资源配置的手段和工具，是两种不同的经济手段，"我们希望证明市场是能够用来实现社会主义的目的的。运用市场来实现社会主义的目的便是我们所指的市场社会主义"[④]。市场社会主义就是要发挥市场在资源中的配置作用。社会主义可以同市场"联姻"，市场可以实现人与人之间在福利、地位和

① 《习近平谈治国理政》第四卷，外文出版社 2022 年版，第 116 页。

② 《十八大以来重要文献选编》上，中央文献出版社 2014 年版，第 25 页。

③ 《马克思恩格斯选集》第三卷，人民出版社 1995 年版，第 304 页。

④ ［英］索尔·埃斯特林、尤里安·勒·格兰德编：《市场社会主义》，邓正来、徐泽荣等译，经济日报出版社 1993 年版，第 1 页。

权利、自由等方面的较大平等。“市场社会主义的生产能力取决于这样一个要求，即生产资料的私有制对一个市场体系的成功实施，是不必要的。”① 市场经济与社会制度没有必然的联系，它不但可以存在于资本主义社会中，同样它也可以用来达到社会主义的目的。市场最突出的特点就是它能够使经济效率达到最优化，因为在一个试图接纳社会主义目标的复杂的工业社会中，在交易机制中市场应该成为主导形式，以令人满意的方式同其他制度一起为经济制度配置资源、提供信息和激励机制②。

党的十一届三中全会以来，中国突破了计划经济的传统思想。1979年中国改革开放的总设计师邓小平同志在会见美国不列颠百科全书编委副主席吉布尼等人提到，“说市场经济只存在于资本主义社会，只有资本主义的市场经济，这肯定是不正确的……社会主义也可以搞市场经济”③。1985年邓小平同志在会见美国时代公司总编辑格隆瓦尔德时又提出，“社会主义和市场经济之间不存在根本矛盾。问题是用什么方法才能更有力地发展社会生产力”④。1992年邓小平南方谈话提出“计划多一点还是市场多一点，不是社会主义与资本主义的本质区别。计划经济不等于社会主义，资本主义也有计划；市场经济不等于资本主义，社会主义也有市场。计划和市场都是经济手段”⑤。从根本上破除了传统思想认为的只有资本主义才能发展市场，社会主义只能实行计划的错误观点，成为中国在建设社会主义市场经济的过程中的一盏指路灯。同年，党的十四大提出：“我们要建立的社会主义市场经济体制，就是要使市场在社会主义国家宏观调控下对资源配置起基础性作用。”⑥ 这个思想确立了社会主义市场经济体制的目标。强调在国家宏观经济调控下，发挥市场配置资源的作用。党的十五大提出：“坚持和完善社会主义市场经济体制，使市场在国家宏观调控下对

① Pranab K. Bardhan and John E. Roemer, *Market Socialism: The Current Debate*, Oxford University Press, 1993, p. 270.

② ［英］索尔·埃斯特林、尤里安·勒·格兰德编：《市场社会主义》，邓正来、徐泽荣等译，经济日报出版社1993年版，第107页。

③ 《邓小平文选》第二卷，人民出版社1994年版，第236页。

④ 《邓小平文选》第三卷，人民出版社1993年版，第148页。

⑤ 《邓小平文选》第三卷，人民出版社1993年版，第373页。

⑥ 《江泽民文选》第一卷，人民出版社2006年版，第226页。

资源配置起基础性作用。”① 党的十六大提出：“在更大程度上发挥市场在资源配置中的基础性作用，健全统一、开放、竞争、有序的现代市场体系。推进资本市场的改革开放和稳定发展。发展产权、土地、劳动力和技术等市场。创造各类市场主体平等使用生产要素的环境。深化流通体制改革，发展现代流通方式。整顿和规范市场经济秩序，健全现代市场经济的社会信用体系，打破行业垄断和地区封锁，促进商品和生产要素在全国市场自由流动。”②

如何将社会主义和市场有机结合起来，一直是当代英美市场社会主义和中国社会主义市场经济共同思考的问题。当代英美市场社会主义者在引入市场机制的同时，也认识到了市场自身存在的缺陷。无论是计划还是市场都是不完善的机制，各种经济在运行的过程中都会不同程度地既运用计划也运用市场，问题就在于在分配资源的过程中计划和市场哪一种机制是作为主要的方法。如果市场是作为主要的经济体制，计划就可以在需要的时候给予必要的补充；如果计划是作为主要的经济体制，那么市场机制必然式微，有可能减弱到无所作为。因而，市场机制作为主要的交易机制是最好的方式，只有在市场需要时用非市场机会给予补充。③ 因而当代英美市场社会主义者在构建各自未来社会的模式时，都积极寻求公有制与市场经济结合的最佳方式。无论是经济管理型模式还是工人自治模式都既强调了市场机制的主导作用，也强调了计划的积极有益的补充机制，是公有制形式和市场运作的相结合。

中国的社会主义市场经济同样也注重公有制和市场机制的有机结合。中国的社会主义市场经济是在坚持社会主义公有制为主体的前提下实行的市场经济，是同中国的社会主义制度相结合，并受到我国政治制度和文化制度的影响的经济体制。社会主义市场经济在发挥市场资源配置的调节作用的同时也不忽视政府宏观调控的作用，通过结构调整、政策引导、法律法规等行政手段对市场进行必要的管理，从而为市场正常运行提供了一个

① 《江泽民文选》第二卷，人民出版社 2006 年版，第 17 页。

② 《江泽民文选》第三卷，人民出版社 2006 年版，第 549 页。

③ ［英］索尔·埃斯特林、尤里安·勒·格兰德编：《市场社会主义》，邓正来、徐泽荣等译，经济日报出版社 1993 年版，第 144 页。

公正、稳定、有序的经济环境。正如习近平总书记所言，“要推动有效市场和有为政府更好结合”[①]。市场经济是充分竞争的经济，有效市场可以促使市场主体在竞争中发展壮大，推动科学技术创新，使市场主体充满生机活力；有为政府就是“政府要集中力量办好市场办不了的事”[②]，通过宏观调控政策，压缩经济周期的波动幅度，减少或消除外在的冲击，为市场主体提供最大可能的发展空间。社会主义市场经济下的有效市场和有为政府的结合从本质上体现了以人民为中心的社会主义和市场经济的深度结合。因而，二者在公有制和市场结合的理念上还是有很大的相似性。

3. 收入分配方式方面的共性

“按劳分配为主体、多种分配方式为补充”的分配方式是当代英美市场社会主义和中国社会主义市场经济共同追求的分配思想。关于收入分配的理念，当代英美市场社会主义者提出了许多不同的构想，但总体上他们都是在对传统社会主义的分配方式存在的弊端的分析和批判资本主义不公正的分配方式的基础上，又吸收了资本主义在分配制度上进行政策调整的成功经验的基础上发展而来的一种新的分配模式。这种新的分配模式确定“劳动是收入的唯一源泉”[③]，实行按劳分配制度。当代英美市场社会主义者认为，收入分配平等关系着社会平等正义的实现，是公平正义实现的首要前提。劳动不是商品而是生产要素，它在劳动的过程中就获得了民主的权利，在利润分配的过程中和其他生产要素不同。在他们看来，公有企业的所有者是全体企业成员，因而企业利润也应当归全体职工按照一定的原则来进行分配。尽管他们在各自设计未来社会主义模式时，都提出了不同的分配方式，但都秉承了按劳分配、多种分配方式并存的原则。比如，詹姆斯·扬克设计了生产资料归企业全体成员所有，按企业工人的工资和薪金分配企业红利的分配方案。在此方案中，扬克提出按照劳动者的工资和薪金的多少公平地分配企业利润。罗默设计了按证券公平地分配企业利润的分配方案。在该模式中，罗默提出国家发放一定数额的证券给每个成年公民，让其用证券来购买企业股票，以此来分享企业的利润，企业利润按

① 《习近平谈治国理政》第四卷，外文出版社 2022 年版，第 200 页。

② 《习近平谈治国理政》第二卷，外文出版社 2017 年版，第 244 页。

③ Radoslav Selucky, *Maxism*, *Socialism and Freedom*, London: Palgrave Macmillan UK, 1979.

证券平等分配。[①] 大卫·施韦卡特设计了通过民主的方式分配企业利润的分配方案。虽然当代英美市场社会主义者们所设计的社会主义模式都不尽相同，但在分配方式上，他们都遵循按劳分配的原则。但同时，英美市场社会主义也允许收入的不同差距，在此它强调市场机制的作用，由于人们的素质、能力以及受教育的水平不同，因而，收入的不平等是不可避免的。要想实现收入的平等化，就要让劳动者参与企业利润的分配。

中国的社会主义市场经济在分配方式上也遵循了按劳分配的原则。按照马克思主义的理论，生产关系特别是所有制关系决定了分配关系。马克思认为，由于生产力发展水平的限制，在共产主义的第一阶段应该实施按劳分配的分配方式。因为，一方面，新社会是脱胎于资本主义社会，因而在经济、道德、精神等方面还带有资本主义社会的痕迹；另一方面，社会中每个成员能够向社会提供的只能是自己的劳动，从社会上获得的也只能是自己的消费品。进而，在分配方式上则采取个人消费品的按劳分配原则，也就是说，每个劳动者扣除了个人所需的必要后，从社会上领取的也就是他所给予社会的。这一原则也是商品交换的同一原则，等量劳动相交换的原则。[②] 根据对马克思主义理论的理解，分配制度是一个社会经济制度的重要组成部分也是一个社会所有制的体现。中国在探索社会主义初级阶段道路时，邓小平同志提出如何在促进中国生产力发展的同时创造性地发展马克思主义的按劳分配理论。

在坚持按劳分配的同时，当代英美市场社会主义也允许私人企业的存在，个人的收入不仅仅来源于劳动，也可以来源于资本。也就是说，当代英美市场社会主义在分配方式上允许其他分配方式共存。中国社会主义市场经济也突破了传统社会主义单一的按劳分配方式，党的十三大提出："社会主义初级阶段的分配方式不可能是单一的。我们必须坚持的原则是，以按劳分配为主体，其他分配方式为补充。"[③] 党的十四大和十四届

---

① ［美］伯特尔·奥尔曼：《市场社会主义——社会主义者之间的争论》，段忠桥译，新华出版社2000年版，第13页。

② 《马克思恩格斯选集》第三卷，人民出版社1995年版，第305—306页。

③ 《十三大以来重要文献选编》上，中央文献出版社2011年版，第28页。

三中全会提出“在分配制度上，以按劳分配为主体，其他分配方式为补充，兼顾效率与公平”①。党的十五大总结改革开放以来社会主义建设中存在的一些问题，提出“坚持按劳分配为主体、多种分配方式并存的制度。把按劳分配和按生产要素分配结合起来”，“允许和鼓励资本、技术等生产要素参与收益分配”。② 党的十六大在“按劳分配与按生产要素分配相结合”的基础上，进一步明确了生产要素参与分配的基本原则，提出“确立劳动、资本、技术和管理等生产要素按贡献参与分配的原则，完善按劳分配为主体、多种分配方式并存的分配制度”③。党的十七大构建社会主义和谐社会的实践理论又提出：“要坚持和完善按劳分配为主体、多种分配方式并存的分配制度，健全劳动、资本、技术、管理等生产要素按贡献参与分配的制度”。④

党的十八大以来，中国共产党持续推进收入分配制度的改革。党的十九大指出：“坚持按劳分配原则，完善按要素分配的体制机制，促进收入分配更合理、更有序。”⑤ 在各种生产要素参与分配方面，习近平总书记指出，“当代经济发展的一个重要特征，是知识、技术、管理等生产要素在生产中的贡献明显提升，分配要体现这个变化趋势”⑥。因此，“要充分体现按劳分配，多劳多得、少劳少得、不劳不得。同时，无论是劳动、资本、土地，还是知识、技术、管理，都应该按各自贡献获得相应回报”⑦。按劳分配和按生产要素分配相结合的分配方式，既激发了经济活力，又实现了社会公平。随着中国特色社会主义进入新时代，我国社会的主要矛盾发生了变化，党的二十大在坚持“按劳分配，多种分配方式并存”的基础上，提出“坚持多劳多得，鼓励勤劳致富，促进机会公平，增加低收入者收入，扩大中等收入群体。……规范收入分配秩序，规范财富积累机制”⑧。中

① 《十四大以来重要文献选编》上，中央文献出版社 2011 年版，第 17 页。

② 《十五大以来重要文献选编》上，中央文献出版社 2011 年版，第 21 页。

③ 《十六大以来重要文献选编》上，中央文献出版社 2005 年版，第 21 页。

④ 《十七大以来重要文献选编》上，中央文献出版社 2009 年版，第 30 页。

⑤ 《习近平谈治国理政》第三卷，外文出版社 2020 年版，第 36 页。

⑥ 《习近平关于社会主义社会建设论述摘编》，中央文献出版社 2017 年版，第 42 页。

⑦ 《习近平关于社会主义社会建设论述摘编》，中央文献出版社 2017 年版，第 42 页。

⑧ 习近平：《高举中国特色社会主义伟大旗帜 为全面建设社会主义现代化国家而团结奋斗——在中国共产党第二十次全国代表大会上的报告》，人民出版社 2022 年版，第 47 页。

国的社会主义市场经济以马克思主义分配理论为指导，坚持“以人民为中心”，在承认个体资源禀赋差异前提下，克服了传统分配制度的“平均主义”，激发了各类生产要素的活力，调动了市场主体的积极性，推动了中国经济的高质量发展。

4. 所有制结构方面的共性

当代英美市场社会主义和我国的社会主义市场经济都普遍主张实行生产资料的公有制。当代英美市场社会主义认识到公有制对于实现社会平等具有重要的作用，他们认为资本主义社会之所以充满矛盾，是一个不平等、不民主的社会，缘于资本主义生产资料的私有制。正是私有制的存在，才造成了社会的不平等。他们认为，公有制对社会主义制度来说是必不可少的，“在对待财产关系的态度上，社会主义者应该是折衷主义者：可能有许多所有制形式比传统的生产资料国家所有制形式更服从于社会主义的目标”[①]。所以，当代英美市场社会主义者在构建各自的市场社会主义模式中，都主张消灭私有制建立公有制的社会结构。对此皮尔森提出，“市场社会主义模式的核心主张就是消灭大规模的资本私人所有制，代之以某种形式的‘社会所有制’。即便是市场社会主义的最保守的代表人物（例如扬克和斯陶贝尔等人）也认为废除大规模的资本私人所有是至关重要的”[②]。由此可见，当代英美市场社会主义认为，资本主义社会的剥削与收入分配上的差距等不平等现象都是来源于资本的私有制，消灭私有制，建立公有制，使市场真正为社会主义服务，因而建立生产资料的公有制是必要的也是必需的。

当代英美市场社会主义提倡生产资料实现形式的多样化。他们认为，要想达到社会主义目的，就必须以某种形式的公有制为基础，把市场配置资源的方式同经济社会所有制结合起来。克里斯托弗·皮尔森提出，建立“一种把市场和各种形式的资本社会所有制结合起来的替代模式”[③]。而布鲁斯也认为，“在可预见的将来，市场社会主义的唯一现实情形看来是一

① ［美］约翰·罗默：《社会主义的未来》，余文烈等译，重庆出版社 1997 年版，第 6 页。

② ［英］克里斯托弗·皮尔森：《新市场社会主义——对社会主义命运和前途的探索》，姜辉译，东方出版社 1999 年版，第 119 页。

③ ［英］克里斯托弗·皮尔森：《新市场社会主义——对社会主义命运和前途的探索》，姜辉译，东方出版社 1999 年版，第 104 页。

种混合经济，其中，不同形式的国有企业逐渐在平等的基础上与私人企业和合作企业进行竞争。这意味着，国有企业能否适应以及怎样以最少的损失适应包括资本市场在内的真正的市场制度这一问题，仍然具有极其重要的意义"①。基于以上的观点，他们允许在实行公有制的同时，其他的所有制，如私有制、混合所有制等所有制形式也能在市场社会主义制度中存在。

中国一向坚持将公有制作为我国的一项根本原则，从新中国成立到三大改造完成以后，我国逐步确立了公有制的经济制度。新中国成立以后党对中国的社会主义所有制理论开始了积极的探索，认为私有制的存在，使企业内部的工人和资本家之间存在着不可克服的矛盾，只有进行社会主义改造才能调动工人的生产积极性。随着我国社会主义公有制的确立，我国建立了计划经济体制，这种体制严重地挫伤了劳动者的生产积极性，使企业失去了活力，阻碍了经济的发展。党和国家领导人认识到在坚持公有制的基础上，将私营经济和个体经济作为社会主义公有制的必要补充。

随着我国改革开放的深入发展，邓小平同志提出，"在改革中，我们始终坚持两条根本原则，一是以社会主义公有制经济为主体，一是共同富裕"②。在保持公有制主体地位下，适当地发展个体经济、私营经济和外资经济等经济成分。"我们允许个体经济发展，还允许中外合资经营和外资独营的企业发展，但是始终以社会主义公有制为主体。"③ 党的十一届三中全会再次提出，"个体经济是社会主义经济必要的有益的补充，是从属于社会主义经济的"。党的十二大进一步指出："在农村和城市，都要鼓励劳动者个体经济在国家规定的范围内和工商行政管理下适当发展，作为公有制经济的必要的、有益的补充。"④ 随后党的十四届三中全会又提出，"必须坚持以公有制经济为主体，多种经济成分共同发展的方针"⑤。党的十五大报告提出："公有制实现形式可以而且应当多样化。一切反映

---

① ［波］W. 布鲁斯、K. 拉斯基：《从马克思到市场：社会主义对经济体制的求索》，银温泉译，上海三联书店、上海人民出版社1998年版，第195页。

② 《邓小平文选》第三卷，人民出版社1993年版，第142页。

③ 《邓小平文选》第三卷，人民出版社1993年版，第110页。

④ 《十二大以来重要文献选编》上，人民出版社1986年版，第20—21页。

⑤ 《十四大以来重要文献选编》上，中央文献出版社2011年版，第453页。

社会化生产规律的经营方式和组织形式都可以大胆利用。要努力寻找能够极大促进生产力发展的公有制实现形式。”① 党的十九届四中全会在总结我国社会主义市场经济体制实践的基础上，把“公有制为主体、多种所有制经济共同发展，按劳分配为主体、多种分配方式并存，社会主义市场经济体制”共同归入社会主义初级阶段的基本经济制度，并提出了要“鼓励、支持、引导非公有制经济发展”，“探索公有制多种实现形式”，“做强做优做大国有资本”。② 中国经济体制改革的实践证明，中国已经从单一的公有制经济逐渐地转向了以公有制为主体多种经济成分并存的所有制结构。这个转变为非公有制经济的存在和发展提供了公平竞争的平台，促进了社会生产力的发展。同时也方便了广大群众的生活，为促进我国社会主义市场经济的发展起到了巨大的不可替代的作用。

二　当代英美市场社会主义和中国社会主义市场经济的根本区别

虽然当代英美市场社会主义和中国的社会主义市场经济有许多相似之处，但二者在产生的理论背景、社会制度基础、对社会主义本质的认识以及价值目标的实现途径和侧重点方面都存在着差异，这就决定了当代英美市场社会主义和中国社会主义市场经济存在着本质的区别。

1. 产生的理论背景不同

从产生的理论背景来看，当代英美市场社会主义是在反击西方右翼学者关于社会主义“失败论”和“终结论”，结合苏联解体、东欧剧变和社会主义发展的历史经验教训以及在探索超越民主社会主义“过渡”之路的原因和背景下形成的。它对社会主义的未来、核心价值、基本目标和政治经济制度等做了深入的反思和探讨。集中反映了在当代资本主义条件下如何实现社会主义与市场经济的“联姻”及发达资本主义国家如何向社会主义过渡的问题。它的理论渊源主要来源于传统社会主义和空想社会主义，经济基础主要是西方经济学。他们在构建各自的社会主义模式时，都直接运用了西方经济学的理论来形成一个有效率的市场。西方经济学的资

① 《十五大以来重要文献选编》上，中央文献出版社 2011 年版，第 18 页。

② 《中共中央关于坚持和完善中国特色社会主义制度 推进国家治理体系和治理能力现代化若干重大问题的决定》，人民出版社 2019 年版，第 19—20 页。

源配置理论贯穿了边际效用价值学说，这种学说主张合理地利用和配置资源，兼顾经济效率和社会平等，这在某种程度上正好契合了当代英美市场社会主义的需要。正如日本的伊藤诚所言他们“都是以边际效用学派的理论构成为前提”①。这种边际效用价值论正是对马克思主义劳动价值论的否定。可以说，当代英美市场社会主义是在资本主义理论框架下和社会现实中形成的，它的侧重点在于如何在资本主义既有效率的基础上实现社会的公平和平等。

中国社会主义市场经济的理论是在中国现实条件不完善的情况下，由传统的计划经济体制向社会主义市场经济体制的过渡，它是在马克思主义理论和中国的现实理论结合的背景下，由中国共产党领导的在实践中付诸实施的经济体制。它主张利用市场经济来发展社会主义生产力，提高社会效率同时兼顾公平，促进社会经济的发展。它是经过历史的实践，并在现实中得以实践和发展的经济体制。社会主义市场经济理论是马克思主义中国化的理论创新。20 世纪 70 年代末，计划经济体制的弊端逐渐显露，国家对经济的控制力度较大，造成了生产与需求的脱节，一定程度上扼杀了人们生产的积极性和创造性。20 世纪新技术革命的兴起，为我国经济的发展带来了新的契机。“正在世界范围兴起的新技术革命，对我国经济的发展是一种新的机遇和挑战。这就要求我们的经济体制，具有吸收当代最新科技成就，推动科技进步，创造新的生产力的更加强大的能力。因此，改革的需要更为迫切。”② 为了适应改革开放的需求和推动中国经济的发展，中国共产党开始探索一种既能够体现社会主义制度优越性又能发挥市场机制优势的经济模式。1992 年党的十四大明确了我国经济体制改革的目标是建立社会主义市场经济。因此，从产生的理论背景来看，当代英美市场社会主义是对资本主义的批判以及在传统社会主义改革失败的教训和社会主义发展的历史经验的基础上提出的理论。中国的社会主义市场经济理论则是以马克思列宁主义毛泽东思想为理论基础，在顺应中国改革开放

① ［日］伊藤诚：《现代社会主义问题》，鲁永学译，社会科学文献出版社 1996 年版，第 77 页。

② 《十一届三中全会以来党的历次全国代表大会中央全会重要文件选编》上，中央文献出版社 1997 年版，第 341 页。

的过程中确立的，是中国对科学社会主义的一种实践创新。因而二者有着本质的区别。

2. 社会制度基础的差异性

由于当代英美市场社会主义和中国的社会主义市场经济二者在产生的理论背景、理论渊源以及所处的社会历史环境的不同，也就决定了二者在社会制度基础上存在着不同。

当代英美市场社会主义产生的理论来源于传统社会主义、空想社会主义以及资产阶级改良主义思想的综合，它的理论来源缺乏一个统一的指导思想。因而当代英美市场社会主义者们在构建各自的社会主义模式中面对的社会制度基础是资本主义。中国的社会主义市场经济的理论来源是以马克思列宁主义毛泽东思想为指导，将马克思主义的普遍理论和中国的现实相结合起来建设的有中国特色的社会主义，社会制度的基础是社会主义。科尔奈曾提到："初始条件对实际在历史上出现的任何形式都有强烈的影响。它从哪里开始？它是如何到达现阶段的？因为起始原因发生的背景不同，值得清楚地区分两个不同的主题内容：一个是作为代替资本主义制度的市场社会主义；另一个是作为代替旧形式的、改革的斯大林社会制度（或我在我的著作中称之为'古典的社会主义'）的市场社会主义。"① 对于当代英美市场社会主义和中国社会主义市场经济来说这个"初始条件"也就是社会制度的基础，正是由于社会制度基础的不同，使得当代英美市场社会主义和中国社会主义市场经济之间存在着本质的区别。虽然二者在价值观、分配方式、所有制结构等方面具有很多的相似之处，但是二者在实际的结论和规范的政策建议方面，又具有不同的内容。因而不顾社会制度基础的本质区别把二者等同起来的观点无疑是荒谬的。

当代英美市场社会主义是在英美等资本主义国家产生的一种社会主义思潮，它主要是论述在资本主义社会中对未来社会进行理想的蓝图构建，因而，它仍然没有改变资本主义社会中的政治制度和经济制度，从根本上来说并没有触动资本主义内在的本质，仅限于论证如何在资本主义框架内

---

① Janos Kornai, "Market Socialism Revisited", in Pranab K. Bardhan and John E. Roemer, *Marker Socialism: The Current Debate*, Oxford University Press, 1993, p. 42.

实现社会主义的理论。究竟如何从现存的资本主义社会中实现市场社会主义？对此当代英美市场社会主义者并没进行论述和探讨。他们对社会主义也有各自不同的理解，有的把社会主义理解为平等主义，还有的把社会主义理解为一种民主的制度，因而当代英美市场社会主义仅仅是向社会主义过渡的一种社会形态，可以说这种社会形态无法逃脱对资本主义改良的命运。

中国的社会主义市场经济是建立在社会主义制度之上的，中国的社会主义的政治制度为经济制度的发展提供了重要的制度保障。当前中国正处于社会主义发展的初级阶段，这就意味着处于生产力低下的初级阶段的中国，要坚持以公有制为主体，多种所有制经济共同发展的基本经济制度，实行按劳分配为主体、多种分配方式并存的分配制度，有差别地体现共同富裕，调动一切积极因素共同发展社会主义生产力，在社会主义制度中引入市场机制，从而达到解放生产力和发展生产力的目的。而市场只是作为资源配置的手段，是为了提高经济效率，改善人民生活水平，是中国共产党领导下在实践中产生和发展的一种经济模式，强调了效率和公平的共同发展。

当代英美市场社会主义对未来理想社会都设计了许多美好的蓝图，然而这些思想也只是限制在书斋中而没有得以实施，正如米勒所述，“这一切都停留在经济理论阶段，如果我们尝试着去预测合作制经济在现实世界中的表现，将会是困难的，因为我们没有大范围内试验的例子可供参考”①。而中国的社会主义市场经济则是在党的领导下，在实践中得以建立和完善的，是中国改革开放实践的必然结果，在坚持公有制的基础上，引进市场机制，将公有制与市场经济相结合实现社会经济的发展，从而破除了传统的市场经济和社会主义相对立的观点，为人们重新思考市场和社会主义之间的关系提供了重要的理论来源，经过实践证明是可行的经济体制，具有强大的生命力。

3. 社会主义本质认识上的不同

建立的社会制度的基础不同，决定了二者在社会主义本质认识上的重大差距。当代英美市场社会主义是通过追求“较大程度的平等、满足较

---

① David Miller, *Market, State and Community: Theoretical Foundations of Market Socialism*, Oxford: Oxford University Press, 1989, p. 14.

大范围的基本需求、为全体公民争得更大实效的自由”① 等价值目标来实现社会主义。社会主义的本质是一种“平等主义”。罗默提出“我把社会主义定义为一种平等主义”②。“社会主义唯一正确的伦理学论据是一种平等主义的论据。”③ 戴维·米勒也提到，社会主义者就是要实现在地位、报酬、权利方面的分配平等，确保每个人之间享有公正，机会均等，从而最大限度地减少社会的不满和现存的社会分化。“对社会平等的信仰是迄今为止社会主义最重要的特征。”④ “社会主义通常是根据上述这些目的的不同组合而作出界定的，因此社会主义者的理想就是朝着一个社会的特定目的状态迈进，而这些价值观在这样的社会里将会得到实现。”⑤ 因而可以说当代英美市场社会主义的本质是以目的为导向的。在当代英美市场社会主义者看来，资本主义的私有制和不平等造成了贫富分化，进而阻碍了社会生产力的发展。经济上的不平等又导致了政治上和社会上的不平等。为了消灭政治、经济和社会的不平等，社会主义就要消灭剥削和压迫，使社会全体成员能够享有同等的权利，使每个人的个性都能够得到充分的发展。

1992 年，邓小平提出“社会主义的本质，是解放生产力，发展生产力，消灭剥削，消除两极分化，最终达到共同富裕”⑥。这个观点的提出把生产力置于了首要的地位，确定了社会主义的本质的内容。生产力的发展是社会主义存在和发展的前提条件，衡量一种社会制度是否优越，关键是看是否有利于解放和发展生产力。邓小平的社会主义本质论反映了社会主义初级阶段的中国迫切需要发展生产力的现实和要求。中国的社会主义市场经济把市场作为资源配置的手段，其目的也是解放和发展生产力，巩固和壮

---

① ［英］索尔·埃斯特林、尤里安·勒·格兰德编：《市场社会主义》，邓正来、徐泽荣等译，经济日报出版社 1993 年版，第 56 页。

② John. E. Roemer, “Can There Be Socialism after Communism?”, in Pranab K. Bardhan and John E. Roemer, *Market Socialism: The Current Debate*, Oxford University Press, 1993, p. 90.

③ ［美］约翰·罗默：《社会主义的未来》，余文烈等译，重庆出版社 1997 年版，第 15 页。

④ Pranab K. Bardhan and John E. Roemer, *Market Socialism: The Current Debate*, Oxford University Press, 1993, p. 300.

⑤ ［英］索尔·埃斯特林、尤里安·勒·格兰德编：《市场社会主义》，邓正来、徐泽荣等译，经济日报出版社 1993 年版，第 56 页。

⑥ 《邓小平文选》第三卷，人民出版社 1993 年版，第 373 页。

大社会主义经济基础，提高人民生活水平最终达到共同富裕。因而中国的社会主义本质是从目的和手段二者的统一上来阐述的。中国的社会主义本质论科学地、精辟地、创造性地揭示了社会主义的本质，在理论上深化了对社会主义的认识。由于处于社会主义初级阶段，中国经济文化水平较为落后，因而社会主义的本质和根本任务就是大力发展社会生产力。同时，社会主义的本质也为中国坚持公有制，发展和完善公有制指明了方向。

当代英美市场社会主义的起点建立在生产力较高的资本主义制度上，因而它主要强调的是平等。而中国社会主义市场经济则是建立在生产力还不发达的社会主义初级阶段上，因而把发展生产力作为首要任务。但这不意味着发展生产力与追求平等、效率、民主等价值目标相冲突，只是在社会主义本质认识上的侧重点不同而已。

4. 价值目标的实现途径和侧重点不同

尽管当代英美市场社会主义理论和中国社会主义市场经济理论在价值目标的追求上有许多的共性，但二者在价值目标的实现途径和侧重点上不同。

首先，从自由、民主等价值目标来看，中国保障人民合法权利是通过制定和实施一系列的法律法规来实现的，比如我国法律规定我国公民享有言论自由权、选举权、被选举权以及结社自由权等权利，通过法律法规的实施来保障社会主义核心价值目标的实现。而当代英美市场社会主义，则试图通过市场和社会主义相结合的经济手段来实现。他们认为，由于社会财富分配上的不平等，有可能造成社会成员在资源占有上的不平等，如果只依靠法律层面来进行规范和约束，那么事实上公民享有的权利在现实中很多时候并不是相等的，因而当代英美市场社会主义者主张通过市场的手段达到财富分配上的平等进而最终实现政治权利上的对等。在侧重点方面，我国更加侧重于政治民主，对于经济民主相对于政治民主来说重视不够，这样就造成我国企业集权现象严重。改革开放以来，党对经济民主和社会民主的实践逐渐由理想走向了现实，开始提出发挥市场主体作用为宗旨，探索经济民主实践的新路径。当代英美市场社会主义者虽然也强调政治民主但更侧重于经济民主，在他们看来，企业是工人生存的空间，只有在企业中实现广泛的民主，才能真正地实现社会的民主，经济民主是政治民主得以实现的前提条件，而政治民主的实施则能从制度方面保障经济民主。

其次，从平等和效率两大价值目标来看，当过度地追求经济效率的时候，就会导致市场的过分竞争，最终会导致社会的不平等现象的出现。而如果以追求平等为目标时，显然会造成社会效率不高或低下。因而当代英美市场社会主义既重视平等又关注效率。当平等和效率发生冲突时，当代英美市场社会主义者们就开始寻求既达到公平又保证效率的可行性方案，并且认为，市场社会主义在协调二者之间的关系上要比资本主义制度做得更好。我国社会主义市场经济是建立在一个特殊的背景之上的，中华人民共和国成立初期生产力落后，再加上我国实行了近 30 年的计划经济体制和“文化大革命”所带来的经济上的破坏，使得我国的经济发展陷入低谷。中国人民在经历了生产力水平低和经济效率低下的惨痛教训之后，深刻地认识到发展才是硬道理。因此改革开放以后，我国把“解放生产力，发展生产力”作为社会主义的本质。40 多年改革开放，我国的经济得到了很大的发展，人民生活水平得到了很大的提高，在 2014 年中央经济工作会议上，习近平总书记提出了，“认识新常态，适应新常态，引领新常态，是当前和今后一个时期我国经济发展的大逻辑”。同年 5 月，习近平总书记在主持中共中央政治局第十五次集体学习时指出：“在市场作用和政府作用的问题上，要讲辩证法、两点论，‘看不见的手’和‘看得见的手’都要用好，努力形成市场作用和政府作用有机统一、相互补充、相互协调、相互促进的格局，推动经济社会持续健康发展”。[①] 2022 年习近平总书记就政府和市场的关系指出，“要坚持两手发力，推动有为政府和有效市场更好结合”[②]。有为政府和有效市场的结合能有效促进效率与公平的实现。当代英美市场社会主义者都是在高度发达的生产力发展水平上构建的市场社会主义模式，但同时他们也面临着公平和效率二者的艰难抉择，因而他们试图通过市场实现效率，通过社会主义实现平等。当二者发生冲突时，当代英美市场社会主义者们则偏重于公平，因而他们希望在不损害效率的前提下，实现以平等为核心的社会主义价值目标。可以说他们所构建的社会主义蓝图，与其说是促进效率和平等的共同发展，不如说他们更注重平等。

---

① 《习近平关于社会主义经济建设论述摘编》，中央文献出版社 2017 年版，第 58 页。

② 《习近平谈治国理政》第四卷，外文出版社 2022 年版，第 372 页。

第三节 对中国社会主义市场经济的借鉴价值

当代英美市场社会主义对未来社会主义的理论探索，在某种程度上和我国当前建设社会主义市场经济体制方面的理论具有一定的契合性。而他们所倡导的所有制思想、政府干预政策、效率和平等均衡的分配方式，这些无疑给了我们许多启发。

一 对我国建设社会主义核心价值观的借鉴价值

1. *在平等公正方面的借鉴价值*

平等、效率、自由、民主、公正等是当代英美市场社会主义最主要的价值目标，对我国社会主义核心价值观的建设在理论层面上具有重要的启示意义。米勒提出，“市场社会主义优越于当代资本主义的地方首先在于民主、平等和自由，而不一定是效率，效率只是实现社会主义的一个手段，只有公平和平等才能保证实现社会主义的价值目标”。因而，他们在构建各自的社会主义蓝图时，分别从政治、经济等不同角度论述了平等。“起点平等”是当代英美市场社会主义实现平等的方式之一。为此，雷蒙德·普兰特提出了“起跑线原则”来说明起点平等。社会主义的目标首先要实现起点上的平等，也就是人们从一开始就应该以平等的方式进入市场，从起点上就享有平等的权利。约翰·罗默从生产资料产权的平等分配机制上论述了机会平等。在罗默看来，机会平等（equal-opportunity）是与自由、责任等价值观相联系的，是与结果平等（equality-of-outcome）相对应的概念。所以罗默强调，机会平等的前提条件就需要社会给每个成员提供一个良好的“公平竞争环境”，从而保证每个成员的起点公平。收入分配方面的平等也是当代英美市场社会主义者特别关注的问题。收入分配平等关系着社会平等正义的实现，是公平正义实现的首要前提。美国西伊利诺伊大学经济学教授詹姆斯·扬克提出了消灭私人资本所有权收入，实行生产资本公有制，企业利润按照劳动者的工资和薪金进行分配的方案，从产权收益的公平分配方面论述了收入分配的平等。

2012 年党的十八大报告明确提出了自由、平等、公正、法治等社会主义核心价值观。长期以来，我国坚持以经济建设为中心，大力发展社会生产力，改革和完善经济基础和上层建筑，这些都为社会的平等和公正奠定了良好的政治和经济基础。然而，由于处在社会主义初级阶段，我国目前一些制度仍然还不完善，必然会在政治、经济、文化等方面存在着某些不平等的现象，这些不平等现象在某种程度上可以说是机会上的不平等，起点上的不平等，从而也造成了收入分配上的不平等。这些不平等现象会对我国社会主义建设带来许多的挑战。当代英美市场社会主义所提出的起点平等、机会平等和收入分配平等等方面的思想在某种程度上拓宽了我们的思路。当前，在我国的社会主义制度下，我们建立了社会主义市场经济，这种模式不仅在经济上，而且在政治上、文化上、教育上能保障人民享有平等的机会；不仅在结果上，而且在起点上也能保障人民的平等权利。社会主义核心价值观的提出为社会主义市场经济的健康发展提供了重要的道德规范和伦理准则，体现了社会主义市场经济发展的本质要求，推动了社会主义市场经济的健康发展，对经济发展起到了激励作用。社会主义核心价值观的提出不是偶然的，其内容符合广大人民群众的根本利益。平等与公正是维护市场秩序和公平竞争的基础，唤醒了市场主体的积极性和能动性。以公有制为基础的所有制结构，使个人利益和国家利益趋于一致。尽管当前我国政治经济都取得了举世瞩目的成就，然而，社会主义市场经济的发展仍然存在着一系列的矛盾和困难，各种不和谐现象依然存在。市场经济鼓励个人追求正当的物质利益，激发了社会活力，推动了社会经济的发展，但市场经济的负面效应也不可避免地凸显。社会主义核心价值观的提出是社会主义市场经济发展的必然要求。了解当代英美市场社会主义的价值目标，为我们更好地实现社会的平等与公正，实现马克思提出的“自由人联合体”的理想社会提供参考。

2. 对我国进行民主政治建立的启迪

当代英美市场社会主义者认为，“市场能够极大地促进民主”。在市场社会主义制度下，企业是相对独立的，民主地管理各自的生产，每个企业成员对企业生产什么以及怎样生产等具有民主的决策权。市场机制相对于计划经济而言，能够使企业提高经济效率，有效地分散经济权利和获得更多的经济信息，并且能够有效地遏制庞大的官僚机制，使得政府的作用受到一定的限制，为民主创造有利的条件。企业民主是当代英美市场社会主义者论述的最具有参与性的基础民主形式。企业民主的存在使得企业成员能够有效地对其所工作的企业进行民主决策，比如生产哪些产品、如何进行生产等进行控制和管理。企业拥有民主自治权力，将会对整个代议制形式的民主制度形成促进作用，虽然会受到企业生产条件的限制和制约，但企业成员却拥有广泛的选择。因而，当代英美市场社会主义者认为，现有企业内部的经济决策都具有明显的集权性。工人在其工作的企业中对影响其企业生活中的一些重大决策没有发言权。没有民主的生活氛围，必然会引发企业成员的不满情绪，从而又造成一系列问题的出现，如旷课、怠工、工作中的不合作以及人才的流失等现象。因而，扩大企业民主具有重要的积极意义。如果在企业中实行民主，那么每个企业成员在企业的各项决策中就具有民主的表决权，“工人能够重建他们的工厂……他们开始重视闲暇，轻视消费，打破日常生活的紧张节奏”[①]。这将有利于在工作中彼此相互合作、相互支持，更加有利于提高企业的经济效率。企业民主有利于保障企业成员在企业中享有平等的经济权利。当代英美市场社会主义所探讨的企业民主对我国企业进行民主管理在某种程度上具有借鉴价值，对我国企业内部如何处理企业、工人和国家之间的和谐关系，以及和谐的劳资关系都给予了重要的启示。当代英美市场社会主义提出的企业民主管理模式对我国深化国有企业改革也具有重要的借鉴作用。

经济民主在当代英美市场社会主义理论中是一个重要的理论范畴。在他们看来，在资本主义私有制社会里，经济权利为私人资本家所控制，导致民主的过程和结果都会因为私人资本的集中而异化，民主的权利得不到真正的实施，就会造成社会的不平等。社会的不平等必然会引起社会的不稳定，正如柏拉图所说：“不平等会瓦解社会的统一。”经济民主是产生经济效率的源泉，经济民主要求企业由工人自我民主管理和经营，工人与生产资料的结合。当代英美市场社会主义的经济民主思想蕴含了当代企业制度的要求，他们所设计的民主决策和权责分明的管理思想对我国企业组织管理制度具有一定的启示作用。

东欧剧变使得当代英美市场社会主义者在构建各自的社会蓝图时，都注重政治民主的建设。他们认为民主是实现政治平等的前提，因而他们试

---

① ［美］戴维·施韦卡特：《反对资本主义》，李智、陈志刚等译，中国人民大学出版社2002年版，第280页。

图通过消灭资本主义私有制基础上的政治权利，从而实现真正的国家民主。在他们看来，不是市场不民主而是资本主义制度的不民主。用社会主义的市场代替资本主义的市场，民主和自由的广度和深度就能够得到广泛的扩大和提高。只有废除了集中在大企业所有者手中和控制这些大企业的企业家手中的作为资本主义社会标志的权力体系，民主制的国家才能真正实现国家的民主化。[①] 因而，当代英美市场社会主义者试图通过国家民主用制度的形式来保障经济民主的实现。这为我们通过改革政治体制促进经济民主提供了一定的参考，我国的经济制度、政治制度与英美国家具有根本区别。我国人民民主专政的政治民主保障了人民当家作主的地位，为党领导人民推动经济快速增长提供了重要的制度保障。我国的社会主义基本经济制度，确保人民在经济领域的主体地位，保障了全体人民共建共享社会发展成果。当代英美市场社会主义所追求的民主仍然是在不触动资本主义制度下的改良，这种资本主义私有制下的民主是建立在对广大劳动人民的剥削和掠夺的基础上的，必然造成严重的阶级对立和贫富两极分化。"民主不是装饰品，不是用来做摆设的，而是要用来解决人民需要解决的问题的。"[②] 我国的社会主义民主具有鲜明的人民性，"人民当家作主是社会主义民主政治的本质和核心"，"全过程人民民主是最广泛、最真实、最管用的社会主义民主"。[③] 决定了我国的任何重大决策都始终从最广大人民群众的根本利益和长远利益出发，以实现广大人民群众的根本利益为目的。公有制经济确保了全体人民生活水平的不断提高，也决定了我国经济制度的发展方向；按劳分配制度调动了广大人民群众各方面的积极性和创造性，广大人民共享发展成果，从而保证经济民主制度，但如果通过改革进一步在实践中完善还需要深入研究。

二　对我国所有制建设和国家宏观调控方面的借鉴价值

1. 所有制与市场结合思想的启示

自党的"十四大"以后，我国进入了建立和完善社会主义市场经济的过

① 俞可平：《全球化时代的"社会主义"——90年代以来西方社会主义研究述评》，《马克思主义与现实》1998年第2期。

② 《习近平谈治国理政》第四卷，外文出版社2022年版，第258页。

③ 《习近平谈治国理政》第四卷，外文出版社2022年版，第258—259页。

程，其间，我们面临着如何运用市场经济，公有制和市场经济如何兼容的问题。对此我们没有经验可循，当代英美市场社会主义关于市场与社会主义相结合的探索虽然在某些方面仍然有着很多的不足和缺陷，但是他们的思想对探索我国所有制与市场经济相结合的问题具有一定的理论借鉴价值。

当代英美市场社会主义者在批评“苏联模式”和新自由主义思想的基础上，提出了将市场机制引入社会主义制度中的思想，希望用市场来达到社会主义的目的，但他们也意识到仅仅依靠市场是无法达到社会主义目的的，必须通过某种形式的公有制来保障。在他们看来，公有制影响和制约着经济效率的提高和社会平等的产生，同时也影响着市场与公有制经济的兼容程度。他们各自设计了不同的公有制与市场经济结合的模式。如约翰·罗默设计的“证券”经济的公有制形式，提出每个成年公民都能获得等额有价证券，使他们有权获得一份其持有股票的公司的红利。股票不能兑换成现金，也不得转赠他人，股票可以按证券货币价格相互交换，只有用证券才能购买共同基金的股份，而不能用货币购买。当他们死后，股票要收归国有。罗默倡导的公有制形式主张企业的生产资料归社会公有，但是生产资料公有制的所有权与经营管理权分开。詹姆斯·扬克建构一个实用的市场社会主义模式，这个模式是以资本的公有化和社会化为核心和特征的。对于资本所有权问题，扬克认为必须消灭私人资本所有权收入，实行生产资本公有制，他认为社会分配不公正的主要原因就在于绝大多数的资本财富集中在私人手中。戴维·米勒设计的“合作制市场社会主义”提倡资本所有权社会化。认为这是创造社会成员人人拥有起点平等的机会，主张企业民主管理、平等分配和劳动者参与管理。当代英美市场社会主义者所设计的各种模式从不同的方面解决了公有产权关系，“市场社会主义是一种经济体制的理论概念（或模式），在这种经济体制中，生产资料公有或集体所有，而资源配置则遵循市场（包括产品市场、劳动力市场和资本市场）规律”①。他们的模式大多保留了公有制的形式，但公有制的建构形式又各不相同，这是否具有现实操作性尚不论说，但都开拓了我国所有制改革的思路。他们所提倡的国家所有权和经营权相分离的思

---

① ［英］约翰·伊特韦尔、默里·米尔盖特、彼得·纽曼编：《新帕尔格雷夫经济学大辞典》第3卷，陈岱孙译，经济科学出版社1996年版，第363页。

想，对于建立和完善我国国有资产的监管和国有企业管理体制的改革都具有一定的参考价值。

当代英美市场社会主义者提出了社会公有制形式，这种社会所有制形式是一种“混合所有制”，它包括公有制经济和集体经济、私有经济和合作所有制经济等多种形式，也就是说，这种经济形式对财产的占有在不同的情况下实行不同的方式。市场社会主义在未来将会实行一种混合经济，在这种经济形态中，国有企业将与私人企业、合作制企业之间在平等的基础上展开竞争。这样，国有企业将如何适应或者说以最少的损失适应包括资本市场在内的真正的市场制度，具有非常重要的意义。[①] 当代英美市场社会主义混合所有制的提出突破了社会主义所有制结构的一元性，具有重要的理论和实践意义。他们认为单一的所有制形式会导致生产率的低下，同时在政治上有可能造成官僚主义和专制。而混合所有制形式，则不仅能够平等地分配企业利润，而且由于竞争的存在，更能够激发企业追求利益的最大化。因而，美国市场社会主义者杰勒德·罗兰（Gerard Roland）和卡海利德·塞凯特（Khalid Sekkat）提出，“纯粹的市场社会主义产生不出预期的有效率的效果。为了使利益激励的工作令人满意，就必须有私有部门，一种混合经济是向市场经济过渡战略的最低要求。然而，相对应地，我们能分析出，在政治范畴内，如果公有部门的比例不足的话，那么会导致重新分配的政策难以实施”[②]。“私有制对于良好运作的市场来说是不必需的，但市场对于获得一种生机盎然的有效率的经济来说则是必需的。”[③] 当代英美市场社会主义者所提出的混合所有制形式无疑对我国非动混合所有制经济发展提供了参考。“非公有制经济在发展生产力、增加就业、满足人民生活多样化的需要等方面发挥了重要作用。实践说明，我们在加强公有制经济的主体地位和发挥国有经济的主导作用的同时，实行鼓励积极

---

① Wlodzimierz Brus and Kazimierz Laski, *From Marx to the Market: Socialism in Search of an Economic System*, New York: Oxford University Press, 1989, p. 149.

② Pranab K. Bardhan and John E. Roemer, *Market Socialism: The Current Debate*, Oxford University Press, 1993, p. 212.

③ John Roemer, "Market Socialism, a Blueprint: How Such an Economy Might Work", in F. Roosevelt and D. Belkin, *Why Market Socialism: Voices From Dissent*, New York: M. E. Sharpe Inc., 1994, p. 223.

发展非公有制经济的政策是完全正确的，必须继续贯彻执行。”①

党的十八大以来，习近平总书记非常重视非公有制经济的发展，重申“两个毫不动摇”，并提出了“非公有制经济在我国经济社会发展中的地位和作用没有变！我们毫不动摇鼓励、支持、引导非公有制经济发展的方针政策没有变！我们致力于为非公有制经济发展营造良好环境和提供更多机会的方针政策没有变！”② 同时，党中央、国务院出台一系列重大文件，为持续推进非公有制经济发展壮大提供了重要的政策支撑。2023 年 7 月中共中央国务院发布的《中共中央 国务院关于促进民营经济发展壮大的意见》强调，“民营经济是推进中国式现代化的生力军，是高质量发展的重要基础，是推动我国全面建成社会主义现代化强国、实现第二个百年奋斗目标的重要力量”。我国在经济体制改革的过程中，以公有制为主体，不断地探索着公有制实现形式的多样性，同时积极引导和鼓励非公有制的发展。在我国非公有制经济已经成为公有制必要的有益的补充，它不仅促进我国经济社会的发展，还维持了社会的稳定，满足了人民多方面的生活需求，发展了社会生产力，推动了社会向前发展。

2. 在国家宏观调控方面的借鉴价值

市场经济的主要运作基础是市场，市场在经济运行的过程中，能有效地配置资源、调节竞争，但市场具有盲目性的缺点，因而也能造成市场信息的滞后性、功利性和垄断的发生，对经济的发展造成不利的影响。为了消除市场的失灵，确保市场能够有序良好地运作，就需要政府采取一定的措施，及时地进行干预。当代英美市场社会主义者在提出市场配置资源的同时，也提出需要进行政府干预和调节。市场社会主义制度无疑需要一个强大的民主国家，当市场失控的时候有能力进行调控和干预，并能够摧毁垄断和改善市场竞争状况，最重要的是要有能力促进平等和自由。③ 政府干预可以有效地弥补市场失灵，“政府也能以某种具有可

---

① 《江泽民文选》第三卷，人民出版社 2006 年版，第 206 页。

② 习近平：《在民营企业座谈会上的讲话》，人民出版社 2018 年版，第 6 页。

③ ［英］索尔·埃斯特林、尤里安·勒·格兰德编：《市场社会主义》，邓正来、徐泽荣等译，经济日报出版社 1993 年版，第 87 页。

预见性的和普遍性的方式提供市场不可能提供的东西，如获得各种福利商品的权利”[①]。当代英美市场社会主义的政府干预政策对于我国经济体制改革过程中加强国家宏观调控的作用具有启迪价值。他们分别从不同的方面探讨了政府干预思想，约翰·罗默认为市场不是万能的，市场也存在失灵的缺陷，他提出“虽然我至今一直在强调市场的功能，但市场社会主义经济中也应该有国家干预。福利国家的措施应该存在，尤其是为使收入的实际分配进一步平等化更是如此”[②]。因而在一定程度上，需要国家的干预。但国家对经济的干预仅限于投资方向和投资构成的决策上。罗默认为国家应该确保重大的投资计划，“经济中应当对投资形式和投资程度进行计划”。国家对投资计划的干预是通过经济手段来实现的，而不是通过指令性计划体制。主要是通过国家银行对不同的企业的贷款利率来实现的。国家通过供求的不同来调整利率，也就是国家银行以贴息的方式贷款给需要发展的企业，然后再以加息的方式贷款给需要限制的企业，国家只需要“通过调整5—20种利率贴现值，整个经济就能实现计划者所期望的投资构成”[③]。戴维·米勒在合作社市场社会主义中认为，国家在经济生活中将起着重要的调节功能，在一定程度上弥补市场在资源配置的过程中的缺陷，为经济运行提供制度上的保障，从而使经济服从广泛的平等社会目标。在施韦卡特的经济民主的市场社会主义模式中，投资基金的积聚和分散都是通过民主的方式来决定的。它是由一定的工人代表机构通过民主协商的程序产生，按照地区对投资基金的贡献大小来分配投资基金。每家企业隶属于一家银行，银行负责存放企业的折旧资金和销售收入，同时也向企业提供运作的资金。每家银行可以获得从全社会聚集的投资基金的一定数额，数额的大小取决于银行所隶属的企业的数量的多少和规模的大小，以及发放贷款的获利大小和创造新就业机会的程度。当代英美市场社会主义认为政府以市场为手段调节资源配置和利益分配，通过一系列的市

---

① ［英］索尔·埃斯特林、尤里安·勒·格兰德编：《市场社会主义》，邓正来、徐泽荣等译，经济日报出版社1993年版，第58页。

② ［美］约翰·罗默：《社会主义的未来》，余文烈等译，重庆出版社1997年版，第81页。

③ John Roemer, "Market Socialism, a Blueprint: How Such an Economy Might Work", in F. Roosevelt and D. Belkin, *Why Market Socialism: Voices From Dissent*, New York: M. E. Sharpe Inc., 1994, p. 273.

场社会主义模式来引导和控制社会投资，从而实现效率和公平的统一。

在我国对经济的干预逐渐从直接干预为主走向了间接调控为主，调控的方式、水平、范围等都发生了明显的变化。但我国宏观调控在经济体制改革的过程中仍然存在一些问题。因而，当代英美市场社会主义在政府干预方面采取的一些措施，对当前我国政治体制改革过程中的国家宏观调控具有一定的借鉴意义。罗默提出的通过供求的不同来调整利率，也就是国家银行以贴息的方式贷款给需要发展的企业，然后再以加息的方式贷款给需要限制的企业的政策，对我国利用不同的税收来调控不同的行业具有参考价值，差别的税收调控手段可以有效地引导市场资金的流向，从而加快产业升级和增强竞争力。英国市场社会主义者普兰特认为，如果存在实现社会正义，满足社会需求等目的状态的价值观，那么要想实现这些价值目标，政府就必须进行经济干预①。这些都对我国经济生活中的宏观调控具有某种程度上的借鉴价值。

三　收入分配方面的借鉴价值

一直以来当代市场社会主义者大多致力于探讨如何实现收入分配平等的问题，收入分配平等关系着社会平等正义的实现，是公平正义实现的首要前提。他们普遍强调平等不仅不会阻碍而且有助于效率的提高。因而，在平等和效率的关系上，他们一致认为效率和公平之间并没有原则上的冲突。由于资本所有权不再是归私人资本所有，这就防止了在资本主义社会中由于资本的高度集中而影响经济生活。企业的自主经济，民主管理消除了私人利益和政府权力相联合的可能性，从而也消除了为追求私人利益而损害公共利益的整体经济效率的损失。同时也在一定程度上阻止了垄断的发生，使企业能够在一个公平的竞争环境中良好地运作。效率与平等是不相矛盾的，公平的实现更有利于效率的充分实现，只有将社会主义和市场相结合，才能达到效率与平等的协调。市场社会主义就是效率和平等的结合，也就是说，通过市场来解决效率问题，通过社会主义来解决平等问题。为了实现效率与平等的结合，当代英美市场社会主义者构建了许多社

---

① ［英］索尔·埃斯特林、尤里安·勒·格兰德编：《市场社会主义》，邓正来、徐泽荣等译，经济日报出版社 1993 年版，第 68—69 页。

会模式，并设计了种种制度和政策，为了提高效率，他们通过市场机制来配置社会资源，鼓励企业追求利润的最大化，重新构建企业微观治理结构，从而在一定程度上提高了企业效率。当代英美市场社会主义“是一种为社会主义寻求一个真正新方向的尝试：详细描绘一种可行的、有实效的社会主义经济体系，它将得到显著的公平利益，而不必去冒估计会严重损失效率的风险”①。为了寻求平等，他们不仅提倡社会平等、机会平等、起点平等，更加注重收入分配的平等，通过实现总体收入分配的平等，可以促进效率的提高。为了努力达到效率与平等的有机结合，他们各自在自己所构建的社会主义模式中设计了使效率与平等相协调的机制，在追求收入分配总体平等的情况下，不仅保证了平等，而且促进了效率的提高。在社会发展的过程中，是效率优先，还是平等优先？是平等优先，兼顾效率，还是效率优先，兼顾平等？这是一个复杂而难以抉择的问题，也是人类致力于探索的问题。可以说，在人类社会所经历的各种生产方式中，效率和平等之间的关系也是始终贯穿于其中。当代英美市场社会主义者在构建社会主义模式时不仅强调实现效率，而且更加突出平等，平等是“社会主义的经典原则”②。这种平等不会影响效率，是平等与效率的有机统一。当代英美市场社会主义的最终目的就是取得效率与平等的双重效果。

随着我国市场经济体制改革的不断深入，效率与平等之间不断地产生矛盾，如何在效率和平等之间寻求一个平衡点，也是我们当前进行经济体制改革所要迫切解决的问题。在改革初期，我们提出了“效率优先、兼顾公平”的发展战略，取得了较大的成就。然而随着改革的不断深入也导致在改革的过程中出现了偏差，“效率优先”使得人们一致强调效率而忽视了平等，使得“我国经济发展的‘蛋糕’不断做大，但分配不公问题比较突出，收入差距、城乡区域公共服务水平差距较大”③。因此，公平要以效率为基础，效率要以公平为前提。“中国要实现共同富裕，但不是搞平均主义，而是要先把‘蛋糕’做大，然后通过合理的制

① James A. Yunker, “Post-Lange Market Socialism: An Evaluation of Profit-Oriented Proposals”, *Journal of Economic Issues*, Vol. 29, No. 3, 1995, p. 712.

② R. N. Berki, *Socialism*, London: Dent, 1975, p. 25.

③ 《十八大以来重要文献选编》（中）中央文献出版社 2016 年版，第 827 页。

度安排把‘蛋糕’分好，水涨船高、各得其所，让发展成果更多更公平惠及全体人民。”① 新时代，我国进入构建高水平社会主义市场经济体制阶段，正确处理效率和公平的关系，“构建初次分配、再分配、第三次分配协调配套的制度体系”②，让发展成果更多更公平惠及全体人民。平等与效率是社会主义的基本价值目标，强调效率与平等的一致性，这也是社会主义的本质要求。我国当前的分配制度是以按劳分配为主体，多种分配方式并存。多种分配方式参与分配是我国社会主义市场经济建设的客观要求。我国的分配方式在一定程度上既重视了效率，又强调了平等。生产要素参与分配可以使激励生产要素的所有制的生产积极性，劳动者既可以按照劳动取得收入，又可以按照生产要素取得分红，这样就有利于效率和平等的统一。经济的发展离不开效率，同样也离不开平等的利益分配。当前我国正处于社会主义初级阶段，这就要求我们在分配方式中更加注重效率和平等的结合，我们既要坚持效率优先，更要重视平等。平等没有效率的支撑只是空谈，而没有平等的分配支撑的效率也是难以长久。只有提高经济效率才能使分配平等由理想走向现实；只有平等地分配，才能调动生产者的积极性和创新性，创造出更高的效率。所以，在我国经济发展的过程中，我们要坚持以人民为中心的发展观，既要解放和发展生产力，提高社会经济发展的效率；也要从人民群众利益出发，研究切实可行的保障绝大多数人民群众利益的分配方案，实施“效率与公平并重”的发展原则，最终实现社会主义共同富裕的目标。

第四节　理论回应现实过程中的得与失

当代英美市场社会主义是在英美发达资本主义国家兴起的，既超越了传统社会主义，又批判了市场资本主义的一种社会思潮。当代英美市场社会主义构建的未来社会主义蓝图有着一定的理论和现实基础。它是社会主

---

① 习近平：《坚定信心 勇毅前行 共创后疫情时代美好世界——在2022年世界经济论坛视频会议的演讲》，人民出版社2022年版，第9页。

② 习近平：《高举中国特色社会主义伟大旗帜 为全面建设社会主义现代化国家而团结奋斗——在中国共产党第二十次全国代表大会上的报告》，人民出版社2022年版，第47页。

义与市场的结合。民主与自由、平等与效率等的探讨为世界社会主义运动作出了重大的贡献。另外，这些理论构想的抽象性又使它远离现实，具有“乌托邦”的幻想。

一 当代英美市场社会主义的理论价值

当代英美市场社会主义是对“市场资本主义”和“计划社会主义”的辩证的否定，是在批判的基础上发展起来的一种新型的经济体制，它把现代理论经济学和马克思主义的经济理论结合起来，在辩证分析、总结市场资本主义的发展成果和社会主义改革经验的基础上，否定资本主义私有制的性质，吸取了市场机制的效率，把社会主义和市场结合起来实现社会主义价值目标的理论体系。

当代英美市场社会主义将当代最前沿的经济理论和方法运用到其理论当中，构建出许多美好的社会主义蓝图，是对现行的市场资本主义的超越。20 世纪 90 年代，当代英美市场社会主义研究的热潮使得东西方马克思主义者在理论上找到了新的契合点，力图在世界社会主义运动处于低谷时坚定人们对社会主义的信念和对社会主义的美好憧憬。传统社会主义改革遭遇的失败预示了社会主义指令性计划经济的严重缺陷，因而当代英美市场社会主义关于市场和社会主义相结合的理论对未来社会主义的建设提供了重要的理论价值。

当代英美市场社会主义推动了科学社会主义的发展。马克思主义的科学性就体现在它是与时俱进的，会随着时代和具体实践情况的变化不断发展。当代英美市场社会主义理论在发展的过程中也是受到了马克思主义理论的影响，是在对马克思主义理论的借鉴中产生发展起来的。当代英美市场社会主义提出社会主义和市场经济相结合的理论，突破了市场就是资本主义的传统社会主义的错误思想，把市场从资本主义框架内解放出来，使市场和社会主义“联姻”。另外，他们指出，资本主义市场体系的一个主要的、明显的特征是劳动与资本相分离，从而使工人隶属于资本家。在这种体系中，市场的作用是促进剥削。它自动地、不断地把生产劳动创造的剩余价值从工人劳动者手里转到资本家手里。在这种资本和劳动相分离的状况下，市场为资本家和工人提供了一个中介，通过这个中介资本家从工人那里有规律地获得利益。[①] 在这里，当代英美市场社会主义者就表明，市场本身是没有剥削的，只有在资本主义私有制条件下，市场才带有剥削的色彩。市场是中性的，它和社会制度无关。市场具有调节供求平衡，节省成本，促进技术创新，改善资源配置等作用。

对平等、民主、自由、公正等社会主义价值目标的论述体现了对人类社会终极价值的诉求。当代英美市场社会主义是对传统社会主义的扬弃，也是对传统社会主义的创新，它寻求的是一种社会权力在各个群体之间能得到较为平等的分配；资本占有者的利益、工人的利益和消费者的利益都能够得到基本公平考虑的社会模式[②]。因而，他们把“平等、自由、民主、效率”作为其价值目标，试图建立一种可以超越传统社会主义公有制，又能替代资本主义私有制的社会模式和把资本主义的市场效率和社会主义公有制的平等结合起来的社会制度。当代英美市场社会主义者将市场引入社会主义中，并不仅仅是因为市场能带来经济效益，而且因为市场能带来多样化和个人自由。他们对资本主义的市场的弊端也进行了批判，剥削是“资本主义的一个恒久的特征”，认为“资本主义制度很难达到对收入和财富的均等分配”。[③] 因而要想实现社会主义价值目标就必须消灭资本主义的私有权，私有权是产生社会不公的根源。“在自由的市场经济下，追求企业和资本利润的结果，人们之间造成了巨大的资产差距，收入差别。泡沫经济给人们带来不安。”[④] 因而，他们强调了平等与公正。

当代英美市场社会主义为我国社会主义市场经济的建立和完善提供了参考，虽然我国社会主义市场经济理论同当代英美市场社会主义理论有着很多本质上的不同，但是我国社会主义市场经济同样也可以借鉴当代英美市场社会主义的一些理论。如他们对平等、民主、自由、公正等社会主义价值目标的论述对中国完善社会主义核心价值目标提供了启示；他们对公

---

① ［美］阿瑟·迪夸特罗：《市场社会主义与社会主义准则》，载《现代国外经济学论文选》第13辑，商务印书馆1992年版，第45页。

② ［英］索尔·埃斯特林、尤里安·勒·格兰德编：《市场社会主义》，邓正来、徐泽荣等译，经济日报出版社1993年版，第26页。

③ ［英］索尔·埃斯特林、尤里安·勒·格兰德编：《市场社会主义》，邓正来、徐泽荣等译，经济日报出版社1993年版，第159页。

④ ［日］伊藤诚：《现代社会主义问题》，鲁永学译，社会科学文献出版社1996年版，第7页。

有制和市场经济相结合的理论的构想为中国社会主义市场经济探索公有制和市场相结合的道路拓宽了视野；宏观调控思想的构建为中国市场经济中政府的合理干预提供了思路，而分配方式理论则为中国现阶段解决收入分配方面存在的问题提供了启发。

当然，当代英美市场社会主义理论还有很多的缺陷和脱离现实的思想，因而，我们既要认识到它的积极的合理的思想，也要认识到它的不足和消极方面。对当代英美市场社会主义我们应该采取“扬弃”的态度，而不是历史虚无主义的态度。就如罗默所说，“任何社会主义运动的潜力将取决于它提供蓝图的能力，尤其是因为社会主义社会的第一个模式即苏联模式已经失败”[①]。对于当代英美市场社会主义应该有一个客观、全面、科学的认识。

二　当代英美市场社会主义理论的局限性

当代英美市场社会主义者为未来社会构建了许多美好的蓝图，把市场引入社会主义，重视市场机制发挥的主导作用，体现了民主、公正、平等、自由等价值目标。然而，由于这些理论构想远离现实又有一定的抽象性，因而这些思想难免会有一些缺陷和幻想的色彩。

当代英美市场社会主义的思想来源并不是马克思主义的社会主义理论，而是在“资产阶级福利经济学”的基础上发展起来的社会思潮，因而，他们并没有明确地提出推翻现存的资本主义制度，甚至对资本主义的一些制度如“议会制”“多党制”等加以保留和学习。正如实用市场社会主义者扬克所提到的“继续从事你在资本主义条件下所做的一切”[②]。

当代英美市场社会主义是一种虚构的理论，在现实实践中没有找到可以实现其政治主张的政治制度和社会力量，也就是如何从现存的资本主义制度走向他们所设计的社会主义模式的道路，各种社会主义模式对此都是讳莫如深，没有提出明确的答案。如巴德汉提出的“以银行为中心”的市场社会主义模式以银行对公有企业的监督机制代替了股票市场分散的股

① ［美］约翰·罗默：《社会主义的未来》，余文烈等译，重庆出版社 1997 年版，第 118 页。

② James A. Yunker, *Socialism Revised and Modernized*: *The Case for Pragmatic Market Socialism*, New York: Praeger, 1992, p. 71.

东对企业经营实行监督的机制。这种机制虽然具有重要的价值，但是巴德汉并没有解决如何将其理论模式转变为现实的问题。他说“我对如何在政治上和经济上向建议的市场社会主义制度过渡的可能性这个可怕的问题不抱幻想。过渡当然需要创立新的制度……它将涉及一系列共同的难题：打破国家的垄断、结束大量的公共补贴、引入市场和竞争以及伴随而来的不可避免的痛苦的调整和混乱、组建联合股份公司和一个可行的商业银行体系、彻底检查法律体系，等等。对已经存在公共投资银行和金融机构的某些发达国家，引入以银行为中心的监督体制可能遇到的困难要少一些”①。而罗默的“虚拟证券”的市场社会主义模式其主要目的是想通过证券的形式来实现社会主义的目的。他对社会的公有制形式、平等地分配社会红利以及国家对经济的干预政策等都进行了深入的探讨，他实质上是利用了资本主义成功的微观机制，把利润最大化原则、股票制度等运用于社会主义制度。但是罗默仅仅是从经济角度来设计其方案而忽略了其他要素，因而也只能是一种虚构的理论。同样其他市场社会主义者所设计的未来社会主义蓝图虽然也都有一些可借鉴的价值，但是由于没有实现的现实基础，因而也只能是空中楼阁。当代英美市场社会主义把社会主义和公有制之间的内在联系割裂开来，把社会主义本质界定为平等、自由、民主等，这种抛开公有制而在资本主义私有制范围内，依靠市场来实现平等、自由、民主等价值目标也只是一种空谈。

① Pranab K. Bardhan, “On Tackling the Soft Budget Constraint in Market Socialism”, in Pranab K. Bardhan and John E. Roemer, *Market Socialism: The Current Debate*, Oxford University Press, 1993, p. 154.

结　语

20 世纪 90 年代，在英美主要资本主义国家重新兴起的探求市场和社会主义相结合的市场社会主义思潮，是对现存资本主义制度的批判，同时也是对未来社会制度和体制的一种畅想。马克思主义认识论认为，认识的本质是主体对客体的能动反映，是主体以实践为基础对客体能动的、创造性的思维再现，是以实践为基础同时又渗透着价值关系和其他关系。价值关系是客体以自身属性满足主体需要和主体需要被客体满足的关系，是客体趋向主体的运动。当代英美市场社会主义认为，市场社会主义是由“市场”和“社会主义”两个基本要素构成。其中，“市场”是核心要素，它不仅是一种信息体现也是一种激励机制。因而从价值关系来看，市场社会主义的价值主体是“社会主义”，价值客体则是“市场”，作为客体的“市场”对于作为主体的“社会主义”的需要的意义就是市场社会主义的价值关系，这种价值关系正是通过市场的“客体”来达到社会主义“主体”的目的。因而社会主义反映了目的状态原则，市场反映了程序原则，是达到目的的程序，与目的本身没有实质性的必然联系，所以市场既能服务于资本主义，同样也能服务于社会主义。当代英美市场社会主义者正是看到了市场与社会主义之间的价值关系，因而，他们对未来社会都提出了各种不同的构想，力图把市场机制中的效率和社会主义的平等结合起来，把“平等、效率、自由、民主”作为其价值目标，通过探索运用“银行、证券、股票、红利、信息等方式来寻求实现公平与效率、自由与民主的完美结合，拓宽了人们思考“平等、效率、自由、民主”等价值观的视角。但当代英美市场社会主义所探索的价值目标从理想到实践仍然面临着许多的困境，他们忽略了保障其价值目标的政治制度的作用，因而也就无法解决经济发展和政治发展之间的问题。可以说他们的理论仍然是无法解决现存问题的乌托邦思想。虽然当代英美市场社会主义理论在理想和现实之间存在着巨大的差异，但对其理论的研究，仍然具有非常重要的现实意义。当前我国建设的社会主义市场经济正在实践中不断地探索和总结经验，以市场机制配置社会资源的社会主义市场经济取得了重大成就，为我国实现社会主义现代化打下了坚实的基础。当前，中国特色社会主义进入了新时代，社会主要矛盾发生了变化，“我国经济已由高速增长阶段转向高质量发展阶段，正处在转变发展方式、优化经济结构、转换增长动力的攻关期，建设现代化经济体系是跨越关口的迫切要求和我国发展的战略目标”①。然而，推动经济的高质量发展仍存在“市场体系还不健全、市场发育还不充分，政府和市场的关系没有完全理顺，还存在市场激励不足、要素流动不畅、资源配置效率不高、微观经济活力不强等问题”②。这就需要正确处理政府和市场关系，充分发挥市场在资源配置中的决定性作用，更好地发挥政府在经济中的指导作用，充分利用市场机制，有效弥补市场的盲目性和失灵性，实现效率和公平有机统一，在高质量发展中构建高水平社会主义市场经济体制。当代英美市场社会主义寻求市场效率和社会主义平等相结合的一些合理内涵，对丰富和完善我国社会主义市场经济的建设具有一定的借鉴价值。系统地研究当代英美市场社会主义理论，多层次、多角度地理解他们的思想理论，对我国经济发展和制度建设都将具有一定的价值。当代英美市场社会主义理论涵盖的内容非常广泛，但限于笔者理论知识把握的不足，尤其是在经济学方面知识积累不够，因而，对当代英美市场社会主义的许多理论问题分析得不够深入，对他们在政治、生态、制度建设等方面的论述也不够充分，有待进一步深入思考和挖掘。书中存在的缺陷和不足也是笔者今后进一步需要努力的方向。笔者会将此书作为该领域的研究起点，不断丰富自身知识的积累和提高科研水平和能力，力争取得新的突破。

---

① 《习近平谈治国理政》第三卷，外文出版社 2020 年版，第 23 页。

② 《中共中央 国务院关于新时代加快完善社会主义市场经济体制的意见》，人民出版社 2020 年版，第 1—2 页。

参考文献

经典著作

《马克思恩格斯文集》第一—九卷，人民出版社 2009 年版。

《马克思恩格斯选集》第一卷，人民出版社 1995 年版。

《马克思恩格斯选集》第一卷，人民出版社 2012 年版。

《马克思恩格斯选集》第二卷，人民出版社 1995 年版。

《马克思恩格斯选集》第三卷，人民出版社 1995 年版。

《马克思恩格斯选集》第四卷，人民出版社 1995 年版。

《马克思恩格斯全集》第一卷，人民出版社 1995 年版。

《马克思恩格斯全集》第一卷，人民出版社 1956 年版。

《马克思恩格斯全集》第二卷，人民出版社 1957 年版。

《马克思恩格斯全集》第三卷，人民出版社 1960 年版。

《马克思恩格斯全集》第三卷，人民出版社 2002 年版。

《马克思恩格斯全集》第二十三卷，人民出版社 1972 年版。

《马克思恩格斯全集》第二十六卷，人民出版社 1974 年版。

《马克思恩格斯全集》第三十卷，人民出版社 1995 年版。

《马克思恩格斯全集》第四十六卷，人民出版社 1979 年版。

《马克思恩格斯全集》第四十九卷，人民出版社 1982 年版。

《邓小平文选》第一卷，人民出版社 1994 年版。

《邓小平文选》第二卷，人民出版社 1994 年版。

《邓小平文选》第三卷，人民出版社 1993 年版。

《邓小平年谱》上，中央文献出版社 2004 年版。

《邓小平年谱》下，中央文献出版社 2004 年版。

《江泽民文选》第一卷，人民出版社 2006 年版。
《江泽民文选》第二卷，人民出版社 2006 年版。
《江泽民文选》第三卷，人民出版社 2006 年版。
《江泽民论有中国特色社会主义（专题摘编）》，中央文献出版社 2002 年版。
《习近平谈治国理政》第一卷，外文出版社 2018 年版。
《习近平谈治国理政》第二卷，外文出版社 2017 年版。
《习近平谈治国理政》第三卷，外文出版社 2020 年版。
《习近平谈治国理政》第四卷，外文出版社 2022 年版。
《习近平著作选读》第一卷，人民出版社 2023 年版。
《习近平著作选读》第二卷，人民出版社 2023 年版。
《习近平关于社会主义社会建设论述摘编》，中央文献出版社 2017 年版。
《习近平关于社会主义经济建设论述摘编》，中央文献出版社 2017 年版。
习近平：《在民营企业座谈会上的讲话》，人民出版社 2018 年版。
习近平：《坚定信心 勇毅前行 共创后疫情时代美好世界——在 2022 年世界经济论坛视频会议的演讲》，人民出版社 2022 年版。
习近平：《高举中国特色社会主义伟大旗帜 为全面建设社会主义现代化国家而团结奋斗——在中国共产党第二十次全国代表大会上的报告》，人民出版社 2022 年版。
《中共中央关于坚持和完善中国特色社会主义制度 推进国家治理体系和治理能力现代化若干重大问题的决定》，人民出版社 2019 年版。
《中共中央 国务院关于新时代加快完善社会主义市场经济体制的意见》，人民出版社 2020 年版。
《十二大以来重要文献选编》上，中央文献出版社 1986 年版。
《十一届三中全会以来党的历次全国代表大会中央全会重要文件选编》上，中央文献出版社 1997 年版。
《十三大以来重要文献选编》上，中央文献出版社 2011 年版。
《十四大以来重要文献选编》上，中央文献出版社 2011 年版。
《十五大以来重要文献选编》上，中央文献出版社 2011 年版。
《十六大以来重要文献选编》上，中央文献出版社 2005 年版。
《十六大以来重要文献选编》下，中央文献出版社 2008 年版。
《十七大以来重要文献选编》上，中央文献出版社 2009 年版。

《十八大以来重要文献选编》上，中央文献出版社 2014 年版。
《十八大以来重要文献选编》中，中央文献出版社 2016 年版。
《十八大以来重要文献选编》下，中央文献出版社 2018 年版。
北京大学外国哲学研究所编译：《外国哲学资料》第四辑，商务印书馆 1978 年版。
中央编译局世界社会主义研究所编：《当代国外社会主义：理论与模式》，中央编译出版社 1998 年版。

中文著作

陈湘舸：《新市场社会主义导论》，上海三联书店 1998 年版。
陈云卿、蒋士满编：《外国学者论社会主义市场经济》，社会科学文献出版社 1993 年版。
陈燕：《公平与效率》，中国社会科学出版社 2007 年版。
崔桂田：《当代社会主义发展模式比较研究》，山东人民出版社 2005 年版。
戴文礼：《公平论》，中国社会科学出版社 1997 年版。
杜受祜、刘世庆等：《社会主义市场经济体制的建设》，四川人民出版社 2001 年版。
段忠桥：《理性的反思与正义的追求》，黑龙江大学出版社 2007 年版。
段忠桥主编：《当代国外社会思潮》，中国人民大学出版社 2001 年版。
范广军主编：《当代国外社会主义研究》，河南大学出版社 2005 年版。
高静文、李钢主编：《经济哲学论纲》，中共中央党校出版社 1999 年版。
高鸿业主编：《西方经济学》，中国人民大学出版社 2011 年版。
高鸿业、吴易风、杨德明：《中国经济体制改革和西方经济学研究》，中国经济出版社 1996 年版。
郭志鹏：《公平与效率新论》，解放军出版社 2001 年版。
纪军：《匈牙利市场社会主义之路》，中国社会科学出版社 2000 年版。
姜国权：《市场社会主义劳动产权理论研究》，首都师范大学出版社 2009 年版。
景维民、孙景宇、张慧君等：《经济转型的理论假说与验证——市场社会主义的传承与超越》，经济科学出版社 2011 年版。
景维民、田卫民等：《经济转型中的市场社会主义——国外马克思主义的分析与实践检验》，经济管理出版社 2009 年版。
李惠斌、叶汝贤主编:《当代西方社会主义研究》第四卷，社会科学文献出版社 2006 年版。
李会滨等编:《走向 21 世纪的社会主义》，中央编译出版社 1996 年版。
刘国光主编:《中国经济体制改革的模式研究》，广东经济出版社 1998 年版。
吕薇洲:《市场社会主义论》，河南人民出版社 2001 年版。
吕薇洲:《市场社会主义与社会主义市场经济——模式、比较、借鉴》，研究出版社 2005 年版。
鲁品越:《社会主义对资本力量：驾驭与导控》，重庆出版社 2008 年版。
蒲国良主编:《当代国外社会主义概论》，中国人民大学出版社 2006 年版。
桑百川、王全火主编:《中国市场经济理论研究》，对外经济贸易大学出版社 2001 年版。
万俊人主讲:《义利之间——现代经济伦理十一讲》，团结出版社 2003 年版。
汪子嵩等:《希腊哲学史》第 2 卷，人民出版社 1993 年版。
王文臣、曹明贵等:《市场社会主义与人本社会主义研究》，经济科学出版社 2004 年版。
王卫等编:《当代西方马克思主义思潮与社会主义流派》，中南大学出版社 2009 年版。
吴宇晖:《市场社会主义——世纪之交的回眸》，经济科学出版社 2000 年版。
吴江:《社会主义的前途与马克思主义的命运》，中国社会科学出版社 2001 年版。
吴树青主编:《邓小平理论与当代中国经济学》，北京大学出版社、黑龙江教育出版社 2002 年版。
夏文斌:《公平、效率与当代社会发展》，北京大学出版社 2006 年版。
余文烈等:《市场社会主义：历史、理论与模式》，经济日报出版社 2008 年版。
余文烈主编:《当代国外社会主义流派》，安徽人民出版社 2000 年版。
邹瑜、顾明总主编:《法学大辞典》，中国政法大学出版社 1991 年版。

邹东涛主编:《社会主义市场经济学》，人民出版社 2004 年版。
曾枝盛主编:《国外学者对马克思主义若干问题的最新研究》，中国人民大学出版社 2006 年版。
张宇:《市场社会主义反思》，北京出版社 1999 年版。
张宇:《社会主义与市场经济的联姻》，经济科学出版社 1996 年版。
张志忠:《当代西方市场社会主义思潮：模式、理论与评价》，内蒙古大学出版社 2006 年版。
张传平:《市场逻辑与社会主义》，人民出版社 2002 年版。
赵海月主编:《当代国外马克思主义研究》，吉林大学出版社 2007 年版。

中文译著

[奥] 弗・冯・维塞尔:《自然价值》，陈国庆译，商务印书馆 1997 年版。
[波] W. 布鲁斯、K. 拉斯基:《从马克思到市场：社会主义对经济体制的求索》，银温泉译，上海三联书店、上海人民出版社 1998 年版。
[波] 弗・布鲁斯:《社会主义经济的运行问题》，周亮勋等译，中国社会科学出版社 1984 年版。
[波] W. 布鲁斯:《社会主义的所有制与政治体制》，郑秉文等译，华夏出版社 1989 年版。
[波] 奥斯卡・兰格:《社会主义经济理论》，王宏昌译，中国社会科学出版社 1981 年版。
[德] 黑格尔:《法哲学原理》，范扬、张企泰译，商务印书馆 1961 年版。
[德] 康德:《康德著作全集》第 6 卷，李秋零主编，中国人民大学出版社 2013 年版。
[法] 路易・阿尔都塞:《保卫马克思》，顾良译，商务印书馆 2006 年版。
[古罗马] 西塞罗:《国家篇 法律篇》，沈叔平、苏力译，商务印书馆 2002 年版。
[古希腊] 柏拉图:《理想国》，吴献书译，北京理工大学出版社 2010 年版。
[古希腊] 亚里士多德:《尼各马可伦理学》，廖申白译，商务印书馆 2003 年版。
[捷] 奥塔・希克:《第三条道路》，张斌译，人民出版社 1982 年版。

[捷] 奥塔·锡克:《社会主义的计划和市场》，王锡君等译，中国社会科学出版社 1982 年版。

[捷] 奥塔·锡克:《一种未来的经济体制》，王锡君等译，中国社会科学出版社 1989 年版。

[克罗地亚] 勃朗科·霍尔瓦特:《社会主义政治经济学：一种马克思主义的社会理论》，吴宇晖等译，吉林人民出版社 2001 年版。

[美] 阿瑟·奥肯:《平等与效率——重大的抉择》，王奔洲译，华夏出版社 1987 年版。

[美] 阿瑟·迪夸特罗:《市场社会主义与社会主义准则》，载《现代国外经济学论文选》第 13 辑，商务印书馆 1992 年版。

[美] 保罗·R. 格雷戈里、罗伯特·C. 斯图尔特:《比较经济制度学》，葛奇、许强译，知识出版社 1988 年版。

[美] 保罗·斯威齐、[法] 夏尔·贝特兰:《论向社会主义过渡》，尚政译，商务印书馆 1975 年版。

[美] 伯特尔·奥尔曼:《市场社会主义——社会主义者之间的争论》，段忠桥译，新华出版社 2000 年版。

[美] 大卫·施韦卡特:《超越资本主义》，宋萌荣译，社会科学文献出版社 2006 年版。

[美] 戴维·施韦卡特:《反对资本主义》，李智、陈志刚等译，中国人民大学出版社 2002 年版。

[美] 戴维·施韦卡特:《经济民主——一种真正的和可以实现的社会主义》，载中央编译局世界社会主义研究所编《当代国外社会主义：理论与模式》，中央编译出版社 1998 年版。

[美] 卡尔·兰道尔:《欧洲社会主义思想与运动史：从产业革命到希特勒攫取政权》（下卷），刘山等译，商务印书馆 1994 年版。

[美] 列奥·施特劳斯:《自然权利与历史》，彭刚译，生活·读书·新知三联书店 2003 年版。

[美] 罗伯特·诺齐克:《无政府、国家与乌托邦》，何怀宏等译，中国社会科学出版社 1991 年版。

[美] 罗纳德·德沃金:《至上的美德：平等的理论与实践》，冯克利译，江苏人民出版社 2012 年版。

［美］马尔科姆·吉利斯、德怀特·H. 帕金斯、迈克尔·罗默、唐纳德·R. 斯诺德格拉斯：《发展经济学》，经济科学出版社 1989 年版。

［美］乔万尼·萨托利：《民主新论》，冯克利、阎克文译，东方出版社 1998 年版。

［美］约翰·E·罗默：《在自由中丧失——马克思主义经济哲学导论》，段忠桥、刘磊译，经济科学出版社 2003 年版。

［美］约翰·罗尔斯：《正义论》，何怀宏等译，中国社会科学出版社 1988 年版。

［美］约翰·罗默：《社会主义的未来》，余文烈等译，重庆出版社 1997 年版。

［美］约瑟夫·斯蒂格利茨：《市场社会主义与新古典经济学》，载李惠斌、叶汝贤主编《当代西方社会主义研究》第 4 卷，社会科学文献出版社 2006 年版。

［美］约瑟夫·E·斯蒂格利茨：《社会主义向何处去——经济体制转型的理论与证据》，周立群等译，吉林人民出版社 1998 年版。

［日］伊藤诚：《幻想破灭的资本主义》，孙仲涛等译，社会科学文献出版社 2008 年版。

［日］伊藤诚：《市场经济与社会主义》，尚晶晶主译，中共中央党校出版社 1996 年版。

［日］伊藤诚：《现代社会主义问题》，鲁永学译，社会科学文献出版社 1996 年版。

［苏］П. Н. 费多谢耶夫等编写：《什么是“民主社会主义”?》，石健等译，中国社会科学出版社 1984 年版。

［匈］亚诺什·科尔内：《理想与现实——匈牙利的改革过程》，荣敬本等译，中国经济出版社 1987 年版。

［意］卢恰诺·佩利卡尼：《什么样的社会主义》，载［俄］戈尔巴乔夫、勃兰特等《未来的社会主义》，中央编译出版社 1994 年版。

［英］G. A. 科恩：《为什么不要社会主义?》，段忠桥译，人民出版社 2011 年版。

［英］戴维·米勒：《政治哲学与幸福根基》，李里峰译，译林出版社 2008 年版。

[英] 迪·艾尔逊:《市场的社会化》，载中央编译局世界社会主义研究所编《当代国外社会主义：理论与模式》，中央编译出版社 1998 年版。

[英] 弗里德利希·冯·哈耶克:《法律、立法和自由》第 2、3 卷，邓正来等译，中国大百科全书出版社 2000 年版。

[英] 弗里德里希·奥古斯特·冯·哈耶克:《致命的自负》，冯克利等译，中国社会科学出版社 2000 年版。

[英] 克里斯托弗·皮尔森:《市场社会主义的新模式》，载李惠斌、叶汝贤主编《当代西方社会主义研究》第 4 卷，社会科学文献出版社 2006 年版。

[英] 克里斯托弗·皮尔森:《新市场社会主义——对社会主义命运和前途的探索》，姜辉译，东方出版社 1999 年版。

[英] 索尔·埃斯特林、尤里安·勒·格兰德编:《市场社会主义》，邓正来、徐泽荣等译，经济日报出版社 1993 年版。

[英] 托马斯·莫尔:《乌托邦》，戴镏龄译，商务印书馆 1982 年版。

[英] 亚历克·诺夫:《可行的社会主义经济》，唐雪葆等译，中国社会科学出版社 1988 年版。

[英] 约翰·穆勒:《政治经济学原理及其在社会哲学上的若干应用》下，胡企林、朱泱译，商务印书馆 1991 年版。

[英] 约翰·伊特韦尔、默里·米尔盖特、彼得·纽曼编:《新帕尔格雷夫经济学大辞典》第 3 卷，陈岱孙译，经济科学出版社 1996 年版。

美国不列颠百科全书公司编著:《不列颠百科全书》第 10 卷，中国大百科全书出版社不列颠百科全书编辑部编译，中国大百科全书出版社 1999 年版。

期刊

习近平:《推进中国式现代化需要处理好若干重大关系》,《求是》2023 年第 19 期。

陈晏清:《政治哲学的兴起与当代中国马克思主义政治哲学的构建》,《中国社会科学》2006 年第 6 期。

陈晏清、王新生:《政治哲学的当代复兴及其意义》,《哲学研究》2005 年第 6 期。

陈学明:《西方学者对马克思主义的新反思》,《教学与研究》1997 年第 4 期。

陈学明:《社会主义理论的重大突破——评苏东剧变后国外关于“市场社会主义”的研究》,《华侨大学学报》(哲学社会科学版)1999 年第 4 期。

曹玉涛:《分析马克思主义者论马克思与平等》,《求索》2008 年第 4 期。

段忠桥、江洋编译:《马克思主义、市场经济与当代世界——伯特尔·奥尔曼教授访谈录》,《当代世界与社会主义》2004 年第 3 期。

段忠桥编译:《社会主义及其未来——约翰·罗默访谈录》,《马克思主义与现实》2002 年第 1 期。

段忠桥:《市场为何能与社会主义“联姻”?——八十年代以来西方市场社会主义者的三个论证》,《马克思主义研究》2000 年第 5 期。

段忠桥:《当代西方市场社会主义的三种模式》,《国外理论动态》2001 年第 12 期。

段忠桥:《国外马克思主义者关于市场社会主义的争论》,《马克思主义与现实》2006 年第 3 期。

段忠桥:《西方市场社会主义者对公有制与社会主义关系的新论证》,《中国特色社会主义研究》2001 年第 4 期。

郭世华、李文芳:《如何对待当今马克思主义所面临的挑战——从社会主义曲折与资本主义新情况看马克思主义》,《湖北社会科学》2003 年第 12 期。

韩喜平、姜国权:《市场社会主义劳动产权理论评述》,《长白学刊》2007 年第 2 期。

何小勇:《西方市场社会主义思潮的逻辑进程》,《中共济南市委党校学报》2007 年第 3 期。

景维民、田卫民:《市场社会主义收入分配理论的演进与评析》,《社会科学》2008 年第 2 期。

景维民、田卫民:《市场社会主义含义演进研究》,《经济评论》2008 年第 1 期。

姜辉:《西方市场社会主义理论面临的挑战与发展前景》,《国外社会科学》1999 年第 5 期。

姜辉:《一个“替代”资本主义的谨慎方案——詹姆斯·扬克实用的市场社会主义理论评析》,《马克思主义研究》1998 年第 1 期。

江作军:《论经济民主与政治民主》,《江苏大学学报》(社会科学版)2003 年第 4 期。

[英] G. A. 科亨:《关于市场社会主义的几个问题》,段忠桥译,《中国人民大学学报》1996 年第 3 期。

李石:《平等理论的谱系——兼论平等与自由的关系》,《哲学动态》2016 年第 10 期。

李淑梅:《马克思主义以实践为基础的自由观》,《江汉论坛》1993 年第 5 期。

李淑梅:《历史唯物主义与政治哲学的变革》,《哲学研究》2011 年第 4 期。

李春放:《市场社会主义的源流》,《社会科学研究》1999 年第 6 期。

李春放:《马克思是市场社会主义者吗?——当前西方学术界关于市场社会主义的辩论中的一个问题》,《马克思主义与现实》2000 年第 4 期。

吕薇洲:《当代欧美三大社会主义流派辨析》,《毛泽东邓小平理论研究》2012 年第 3 期。

吕薇洲:《市场社会主义理论的历史回顾——两次论战和两种模式》,《马克思主义研究》1997 年第 4 期。

刘元琪:《美国左翼学者关于中国社会主义市场经济的讨论》,《国外理论动态》2001 年第 7 期。

刘明明、林美卿:《论施韦卡特经济民主社会主义对资本主义的超越》,《重庆交通大学学报》(社会科学版)2010 年第 3 期。

[美] 詹姆斯·劳勒:《虚无主义的共产主义与辩证的共产主义》,段忠桥、吕梁山译,《国外理论动态》2006 年第 2 期。

郎宏文:《社会主义市场经济中的政府适度干预与经济秩序的构建》,《求是学刊》2006 年第 3 期。

[英] 戴维·麦克莱伦:《当代西方马克思主义流派》,段忠桥译,《北京大学学报》(哲学社会科学版)1997 年第 1 期。

孟鑫:《市场社会主义的新论证——罗默的〈社会主义的未来〉述评》,《马克思主义研究》1999 年第 1 期。

权世振:《市场社会主义理论的论争与发展》,《当代世界与社会主义》2002 年第 2 期。

宋衍涛、陈明磊:《20 世纪 90 年代西方市场社会主义的三种模式》,《当代世界与社会主义》2003 年第 6 期。

宋萌荣:《关于市场社会主义的若干问题——与大卫·施韦卡特的对话》,《国外理论动态》2005 年第 1 期。

[美] 威廉·K. 塔布:《新自由主义之后还是新自由主义?》,吕增奎编译,《当代世界与社会主义》2003 年第 6 期。

[美] 弗兰克·汤普森:《罗默的社会主义能使源于剩余的收入平等吗?》,王武龙译,《马克思主义与现实》2002 年第 1 期。

童潇:《关于社会建设若干理论问题的辨析》,《教学与研究》2012 年第 5 期。

王新生:《当前我国马克思主义政治哲学研究的几个问题》,《哲学研究》2010 年第 7 期。

王新生:《马克思是怎样讨论正义问题的?》,《中国人民大学学报》2010 年第 5 期。

王新生:《市场社会中的价值共识》,《南开学报》2005 年第 3 期。

王新生:《马克思超越政治正义的政治哲学》,《学术研究》2005 年第 3 期。

王新生:《当代中国的社会转型与公平正义的市民社会根基》,《马克思主义与现实》2008 年第 5 期。

王新生:《马克思是怎样讨论正义问题的?》,《中国人民大学学报》2010 年第 5 期。

王卫、宁少林:《90 年代西方市场社会主义思潮述评》,《教学与研究》2001 年第 10 期。

吴宇晖、张嘉昕:《经济民主:一种关于“劳动的政治经济学”》,《当代经济研究》2008 年第 1 期。

项久雨:《国外市场社会主义价值研究的要素论析》,《社会主义研究》2003 年第 4 期。

项久雨:《论西方市场社会主义的价值维度》,《马克思主义研究》2004 年第 3 期。

项久雨:《论西方市场社会主义的借鉴价值》,《学习与实践》2007 年第 12 期。

徐洋:《法国著名学者作“关于市场社会主义”的学术报告》,《国外理论动态》1999 年第 9 期。

徐同文:《当代市场社会主义思潮分析》,《中国特色社会主义研究》2001 年第 3 期。

徐俊峰:《市场社会主义理论脉络辩微》,《胜利油田党校学报》2009 年第 1 期。

徐俊峰:《当代市场社会主义模式对中国改革的启示》,《胜利油田党校学报》2007 年第 3 期。

余文烈:《“市场社会主义” 的新动态》,《国外社会科学》1995 年第 2 期。

余文烈、刘向阳:《当代市场社会主义六大特征》,《国外社会科学》2000 年第 5 期。

余文烈、吕薇洲:《关于市场社会主义的发展阶段及其定义》,《教学与研究》1999 年第 11 期。

余文烈:《市场社会主义论战一百年》,《国外理论动态》2000 年第 1 期。

余文烈:《关于“市场社会主义”的几个理论问题》,《马克思主义研究》1997 年第 1 期。

余文烈:《什么是市场社会主义?》,《当代世界与社会主义》1997 年第 1 期。

余文烈:《市场社会主义在世界社会主义运动中的历史地位》,《科学社会主义》2008 年第 5 期。

余文烈、吕薇洲:《英国工党的市场社会主义模式》,《世界经济与政治》1998 年第 7 期。

于海青:《经济民主:一种社会主义的分析框架——国外左翼经济民主社会理论评析》,《当代世界社会主义问题》2005 年第 2 期。

于良春:《西方市场社会主义理论及其对我国的启示》,《当代世界社会主义问题》2000 年第 1 期。

俞可平:《全球化时代的“社会主义”——90 年代以来西方社会主义研究述评》,《马克思主义与现实》1998 年第 2 期。

俞可平:《重新思考平等、公平和正义》,《学术月刊》2017 年第 4 期。

姚大志:《论福利机会的平等》,《学术月刊》2015 年第 2 期。

颜鹏飞:《国外市场经济理论研究的新动向——论“市场社会主义”思潮》,《高校理论参考》1995 年第 2 期。

[日] 伊藤诚:《中国社会主义市场经济与日本新自由主义》,丁晓钦译,《上海金融学院学报》2005 年第 3 期。

杨正江:《评西方学者的市场社会主义理论和模式》,《社会主义研究》2001 年第 3 期。

杨龙芳:《市场社会主义思潮发展的四个阶段》,《当代世界与社会主义》1997 年第 1 期。

张志忠:《当代西方市场社会主义述评》,《内蒙古大学学报》(人文社会科学版)2003 年第 2 期。

张志忠:《市场社会主义的理论进程及其评价》,《内蒙古社会科学》(汉文版)2000 年第 2 期。

张志忠:《市场社会主义的涵义、沿革和模式——兼谈 90 年代市场社会主义理论的新进展》,《内蒙古社会科学》1999 年第 2 期。

张志忠:《当代西方市场社会主义者对社会主义的认识》,《科学社会主义》2001 年第 4 期。

张志忠:《当代西方市场社会主义面临的挑战及其应战》,《当代思潮》2001 年第 5 期。

张志忠、张雪瑞:《当代西方市场社会主义者的公有制实现形式理论述评》,《内蒙古社会科学》(汉文版)2003 年第 5 期。

张志忠:《当代西方市场社会主义者的公平和平等观探析》,《内蒙古社会科学》(汉文版)2004 年第 3 期。

张志忠:《90 年代以来西方市场社会主义的所有制理论述要》,《教学与研究》2001 年第 6 期。

张志忠:《当代西方市场社会主义的新计划观探析》,《内蒙古社会科学》(汉文版)2002 年第 6 期。

张志忠:《对当代西方市场社会主义思潮的新认识》,《内蒙古大学学报》(人文社会科学版)2007 年第 4 期。

张文红:《德国社民党和英国工党超越“第三条道路”》,《国外理论动态》2009 年第 6 期。

张宇:《市场社会主义理论的回顾与反思》,《教学与研究》1997 年第

9 期。
张苏敏:《论社会主义市场经济条件下的公平效率问题》,《河北青年管理干部学院学报》2008 年第 2 期。
张金才:《市场社会主义与社会主义市场经济》,《社会主义研究》2002 年第 1 期。
张小劲:《“市场社会主义”理论评介》,《当代世界社会主义问题》1997 年第 2 期。

外文文献

Pranab K. Bardhan and John E. Roemer, *Market Socialism: The Current Debate*, New York, Oxford University Press, 1993.

Pranab K. Bardhan and John E. Roemer, "Market Socialism: A Case for Rejuvenation", *Journal of Economic Perspectives*, Vol. 6, No. 3, 1992.

Wlodzimierz Brus and Kazimierz Laski, *From Marx to the Market: Socialism in Search of an Economic System*, New York: Clarendon Press, 1989.

R. N. Berki, *Socialism*, London: Dent, 1975.

David Belkin, "Why Market Socialism? From the Critique of Political Economy to Positive Political Economy", in Frank Roosevelt and David Belkin, *Why Market Socialism: Voices From Dissent*, M. E. Sharpe Inc. , 1994.

Diane Elson, "Market Socialism or Socialization of the Market?", *New Left Review*, Vol. 172, No. 3, 1988.

Pat Devine, *Democracy and Economic Planning: The Political Economy of A Self-governing Society*, New York: Routledge, 1989.

Ernest Mandel, "In Defence of Socialist Planning", *New Left Review*, Vol. 159, No. 1, 1986.

Hayek, *Law, Legislation, and Liberty, Volume 2: The Mirage of Social Justice*, The University of Chicago Press, 1978.

Robert Heilbroner, "The Triumph of Capitalism", *The New Yorker*, 1989.

Janos Kornai, "Market Socialism Revisited", in Pranab K. Bardhan and John E. Roemer, *Marker Socialism: The Current Debate*, Oxford University Press, 1993.

Janos Kornai, *The Road to a Free Economy. Shifting From A Socialistsystem: The Example of Hungary*, W. W. Norton & Company, 1990.

Oskar Lange, Fred M. Taylor, *On the Economic Theory of Socialism*, University of Minnesota Press, 1938.

David Miller, *Market, State and Community: Theoretical Foundations of Market Socialism*, Oxford: Oxford University Press, 1989.

David Miller, "Why Markets?", in Julian Le Grand, Saul Estrin, *Market Socialism*, Oxford: Clarendon Press, 1989.

David Miller, "A Vision of Market Socialism: How It Might Work——And Its Problems", in Frank Roosevelt and David Belkin, *Why Market Socialism: Voices From Dissent*, M. E. Sharpe Inc. , 1994.

John Roemer, "Market Socialism, a Blueprint: How Such an Economy Might Work", in F. Roosevelt and D. Belkin, *Why Market Socialism: Voices From Dissent*, New York: M. E. Sharpe Inc. , 1994.

John Roemer, *Equality of Opportunity*, Harvard University Press, 1998.

Frank Roosevelt and David Belkin, *Why Market Socialism ? Voices From Dissent*, New York: M. E. Sharpe, 1994.

Radoslav Selucky, *Maxism, Socialism and Freedom*, London: Palgrave Macmillan UK, 1979.

David Schweickart, *After Capitalism*, Lanham Md. Rowman & Littlefield Publishers Inc. , 2002.

David Schweickart, James Lawler, Hillel Ticktin , Bertell Ollman, *Market Socialism: The Debate Among Socialists*, New York and London: Routledge, 1998.

Noel Thompson, *The Market and Its Critics: Socialist Political Economy in Nineteenth Century Britain*, London: Routledge, 1998.

James A. Yunker, *Socialism Revised and Modernized: The Case for Pragmatic Market Socialism*, New York: Praeger, 1992.

James A. Yunker, "Post-Lange Market Socialism: An Evaluation of Profit-Oriented Proposals", *Journal of Economic Issues*, Vol. 29, No. 3, 1995.

James A. Yunker, "Capital Management under Profit-oriented Market Socialism:

An Explicit Function Approach", *Southern Economic Journal*, Vol. 63, No. 1, 1996.

James A. Yunker, *Capitalism versus Pragmatic Market Socialism: A General Equilibrium Evaluation*, New York: Springer Science + Business Media, 1993.

后　　记

本书是在我的博士学位论文基础上经过不断修改和完善而成的，历经十余载，颇为不易。本书为湖北省社科基金后期资助项目“新时代中国特色社会主义经济制度转换的内在逻辑研究——基于当代英美市场社会主义理论的分析”（项目编号：2019042）的最终成果。

校改完书稿最后一字，已是晨曦初现，看着窗外枇杷树枝头上结满的枇杷果，思绪被飘来的果香带回了2012年我在南开大学求学时，从南到北，经过一番波折，我叩拜于王新生教授门下。在我读博期间，导师在学习和生活上给了我终生难忘的关怀和帮助。导师严谨的治学态度、孜孜不倦的科研精神以及对工作的精益求精时刻感染和激励着我，使我受益终生。选择当代英美市场社会主义作为论文的研究对象之时，国内已经有很多学者关注到了市场社会主义的议题。市场社会主义作为国外马克思主义的一个理论流派，从20世纪30年代“兰格模式”的提出开始，到50—80年代在东欧社会主义国家进行了不同程度、各有特色的实践，也由此获得了更加丰富的内涵。直至20世纪80年代末90年代初东欧剧变，使得西方很多左翼学者开始在对东欧剧变的反思中，进一步展开对市场与社会主义联姻的研究。国内学者也对西方市场社会主义相关文献资料进行了翻译介绍以及研究，并形成了许多理论成果。市场社会主义理论时间跨度长，内涵丰富，有“传统市场社会主义”和“当代市场社会主义”之分，且在不同历史阶段“市场社会主义”的概念也有不同的内涵。我的论文该从哪个角度、哪个方面切入才不会流于泛泛而谈，让我一度陷入了困境。带着心中的困惑我求助于导师，导师建议我从政治哲学的角度入手去分析，让我茅塞顿开，再次梳理文献我的思路变得越来越清晰。论文的写作是一个艰难的过程，经历过沮丧、犹豫、失落，但在导师的指导鼓励下，我的论文得以顺利完成。

此文成书，凝聚着无数人的关怀与祝福，我内心也充满了感恩。

感谢陈晏清先生、李德顺教授、丰子义教授、阎孟伟教授、李淑梅教授、杨桂华教授给我提出了许多宝贵的意见和建议，并对论文给予肯定和鼓励；感谢读博期间师门的兄弟姐妹们、我的同窗好友们，他们都给予了我无私的帮助；感谢三峡大学马克思主义学院的领导和同事们对此书的出版给予的关心和支持。衷心感谢中国社会科学出版社的朱华彬老师、李立老师以及其他编辑老师为本书的出版付出的心血和汗水，正是他们一丝不苟的工作态度和专业的编辑水平，纠正了书稿中的瑕疵，使书稿得以顺利出版。最后，我要感谢我的家人，尤其是我的爱人尚敏博士，他在我读书期间主动承担起了独自照顾孩子的重担，使我没有被家庭和生活的琐碎所羁绊。没有他用宽厚的肩膀为我撑起一片蓝天，我想我将不可能在而立之年再次走入清净的校园，追求我的梦想。当然，我还要感谢我的宝贝女儿馨瑶，她是一个乖巧懂事的孩子，为了尽量不给我们添麻烦，小小年纪就学会了自立，不仅将自己的学习和生活管理得有条不紊，还能帮助老师管理好班级。女儿一直是我求学进步的动力。感谢我的母亲和姐姐，她们的亲情成为我前行的支柱。

如今我已离开心爱的南开大学校园十余载，但我会终生铭记在这里的点点滴滴，因为这里有老师、同学、朋友们带给我的感动，这种感动将伴我一生，将会激励我一生。如今此书即将付梓，然我内心仍是惴惴不安，唯恐书稿还有疏漏。虽然我已尽力修改完善书稿，但书中仍有许多不足和欠缺，恳请各位读者给予批判指正。

王　燕

2023 年 5 月于三峡大学